勤慎誠恕 博雅精進

高校课程思政优秀教学案例集

杭州师范大学教务处 ◎编

以**案例**的形式生动
展示**课程思政**教学成果

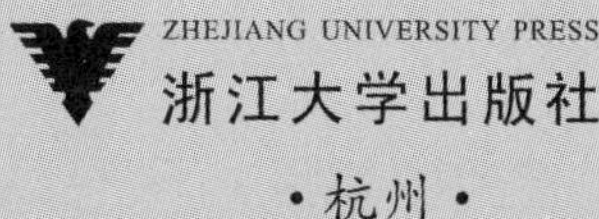

·杭州·

图书在版编目（CIP）数据

勤慎诚恕　博雅精进：高校课程思政优秀教学案例集 / 杭州师范大学教务处编. -- 杭州：浙江大学出版社，2023.12
ISBN 978-7-308-24411-4

Ⅰ. ①勤… Ⅱ. ①杭… Ⅲ. ①思想政治教育－教案(教育)－高等学校 Ⅳ. ①G641

中国国家版本馆CIP数据核字(2023)第225756号

勤慎诚恕　博雅精进
高校课程思政优秀教学案例集
QINSHEN CHENGSHU　BOYA JINGJIN
GAOXIAO KECHENG SIZHENG YOUXIU JIAOXUE ANLI JI

杭州师范大学教务处　编

责任编辑　陈丽勋
责任校对　朱　辉
责任印制　范洪法
封面设计　春天书装
出版发行　浙江大学出版社
（杭州市天目山路148号　邮政编码　310007）
（网址：http://www.zjupress.com）
排　　版　杭州林智广告有限公司
印　　刷　杭州钱江彩色印务有限公司
开　　本　787mm×1092mm　1/16
印　　张　18.75
字　　数　350千
版 印 次　2023年12月第1版　2023年12月第1次印刷
书　　号　ISBN 978-7-308-24411-4
定　　价　59.00元

前言

为深入学习、贯彻党的二十大精神，落实“立德树人”根本任务，充分发挥课程育人作用，根据 2020 年 5 月教育部印发的《高等学校课程思政建设指导纲要》，杭州师范大学经过培育、立项、实践、宣传等过程，认定并打造了一批“课程思政示范课堂”，持续推进课程思政建设，着力构建符合人才成长规律、体现时代要求、彰显特色的课程思政体系，培养德智体美劳全面发展的社会主义建设者和接班人。

近年来，杭州师范大学坚持立足杭州、服务浙江、辐射全国、面向世界的办学定位，筑牢立足点、培育增长点，在保持师范教育特色的基础上，不断提高核心竞争力，全力争创国家“双一流”建设高校。学校坚持人才为本、注重内涵、突出特色、聚焦学科，形成“人文学堂，艺术校园”的办学特色。学校坚持价值塑造与知识传授相结合，挖掘思政课以外各门课程的育人功能，将课程思政理念融入教育教学全过程。坚持重点推进与鼓励创新相结合，发挥学校百年师范教育的优势，结合学科专业特点，打造“课程思政示范课堂”。

本书展示了杭州师范大学“课程思政示范课堂”项目建设成果，内容包括授课教师基本情况、课程内容简介、课程目标、教学案例设计、课程思政特色与创新等。书中收录的典型案例以学科专业为依托，充分挖掘思政要素融入点，实现课程教学中思政教育内容与专业教育内容的有机融合，做到课程思政与思政课程同向同行，致力于“立德树人”根本任务的完成。本书彰显了杭州师范大学近年来积极开展课程思政教学改革的成果，反映了新时代课程思政的育人新探索。

孙德芳

2023 年 11 月

目 录

1 宏观经济学

洪茹燕

课程名称：宏观经济学

学　　院：经济学院

专　　业：经济学

学　　分：3

学　　时：48

课程性质：专业核心课

◎ 授课教师基本情况

洪茹燕，副教授，硕士生导师，美国新泽西拉马波学院（Ramapo College of New Jersey）高级访问学者，浙江大学高级访问学者，杭州市高校中青年学术带头人，杭州市高校特色专业（经济学）建设负责人；主要研究领域为技术创新与战略管理、产业集群治理和创业管理等；主讲宏观经济学、区域经济学、经济学研究方法论、产业发展理论与政策、计量经济学、社会经济调查、企业战略管理等课程。

近年来参与国家自然科学基金项目、省部级重点项目和市厅级项目 10 余项，主持教育部和省级（含重点）项目 5 项，市厅级项目（含重点）5 项；在《自然辩证法研究》《外国经济与管理》《科学管理研究》等国内外重要核心期刊上和工业工程与工程管理国际学术会议（IEEM）、信息系统与管理国际学术会议（ISM）、质量和可靠性国际学术会议（ICQR）等国际会议上发表论文 30 余篇，曾在 IEEM、ISM、ICQR 等高层次的创新管理和产业管理国际会议上宣讲过论文和进行学术交流；已出版学术专著 2 部；获浙江省高等学校科学研究优秀成果、杭州市哲学社会科学优秀成果、杭州市社科联哲学社会科学优秀成果、全国成人继续教育优秀科研成果等奖项若干。

◎ 课程内容简介

宏观经济学是经济学专业的一门学科基础课，在大一第二学期开设，参课学生众多，影响面广，在整个课程体系和专业人才培养过程中发挥着基础性作用，对学生经济思维、价值取向和学科意识的培养有着重要影响。本课程从宏观视野出发，分析国民收入、就业、经济增长等经济总量的决定因素与变化条件，探究经济变量之间的相互关系及其影响机制，介绍宏观经济政策目标与政策工具。本课程以线下课堂教学为主，辅之以第二课堂教学、网络教学和实践考察。

◎ 课程目标

一、思政目标

（一）坚定政治信仰

坚持政治性与学理性相统一，培养学生运用马克思主义的立场、观点和方法正确理解宏观经济学的理论体系，注重以马列主义和中国特色社会主义理论为指导，自觉坚持党的政治立场和政治方向。

（二）坚持理想信念

坚持理论性和实践性相统一，注重理论知识与中国宏观经济发展现实相结合，使学生不断坚定道路自信、理论自信、制度自信、文化自信，更加坚定社会主义理想信念，把“小我”融入“大我”，勇于承担祖国赋予的时代使命和社会责任。

二、知识目标

（一）分层认识掌握

使学生认识人类经济活动的特点及一般规律，逐层掌握国民收入决定理论、失业与通胀理论、宏观经济政策理论、经济增长与经济周期理论等宏观经济学的理论体系与研究方法。

（二）系统分析理解

使学生能运用马克思主义政治经济学的相关理论去剖析宏观经济学中的国民收

入决定、失业与通胀、宏观经济政策、经济增长与经济周期等理论，更全面地掌握现代西方宏观经济学各种流派和理论，更深入地理解这些理论在中国情境中的应用。

三、能力目标

（一）归纳综合运用

使学生能够对国内外经济发展现状和趋势进行分析、判断和决策，能够正确判断国内外宏观经济运行态势和各国实施的主要宏观政策，能够在新时期对新知识、新技能进行应变与创新。

（二）演绎分析拓展

使学生能够在马克思主义指导下，以国际比较视野综合分析中外经济体制改革和宏观经济发展动态，运用宏观经济学理论正确分析中国经济发展的内在逻辑，运用习近平新时代中国特色社会主义思想讲好、讲透、讲懂中国的经济故事。

四、素养目标

（一）坚持价值引领

坚持价值性与知识性相统一，使学生在学习宏观经济学传统理论的基础上，更加坚定社会主义核心价值观的价值取向，树立知国爱国、努力拼搏的人生观、价值观，并且“内化于心，外化于行”。

（二）夯实立德树人

坚持建设性与批判性相统一，结合中国经济和社会发展的现状、案例事实进行解析，培养学生的分析能力、判断能力，培育他们敢于对各种错误观点和思潮发声的正能量，从而修其德、精其业、律其行，全面提升个人素质和能力。

◎ 教学案例设计

案例 1

一、教学内容

本案例为第一章“宏观经济的基本指标及其衡量”第一节“国内生产总值及其衡量”。通过对这一节的具体分析，我们不仅要使学生认识与了解宏观经济及宏观经济运行状况，掌握衡量一国经济总产出的重要宏观经济指标——国内生产总值（GDP），还要使学生明确把 GDP 作为核算国民经济活动核心指标的缺陷和绿色 GDP（GGDP）的内涵。

二、育人元素

第一节“国内生产总值及其衡量”的内容包括国内生产总值概念、核算方法及与其相关的经济指标。在讲授国民收入的核算时引入绿色发展理念，匹配习近平总书记提出的“绿水青山就是金山银山”理念，特别讲透绿色 GDP，引导学生用创新、协调、绿色、开放、共享的新发展理念自觉践行绿色发展之路。

三、教学案例

在宏观经济学的概念中，核算国民经济活动总成果的核心指标是 GDP，它是一国（或地区）境内在一定时期内所生产的全部最终产品和服务的市场价值总和。这个指标不仅与经济增长和经济波动等宏观经济学的重要概念有关，而且能帮助政策制定者判断宏观经济运行状况，制定国家和地区经济发展战略，是政府宏观调控和管理经济的重要参考。GDP 内涵明确，核算方法较为科学，已成为不同国家（或地区）进行横向比较和同一国家（或地区）进行不同时期纵向比较颇为常用的指标。目前，无论是国际组织，还是各个国家（或地区），都把 GDP 作为核算国民经济活动的核心指标。

在讲解 GDP 核算的过程中，学生自觉按照“生产法”“收入法”“支出法”等角度切入，衡量经济体的总产出，并逐步认识到 GDP 指标存在的缺陷。首先，GDP 及其他衡量经济总产出的指标不能反映经济中的收入分配状况。其次，GDP 忽略了家庭劳动和地下经济因素。最后，GDP 不能反映经济体为经济增长方式付出的代价及人们的生活质量。考虑到 GDP 在衡量经济绩效与社会进步方面的局限性，教师通过举例说明，引导学生自觉理解绿色 GDP 及其重要性。例如，联合国自 1990 年开始，把衡量社会经济发展的指标体系由单纯的 GDP 指标变为涉及经济、社会、环境、生活和文化等方面的“社会指标”。世界银行 1997 年开始运用绿色 GDP 国民经济核算体系来衡量一国（或地区）的真实财富。其中，“绿色国内生产总值（绿色 GDP）=GDP–能源等自然资源消耗–环境破坏”，“绿色国内生产净值（绿色 NDP）=NDP–能源等自然资源消耗–环境破坏 =GDP–折旧（物质资本损耗）–能源等自然资源消耗–环境破坏”。

中国是一个人口大国，也是一个资源消耗大国，学生们自觉用创新、协调、绿色、开放、共享的新发展理念对 GDP 内涵进行了拓展、深化与践行。他们表示必须坚守和践行“绿水青山就是金山银山”理念，坚持节约资源和保护环境的基本国策，坚定走生产发展、生活富裕、生态良好的文明发展道路，建设美丽中国、美丽乡村。根据习近平总书记“坚持人与自然和谐共生，走乡村绿色发展之路”的指示[①]，合作学习小组对浙江省淳安县临岐镇的绿色乡村振兴之路进行了调研与分析。

临岐镇以绿色发展推动乡村产业振兴，根据乡村产业体系的基本内涵，对中药材种养业、加工业、农村服务业等实行供给侧结构性改革，提高供给质量，增加乡村生态产品和服务供给。临岐镇产业体系已经形成了一个以中药材农业为主线的网状结构，其产业链涵盖中药材的种植、加工、包装、销售乃至休闲观光等多个细分领域，并涉及种植农户、加工企业、科研院校等多个行为主体。尤其是通过研究推广生态化栽培技术、创新种植模式等举措，临岐镇不断改造提升传统中药材种植基地；同时对农户开展专业技术培训，指导其进行中药材种植生产。可见，临岐镇绿色安全、优质高效的乡村产业体系建设，是促进农业增效增收和农村繁荣的重要举措。

此外，临岐镇政府创新相关体制机制和制度保障，增强供给体系对需求体系的动态适应能力要求，增加有效供给、减少无效供给。通过培育中药材交易市场和新型营销平台，临岐镇不断整合中药材产业链的物流、信息流和资金流，完善中药材交易市场的仓储设施、电子商务、市场信息系统和现代物流配送等基础设施，积极探索“互联网＋中药材”新型商业模式，为农户提供集产销搭桥、药材流通、咨询培训于一体的综合性电子商务服务。通过推进中药材产业体系、生产体系和经营体系建设，临岐镇为经济绿色发展打下了坚实基础。

通过对乡村振兴的实地考察，合作学习小组从绿色发展和“绿水青山就是金山银山”理念的角度，高屋建瓴地对 GDP 和绿色 GDP 进行了深入具体的解读，这更加坚定了他们的道路自信、理论自信、制度自信、文化自信。

四、教学方法

本节课在“预学展示”环节，运用启发式教学，唤起学生的理论自觉，从 GDP 的概念及其具体的核算方法切入，使学生发现 GDP 指标存在的缺陷；在“引领探究”

① 董峻、王立彬：《中央农村工作会议在北京举行》，《人民日报》2017年12月30日，第1版。

环节，运用资料拓展法，使学生明晰绿色 GDP 的内涵，理解我国绿色发展政策；在“实践考察”环节，运用实地调研法，使学生感受绿色乡村振兴的成功模式，体会绿色发展这一重大战略决策的深刻哲学意蕴。

五、教学总结

学生在自觉按照“生产法”“收入法”“支出法”等方法衡量经济体的国内生产总值的过程中，不仅对宏观经济的运行、GDP 的概念和核算方法有了深入的了解，同时对 GDP 指标存在的缺陷也有了清醒的认识。对绿色 GDP 的分析如同一个引擎，激励着学生学习与参与实践的热情，拓宽了他们认识问题的视野和格局，激发了他们爱国爱家乡的赤子情怀，坚定了他们的理想信念。

案例 2

一、教学内容

在宏观经济政策的学习过程中，通过对我国 2021 年《政府工作报告》中宏观调控目标与政策的解读和中美案例分析，学生认识到宏观经济政策对宏观经济运行的重要意义，觉察到宏观调控目标与宏观经济政策的内在关系，进而激发努力学习、成为政策实践者和中华民族伟大复兴中坚力量的强烈意愿。

二、育人元素

2021 年《政府工作报告》的宏观调控内容体现了宏观经济运行与宏观经济政策之间的关系，集中呈现了我国宏观调控的根本目的与西方发达国家之间的不同。在解读《政府工作报告》和对中美案例的研讨过程中，学生自觉意识到我国宏观调控始终把保障和提高人民生活水平作为重要目标，这是由社会主义制度的本质决定的。学生只有意识到这一点，才能熟练掌握宏观经济政策工具并将其应用于中国情境。

三、教学案例

宏观经济政策是国家或政府为了增进整个社会经济福利、改善国民经济的运行状况、达到一定的政策目标而有意识和有计划地运用的政策工具。宏观经济政策可分为需求管理政策与供给管理政策。其中，需求管理政策包括财政政策和货币政策，供给管理政策包括人力政策、收入政策和指数化政策等。

2021年《政府工作报告》提出“保持宏观政策连续性稳定性可持续性”，并强调“保持必要支持力度，不急转弯，根据形势变化适时调整完善，进一步巩固经济基本盘”。货币政策方面，《政府工作报告》明确“稳健的货币政策要灵活精准、合理适度。把服务实体经济放到更加突出的位置，处理好恢复经济与防范风险的关系”。财政政策从“更加积极有为”转变为“提质增效、更可持续”。《政府工作报告》指出：“因财政收入恢复性增长，财政支出总规模比去年增加，重点仍是加大对保就业保民生保市场主体的支持力度……建立常态化财政资金直达机制并扩大范围，将2.8万亿元中央财政资金纳入直达机制、规模明显大于去年，为市县基层惠企利民提供更加及时有力的财力支持。”近年来，我国调控方式发生了显著变化，创新性地构建起以人民利益为中心的中国特色的宏观经济调控体系，其中包括供给政策—供给侧结构性改革。

近年，受新冠疫情影响，全球金融市场正在经历由通胀预期急升、美债利率大涨而引发的猛烈冲击。西方国家（如美国）的宏观经济政策经历了一系列曲折的演变和发展过程，其取得的实际效果常常也是乏善可陈。20世纪60年代，美国采用了凯恩斯主张的总需求管理政策，在实现充分就业上较为成功，却带来日益严重的通货膨胀隐患。20世纪70年代，美国滞胀问题频频发生，美国宏观经济政策对此束手无策，无法兼顾价格稳定和充分就业。20世纪90年代中后期，美国实现了被誉为新经济的长时期经济繁荣，很多人将其部分归功于时任美联储主席格林斯潘在货币政策上的保驾护航。但是，也正是他倡导金融自由化、放任金融业无节制创新和对金融行业疏于监管，酿成了2007年的美国次贷危机，并引发了全球金融危机，其对世界经济带来的破坏作用迄今还没有完全恢复。

在完成了基础性知识“宏观经济理论与政策”的第一轮解读之后，教师向学生进一步提出问题：宏观经济理论与政策固然存在局限和争议，但其也有值得我们借鉴的地方，为什么宏观经济政策效果在西方国家会受到种种限制呢？宏观经济政策效果在我国与西方国家之间存在差距的根本原因是什么？于是，各合作学习小组分别围绕教师的问题展开热烈讨论，以下是部分合作小组讨论后分享的共识。

我们认为，这不仅说明了宏观经济理论自身存在较大的局限性，更重要的是它反映出资本主义经济制度的根本缺陷。它表明资本主义经济中客观存在着内在不稳定性，而且是制度性的，是很难通过政府宏观政策干预加以消除的。因为政府实施的宏观经济政策只能在短期内起到缓解经济危机和经济波动的效果，但未能解决生产资料私有制与生产社会化之间的基本矛盾，也就不能消除诸如高失业率、高通货膨胀等宏观经济问题。

我们认为，只有确定清晰现实的政策目标，才可以更好地实施具体的财政政策和货币政策。我国宏观调控的目标是让宏观经济运行更为稳健，不断发展生产力，努力解决人民日益增长的美好生活需要和不平衡不充分的发展之间的矛盾。

我们认为，西方宏观经济政策局限于以财政政策、货币政策为主和以总需求管理为手段，供给政策很少使用，且仅着眼于短期的供给政策。中国特色社会主义制度的经济基础与西方国家有根本的不同，从而决定了中国宏观经济调控任务的特质。我国的供给侧结构性改革是通过坚持和完善社会主义市场经济来解放和发展生产力，以更好地满足人民对美好生活的向往；而西方国家供给学派的主张则恰好相反，其宗旨在于维护资本主义制度，维护私有制。

合作学习小组对报告解读与案例分析的分享，以及在讨论中相互间思想的碰撞与精神的契合，让这堂课得到了更高层次的升华。

四、教学方法

本次课堂教学先是引导学生解读我国 2021 年《政府工作报告》中的宏观调控政策，完成知识性宏观经济目标与政策的规定性理解；然后结合中国与美国宏观调控的实践，展开启发式提问，并提出思辨主题，组织各合作学习小组进行自主合作与探究学习，并形成小组内的解读与分析共识；再由教师组织各小组在全班进行多维度、多层面的深度讨论与整合，形成更深层次的思想认识和更明确的政治方向。

五、教学总结

基于对中美宏观经济政策实践的把握，教师抛出极具思辨价值的问题。学生则由这一思辨主题切入思考，从思想认识、价值取向等角度对宏观调控在不同制度国家的实践做出深度解读与剖析。这种解读与案例间的比较分析，在一定程度上折射出学生自身的世界观、人生观、价值观和政治立场。而这正培养了学生的判断能力和敢于对各种错误观点与思潮发声的正能量，从而使学生更加坚定道路自信和制度自信。

案例 3

一、教学内容

“经济增长”这一章的教学，借助《创新中国》“信息篇”这一纪录片的解读与课例视频观摩，明确经济增长与发展的一些事实，使学生体会国家或地区间收入水平和增长率差异的根源，认识到生产要素、技术、制度以及文化与地理等对经济增长的重要意义，感知创新对经济发展的重要贡献，进而激发砥砺前行、创新奋进的动力。

二、育人元素

课例视频《创新中国》是一部讲述中国最新科技成就和创新精神的纪录片。其中，“信息篇”在宏大的国际视野里探讨中国的创新成长及由此产生的世界影响，典型地呈现了技术进步与经济增长的关系。在课例视频的观摩和研讨过程中，学生自觉意识到只有创新，才能带来经济的持续增长和人民生活水平的持续提升。

三、教学案例

纪录片《创新中国》呈现的是一场浩大宏伟的中国创新实践，记录了身体力行推动中国创新的个体与群像，从政府、企业、个人多角度思考中国社会的发展与进步。它关注最前沿的科技突破、最新潮的科技热点，聚焦信息、制造、生命、能源、空间与海洋等深具影响的前沿领域，用鲜活的故事记录当下中国伟大的创新活动。“信息篇”描述了一个用“0”和“1”建构起的崭新的世界和人类社会正在经历的一场信息革命，描绘了新技术与需求在市场运动中如何彼此发现并掀起一波波智慧创造和创业的浪潮，最终成长为今天俯瞰和照耀人类生活所有层面的新行业。在经济领域，信息和数据以前所未有的速度解构原有的价值链条和产业格局，引发各产业生产方式、生产关系、生产要素的重新组合和建构，创造全新的产业生态和经济模式，谱写着改变世界的产业传奇和创业人生。由信息技术带来的效率变革，必然改变经济增长的方式和速度。该纪录片极具真实性、严谨性、创新性和思辨性，有着很强的画面感和故事性，让人看着心潮澎湃、震撼心灵、百感交集……

在视频解读过程中，学生自觉围绕“经济在几十年间如何演进，国家或地区间收入水平和经济增长率为什么存在巨大差异”的难题，分别从“为什么一些国家如此富裕而另一些国家那么穷”“什么是影响经济增长的因素”“怎样理解一些国家和地区经济增长的奇迹”三个问题切入，展开深入解读和剖析，感受到生产要素供给、技术进步、投资和制度文化等对经济增长的重要性，自觉受到创新精神的引领。

合作学习小组还从其他方面追寻和阐述了我国创新实践对经济增长贡献的事实。他们这样梳理并表达自己对“创新发展”的解读。

中国拥有最新科技成就和创新精神的难道只有信息技术吗?

以高铁为代表的轨道交通技术处于世界领先地位。从“和谐号”到“复兴号”，中国高铁进入了完全自主知识产权的时代。“复兴号”的中国标准占了84%，整体设计、车体、转向架、牵引、制动、网络等关键技术均为我国自主研发，具有完全自主知识产权。“中国标准”成为世界高铁的“新名片”。目前，中国已建成世界上最大规模的高铁网。高速便捷、四通八达的高铁网络，不仅方便了人们旅行，更提升了经济效率。

发电与输变电技术，包括火电、水电、太阳能发电等技术被西方国家青睐。从摆脱资源依赖到走向技术创新，我国作为世界上第一大能源生产国和消费国，正在为世界贡献可行的能源转型中国方案。用能结构向清洁化、低碳化、多元化转型。此外，作为全球可再生能源应用的领军国家之一，中国可再生能源技术水平不断提升，也有效地推动了全球技术的进步和市场的扩大。

在生物技术领域，2017年11月世界首例体细胞克隆猴在中国诞生，猴子身上的一抹芦灰色，象征着生生不息的希望。

在量子科学领域，2018年中国首台脉冲型散裂中子源通过验收，一抹中红灰，大气磅礴。

“天眼”探空、“神舟”飞天、“墨子”传信、“北斗”组网、C919大型民用客机试飞成功……中国“赶上世界”的强国梦正在实现历史性跨越。我们要坚信科技强国的伟大目标，让我们期待一个又一个“中国式增长奇迹”吧。

唯有创新、唯有变革，才能实现中国经济高质量发展。

此时，课堂上响起了热烈而有力的掌声。这不仅是因为学生从“创新引领发展”的层面对视频所做的深度解读，更是现场观看视频后民族自豪感和中国梦信念产生的强烈共鸣。

四、教学方法

各合作学习小组先完成《创新中国》“信息篇”的视频解读，唤醒理论自觉；然后从“经济在几十年间如何演进，国家或地区间收入水平和经济增长率为什么存在巨大差异”等问题切入，发现经济增长的决定因素与轨迹；再结合自己的视频解读进行研讨交流，运用资料分析法，充实和丰富创新发展的内涵，明晰经济未来发展的方向。

五、教学总结

在课堂教学过程中，学生深深震撼于中国浩大宏伟的创新实践和举世瞩目的辉煌成就，这激励了他们积极参与创新创业的热情；同时，他们通过对比分析，也切实感受到中国在技术创新、经济发展上与西方发达国家之间的差距，通过反思意识到自己在专业知识和创新精神上的问题，进而激起奋发图强、报效祖国的强烈意愿。

◎ 课程思政特色与创新

由于宏观经济学的“非道德性”学科特征，本课程的思政教学主要面临着学生经济学理论素养薄弱、价值观不成熟、对错误思潮观点缺乏辨别力等问题。这些问题正是课程思政建设的切入点与着力点。为此，结合经济学科的独特性及其蕴含的思想政治教育资源，我们明确了如下课程思政建设的基本教育理念。

持守“立德树人”，灵活施教，润物无声。根据不同阶段的教学内容，采用不同的教学方法，巧妙融入课程思政目标。经济学理论知识是明线，课程思政元素是暗线，通过两者的有机融合，真正达到以文化人、以德育人的效果，从而提高学生的思想水平、政治觉悟、道德品质和文化素养。

强化“价值引领”，贯穿教学全过程。探索形成以政治认同、国家意识、文化自信和公民人格为重点的顶层课程体系构架，教学内容设计上由教材体系向教学体系转化，由知识体系向价值体系、实践体系转化；教学方式以案例分析、学生讨论等为主，充分发挥学生的主体地位；教学效果考核采用多元化考核机制，强化对学生能力及价值观的考核。

聚焦“协同育人”，推进课程模式持续突破。课程以学生为主体，创新现行教学模式，通过课前问题驱动、课中专业引领和课后迁移运用三大课堂，借助网络平台，运用案例教学法和文献解析法，结合当下时事热点和历史事件，融入课程思政内容，实现多元课堂的协同。坚持让学生在寻求和探索解决问题的思维活动中，掌握专业知识，培养分析与判断的能力和创新精神。

将课程思政建设理念贯穿于宏观经济学课程教学全过程，深入发掘和创新课程思政教学资源，推进课程思政教学方法改革，建立多元化的课程思政考评机制，提出调整教学内容、革新教学方法、健全考评机制“三位一体”的课程思政建设路径（见图 1-1），不断实现知识传授与立德树人、价值引领、协同育人的有机统一。

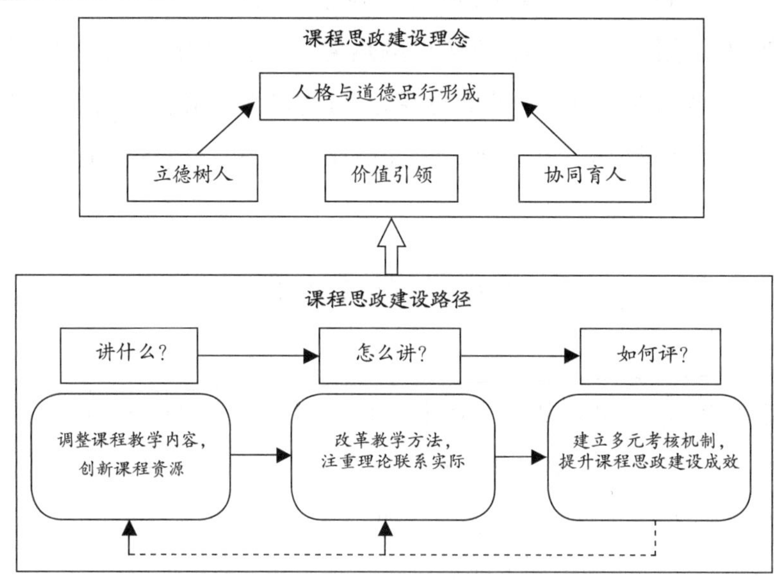

图 1-1　“三位一体”的课程思政建设路径

一、调整教学内容，创新课程资源

本课程结合新时期青年学子特点、时代特征、课程专业知识与理论前沿，立足人才培养目标和学科特色与优势，挖掘宏观经济学课程中蕴含的文化基因和价值范式，并将马列主义、毛泽东思想、邓小平理论、“三个代表”重要思想、科学发展观、习近平新时代中国特色社会主义思想等德育内容融入教学中，系统设计课程教学内容，不断创新课程资源，使课堂教学真正成为思政教育的有效载体，从而提高学生的经济伦理和思想道德素养、科学思维认知和价值认同。

二、改革教学方法，注重理论联系实际

本课程改革和丰富教学方法和手段，通过因势利导、理论联系实际，力图在教

学过程中达到立德树人、价值引领和协同育人的教学效果。具体地，让课程思政元素贯穿于每个教学环节，贯穿于课堂内外，贯穿于理论与实践当中。在课堂内，重视提升课堂话语传播的有效性，如利用各种教学资源和信息技术，通过启发式教学、讨论式教学、探究性教学等，让学生把理论知识学起来；在课堂外，引导学生将宏观经济学理论知识与社会实践相联系，在实践中用起来，如走进企业、走入乡村，用眼睛去观察，用头脑去思考。

三、建立多元化考评机制，提升课程思政建设成效

本课程弱化传统考核方式中专业知识考核的主体地位，建立能体现学生专业水平、道德品行和思政素养的多元化多层次的评价体系。该体系包括过程性评价和总结性评价，其中，课堂内外教学环节的评价以过程性评价为主，目的在于以评促学、提升互动，激发学生学习潜能和参与热情；总结性评价在课程结束后进行，目的在于评价学生对宏观经济学理论知识的掌握程度和应用能力。

2 饭店管理（饭店服务与管理）

杨富荣等

课程名称：饭店管理（饭店服务与管理）

学　　院：经济学院

专　　业：旅游管理

学　　分：3

学　　时：48

课程性质：专业核心课

◎ 授课教师基本情况

杨富荣，副教授，博士，浙江省旅游饭店星级评定员，浙江省旅游协会常务理事，获评2020年度杭州市教育局系统优秀教师。

钱建伟，副教授，博士。

吕红环，讲师，硕士。

◎ 课程内容简介

饭店管理是旅游管理类专业，包括旅游管理、饭店管理、会展经济与管理等专业的必修课程，也是核心课程。本课程主要面向大一学生，以线下课堂教学为主，辅之以在线教学和实践教学考察等。本课程拥有丰富的线上资源和校外实践资源，包括省级大学生校外实践教育基地、浙江省产教融合联盟的企业等。

◎ 课程目标

整体而言，本课程力求落实高等教育“立德树人”的根本任务，将思政元素融入教育过程，达成融价值塑造、知识传授和能力培养于一体的目标，培养具有国际视野和家国情怀、理论基础扎实、勇于实践和创新、具有职业自豪感的未来饭店人。

一、思政目标

力求落实高等教育“立德树人”的根本任务，培养学生的历史使命感、专业忠诚度与职业自豪感。

二、知识目标

使学生熟悉饭店管理的基本理论和知识体系，掌握饭店运营和管理流程，理解互联网、大数据、机器人、智能化等新技术给饭店业带来的深度变革。

三、能力目标

培养学生的批判性思维，以及发现问题、分析问题和解决问题的实践能力。

四、素养目标

使学生具有良好的职业素养和健康的管理伦理。

◎ 教学案例设计

案例 1

一、教学内容

在“饭店集团化经营”这一章的学习中，我们选择的第一个案例资源是对华住集团创始人季琦的访谈视频《挑战未知的人生》，旨在通过对这一部分内容的学习，使学生从创业者的角度，了解中外著名饭店集团的发展路径、主要运营模式和竞争优势。

二、育人元素

访谈视频《挑战未知的人生》，是对华住集团创始人季琦的创业历程的访谈。教师从“挑战未知的人生”这个角度切入，使学生通过学习和研讨唤醒勇于迎接挑战的精神，发现企业家精神的传承与弘扬的轨迹。

三、教学案例

季琦是中国连续创业最成功的企业家之一，他作为创始 CEO 创办的携程旅行网、如家快捷酒店、华住集团这三家著名的中国服务企业，先后在美国纳斯达克成功上市，成为第一个连续创立三家市值超过 10 亿美元公司的中国企业家，创造了世界企业史上的奇迹。

“华住”是中华住宿的简写，这简单二字蕴含了公司的伟大愿景：成为代言中华住宿业的世界级酒店集团。目前，华住集团已经进入世界饭店集团前 10 名。在全国 400 多座城市，运营 4000 多家酒店，并拥有 80000 多名员工。华住运营的酒店品牌已经覆盖多元市场，包括高端市场的美爵、禧玥、花间堂，中端市场的诺富特、美居、漫心、全季、桔子水晶、桔子精选、CitiGO 欢阁、星程、宜必思尚品，以及大众市场的宜必思、汉庭优佳、汉庭、怡莱、海友等知名酒店品牌。

季琦创建“华住”，志在使中华住宿成为“全球最伟大的饭店集团”，让中国人在全世界可以入住自己的饭店。在 2016 年 20 国集团（G20）峰会期间，时任美国总统奥巴马在杭州入住的是美国万豪集团的饭店，时任法国总统奥朗德入住的是法国雅高集团的索菲特酒店。酒店人的情怀是有一天我们国家的领导人在世界上其他地方也可以入住中国人自己的品牌酒店。

当前，世界排名前十的酒店集团中，在规模上我们已占其三，但多集中在国内，在地域范围上尚有比较大的提升空间。未来饭店业的国际化竞争需要更多的兼具国际视野和创新创业精神的专业人才参与。

依据访谈视频和相关衍生材料，组织引导学生研讨：什么是企业家精神？创业者需要具备什么样的素质？为什么要提倡年轻人具有创新创业精神？

四、教学方法

在课前自主学习阶段，教师发布视频资料，供学生课前学习，引导学生线上讨论，将自己对企业家精神的理解阐述出来，并进行一定程度的研讨。在课堂深度学习阶段，教师对前期观点进行归纳，并通过生讲生评、生问生答、师生互动等方式，引导学生更深刻理解企业家精神的内涵，激发其迎接挑战的勇气，培养其国际视野和大局观。在课后拓展学习阶段，教师发放饭店创业者的相关材料，让学生了解创业者在饭店集团化发展中不断创新和发展的前沿信息。

五、教学总结

本次教学通过对华住集团创始人访谈视频的观看、研讨和解析，使学生掌握中外著名饭店集团的发展路径、主要运营模式和竞争优势等知识点，培养学生迎接挑战的勇气，创新创业的意识，以及企业家精神，为中国饭店业在世界上立足培养未来人才。

案例 2

一、教学内容

在“饭店集团化经营”这一章的学习中，我们选择的第二个案例是2016年万豪—喜达屋酒店集团的并购案，旨在使学生了解饭店集团化过程中国际并购及其相关规则所涉及的金融、法律等知识点，培养学生国际化视野和参与国际竞争的意识。

二、育人元素

通过对2016年万豪和喜达屋酒店集团的并购案的解读，帮助学生了解饭店集团化发展过程中国际并购的跌宕起伏，明确国际规则的解读是至关重要的因素，拓宽国际化视野，提升参与国际竞争的意识。同时使学生认识到饭店集团化是一个系统化、综合性的工程，需要更多的复合型人才，只有不断拓展自己的知识疆界才有可能在国际竞争中游刃有余。

三、教学案例

此案例选自张巍的《资本的规则》第15节及网络上的公开资料。

自20世纪90年代以来，世界主要酒店集团都进行了轻资产改造，酒店不再购买或者租赁物业，而是专门替业主管理酒店，努力打造并输出自己的品牌。世界著名酒店集团大多采取此种模式，如特许经营等。

商业地产最看重的就是位置，酒店管理集团不再自建酒店，而是在业主公司在好位置拿地后、挤破头地去抢管理权，这加剧了酒店集团间在服务和品牌方面的较量。在激烈的竞争中，因为种种因素，比如品牌投入不够（喜达屋 8 年没有推出新品牌）、质量不统一等，喜达屋与其他竞争对手之间产生了差距，房间数和酒店数量都落后于竞争对手，于是在 2015 年 4 月 29 日宣布考虑出售。

消息传出，各路人马纷至沓来。买家主要分为两类：一类是国际酒店管理公司，以凯悦和万豪等为代表；另一类是中国酒店管理公司，以锦江、万达和海航为代表。

这些酒店管理公司作为品牌运营商主要看重的是喜达屋的规模，因为酒店业现在的销售渠道被诸如 Expedia、携程、去哪儿这样的在线旅行代理（online travel agent，OTA）控制了，任何一家酒店如能扩大规模肯定在和 OTA 就代理费议价方面取得了更多的话语权。此外，这些买家共同看重的就是喜达屋手上优秀的酒店，因为竞争激烈，这些好地段的酒店的管理权都是喜达屋跟竞争对手竞争来的，本身就是一种稀缺资源，能产生大量现金流和品牌效应。而且管理合同和特许合同里面都没有针对酒店管理方的控制权变更条款，不会因为管理方被收购而影响这些合同的效力。

以此为背景，我们可以顺着以下三条线展开：第一，国际并购有哪些规则；第二，这些规则是怎么适用到喜达屋竞购中的；第三，这些规则的适用，对交易的进程造成了哪些影响。

本案中已经出现的规则可以概括如下。

禁止招揽（no-shop）。原始竞标成功的买方如万豪，为了保护交易成果都会在合同里加上禁止招揽条款，即目标公司既不能主动招揽第三方前来竞买，也不能在第三方表达收购意向后与之洽谈。

基于忠慎义务之例外（fiduciary out）。作为禁止招揽的例外，如果有第三方主动提出要以高价购买，而董事会认为对此视而不见会违反忠慎义务（fiduciary duty），则可以和第三方进行洽谈。

更优方案（superior proposal）。董事会和第三方谈了，觉得第三方的价格比买方出价高且交割的可能性有合理的保障，那么就可以认定第三方的收购方案构成更优方案，董事会可提出终止与买方的收购合同，但要付分手费（break-up fee）（见图 2-1）。

基于这些规则，经过激烈的竞争，最终在 2016 年，万豪完成对喜达屋的并购。

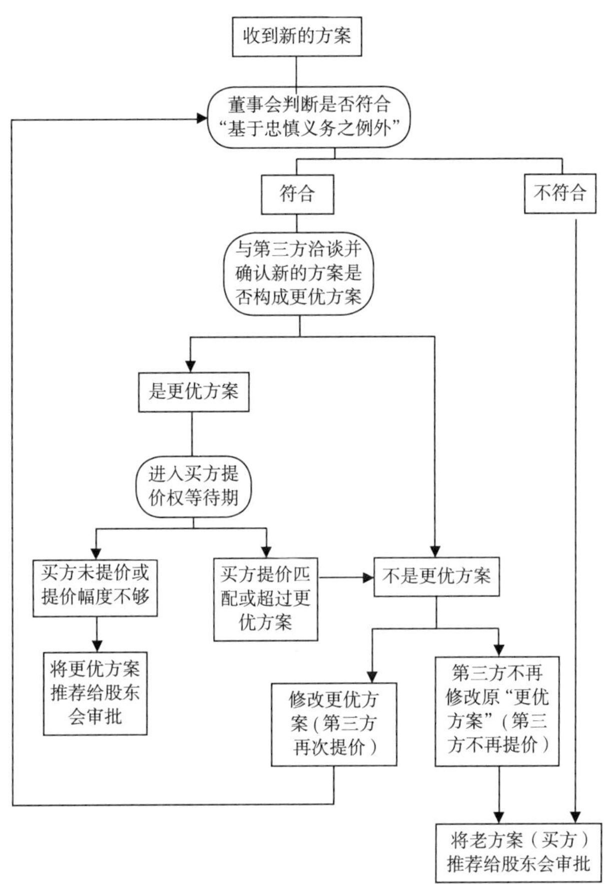

图 2-1　国际并购流程

资料来源：张巍：《资本的规则》，中国法制出版社 2017 年版，第 150 页。

对这一并购过程每个环节的详细解读，有助于学生了解饭店集团发展过程中的国际并购的跌宕起伏，明确国际规则的解读是至关重要的因素，学会以国际竞争的视角看待饭店业，培养国际视野和国际竞争意识。

四、教学方法

教师在课前自主学习阶段，发布案例资料的链接，引导学生进行文本阅读，并以小组形式针对各环节的国际规则进行研讨。在课堂深度学习阶段，教师采用翻转课堂形式，以学生为主体，通过生讲生评、生问生答的方式深度研讨万豪—喜达屋并购案各个环节中参与竞争的企业竞购策略、得失及其原因，培养学生的批判性思维，以及发现问题、分析问题和解决问题的能力，并引导学生树立全局观、以国际视野来理解饭店业的竞争与发展。在课后拓展阶段，教师通过线上推送拓展性资料和各种相关热点信息，使学生保持对课堂内容中的饭店并购前沿信息的关注。

五、教学总结

对万豪—喜达屋并购案的案例学习和解读过程，有助于达成饭店集团化过程中国际并购及其相关规则所涉及的金融、法律等知识点的学习，使学生意识到做好饭店管理不仅需要系统性知识和能力，也需要金融投资、房地产等跨学科的学习能力。更为重要的是，此案例的学习可以比较有效地打破学生的思维局限，提升学生的国际化视野和参与国际竞争的意识。

案例 3

一、教学内容

在“饭店集团化经营”这一章的学习中，我们选择的第三个案例是亚朵集团的 IP（自主知识产权）运营，旨在使学生了解饭店业的创新理论与前沿创新趋势，进而培养学生的创新创业精神。

二、育人元素

亚朵集团是典型的立足于中国实践的饭店集团，亚朵集团的快速发展显示中国饭店企业家们通过自己的智慧和创新，已经走出了模仿和学习阶段，建立了属于中国人自己的更加先进的饭店管理范式。对于该案例的解析，有助于培养学生的创新创业精神，使学生树立历史使命感、专业忠诚度与职业自豪感。

三、教学案例

亚朵集团是近年来发展最为迅速、口碑极好的中国本土饭店集团之一。在竞争极其激烈的饭店业中，亚朵集团以差异化取胜，通过不断创新，在极短的时间里异军突起。

亚朵集团的创立，缘起于亚朵的创业者在一次旅行中，意外走进了亚朵村，为当地的自然、清新、淳朴所触动。那里虽不富足，但人与人之间坦诚相待、彼此信任，人们心存善意、常怀幸福，故创业者以此地为名创立了“亚朵”。亚朵于 2013 年创立，至 2020 年已经拥有 583 家饭店，分布于 174 个城市中，拥有超过 2000 万名亚朵会员。

这种惊人的发展速度是只属于中国的速度。其中最为可贵的是亚朵集团创始人的创新精神，他们开创了许多新的设计和运营理念，比如创立了IP酒店模式；“打造第四空间，生活方式饭店”，以流动阅读和属地摄影为主题设计饭店，比如真正的“全员授权”，激发一线员工的原动力，打造中国邻里关系式的主客关系等。

1. IP酒店模式创新

亚朵开创了IP酒店模式，即饭店与IP方开创的多元商业模式。2016年11月，亚朵与吴晓波频道合作打造了“亚朵·吴酒店”，首创IP酒店模式。目前，亚朵在全国已经拥有10家IP酒店，包括中国首家戏剧主题酒店——THE DRAMA、与同道大叔一起打造的全国首家星座IP——“慢一点”星座酒店、亚朵S虎扑篮球酒店、与网易云音乐一起打造的“睡音乐”主题酒店、与知乎一起打造的“有问题”主题酒店等。

2. 流动图书馆（竹居）

亚朵在饭店中设立流动图书馆，提供“7×24”小时阅读空间，其借阅系统支持图书的异地归还。他们认为书店再小还是书店，是网络时代的一座风雨长亭。亚朵通过竹居“阅读+”计划，为作者、出版、渠道、读者建立起了互动社群，通过优选图书、有声内容、周边产品及IP内容四个维度提供全新的阅读体验，通过共享借阅数据了解新中产人群阅读喜好，迎合全民阅读的风潮，满足读者需求，不断提升会员黏性，将人文消费场景服务做到极致。

亚朵集团是将中国传统文化与中国当代实践完美结合的典范。通过亚朵的案例分析和研讨，我们可以很清晰地看到，中国饭店的创业者和企业家们通过自己的智慧和持续不断的创新，建立了具有中国特色的先进的饭店管理范式，并得到了广大消费者的认同。而中国的饭店业走向世界前沿也正是由于如此众多的具有创新创业精神的企业家们不断披荆斩棘，不断超越。

四、教学方法

在课前自学阶段，教师要求学生通过亚朵集团官方网站、新闻网站等渠道了解亚朵集团的发展状况，思考亚朵集团的制胜途径。在课堂深度学习阶段，教师采用翻转课堂形式，以学生为主体，通过生讲生评、生问生答、师生互动等方式，引导学生对亚朵集团的创新案例进行深度研讨，激发学生的创新创业精神，并引导学生思考新技术的发展对饭店创新的影响，以及亚朵在极短的时间里脱颖而出而且发展迅速的原因等，帮助学生树立全局观、从历史维度来理解饭店业的竞争与发展。在课后拓展阶段，教师通过线上推送拓展性资料和各种相关热点信息，使学生保持对课堂内容中的饭店创新前沿信息的关注。

五、教学总结

本节课通过针对以创新为特色进行集团化发展的亚朵集团 IP 运营案例的解析，使学生了解了饭店业的创新理论与前沿创新趋势。对案例的深度研讨和分析，可以拉近创业者与学生之间的距离，使学生发现创新的路径，激发学生的创新创业精神，为饭店业的未来培养具有创新创业精神的人才。

◎ 课程思政特色与创新

本课程具有显著的国际前沿性、创新性、实践性特色。创新点主要体现在三个方面：首先，将课程置于新技术背景下，并将最前沿的理论引入课堂；其次，用丰富的案例和资源培养学生的批判性思维与创新能力；最后，将课程与行业紧密对接实现其实践性。

在教学设计上，本课程建立了饭店管理课程思政的 IPC 三维教学模式[①]，形成校内、校外产教融合，线上、线下学习联动的教学模式，运用社交媒体组建课程学习群，组成饭店管理课程的企业辅导团队，并引入课程学习，随时解答学生的专业困惑。

① IPC三维教学模式是指从国际视角（international vision，I）出发，立足于中国实践（practical ability，P），培养能够分析解决中国饭店业实际问题的创新型（creative ability，C）人才，努力彰显对中国文化和长期实践的政治认同、思想认同和情感认同。

3 中国法制史

黄晓平

课程名称：中国法制史

学　　院：沈钧儒法学院

专　　业：法学

学　　分：2

学　　时：32

课程性质：专业必修课

◎ 授课教师基本情况

黄晓平，讲师。主要承担中国法制史、法理学专题、西方法律文化、民主与法治等本科和硕士研究生专业必修、专业选修和全校通识课程教学；获评校优秀实习指导教师；指导学生学年和毕业论文，数名学生的毕业论文获得校优秀；指导学生进行学术研究或参加各种竞赛，数名学生获校本创、国创项目立项。

主持并完成国家社科基金项目、杭州市社科规划项目等，具有较丰富的项目主持和研究经验。出版《禅让制与传统中国政权危机化解——基于宪法视角的考察》等专著，发表专业论文若干篇。

◎ 课程内容简介

中国法制史是法学学科的重要基础课程，旨在让学生了解中国历史上法制的发生、发展、变革及其规律，有助于学生加深对法学其他课程的理解，有助于学生用法制历史知识、历史思维观察现实，有助于学生在社会实践中更好地传承、运用丰富的中国优秀传统法制资源。

经过多年实践，本课程教学已形成了一定特色：就教学内容而言，主要讲授中国传统法制的个性和特色、精华和重点，亦引导学生深刻理解传统法制的糟粕和劣势及其成因，重视挖掘传统法制的当代借鉴价值和启发意义；就教学方法而言，重视中外对比，重视史料和案例运用，重视师生良性互动，引导学生一起思接千载，感悟历史，观察现实。

◎ 课程目标

一、思政目标

（一）文化自信

讲授、交流中国法制史，帮助学生知晓先人凭借智慧构建了独具民族特色的中华传统法制文化，形成了一系列基本符合人性、适应国家发展、有利社会稳定的具有文化先进性的法律理论和制度，并远播海外，使学生真正领悟习近平总书记所言："中华文明是唯一没有断流的古老文明。5000 年的历史是我们文化自信的源泉。认清了 5000 年，我们就会自然地形成民族自豪感、民族自尊心。"[①]

（二）民族认同

讲授中国古代典型法典发展、演变和成熟的过程，展示我国古代法制如何兼容并蓄，各民族如何相互借鉴融合，共同塑造了《唐律疏议》这样的优秀法典，共同推动了中华法系的形成，从而增强学生的民族认同、国家认同。

（三）法治信仰

不回避中国法制史的糟粕和弊端，展示传统法制走向极端专制的历程——明清时期人治走向巅峰，法制严苛，大兴"文字狱"，钳制思想——向学生有力证明建设社会主义法治国家的历史必然性。

① 杜尚泽、毛磊：《习近平主席视察澳门濠江中学附属英才学校特写：一堂面向未来的历史课》，《人民日报》2019 年 12 月 20 日，第 3 版。

（四）政治认同

讲授近代以来中国法制变迁的曲折历程与深刻历史逻辑，帮助学生准确理解中国共产党领导人民建立中国特色社会主义法治体系、建设社会主义法治国家的历史必然性和丰功伟绩。

二、知识目标

使学生深入了解中国历史上法制的发生、发展、变革及其规律，了解中国历史上历朝法制的精华与糟粕。

三、能力目标

帮助学生批判地吸收、借鉴和传承传统法制的精华，为建设中国特色社会主义法治体系提供历史依据和传统资源；加深对马克思主义法学基础理论的理解；为学习各部门法奠定法史知识基础，更好地领会和贯彻我国的现行法。

四、素养目标

帮助学生养成历史思维，能从历史发展的大势出发，理性客观地认识历史与现实，树立正确的世界观、人生观和价值观。

◎ 教学案例设计

案例 1

一、教学内容

在第八章“隋唐法制”的学习中，我们所选择的目标文本为《唐律疏议》。通过对该文本的具体解读，我们不仅要让学生熟悉我国古代这部代表性刑法典的基本体例、核心精神和主要内容，而且要让学生深刻理解这部法典成为古代立法典范的主要成因。

二、育人元素

（1）民族文化的深刻融合造就了《唐律疏议》，民族团结、民族认同对我国当代文化的发展具有重要意义。

（2）中华民族具有进行制度设计与制度创新创造的能力和智慧，我们应当传承这种能力和智慧，树立制度自信。

（3）《唐律疏议》标志着中华法系的形成，并远播海外，是我国古代文化昌盛发达的标志，这是我们今天文化自信的历史渊源。

三、教学案例

《唐律疏议》的来历：唐高宗李治永徽元年至三年（650—652 年），长孙无忌等修订《贞观律》为《永徽律》；并奉命为律作注疏曰《永徽律疏》，即《唐律疏议》，次年与律文一同颁行。

在文本解读过程中，通过教师的解释和引导，学生自觉从法制发展的历史脉络中发现《唐律疏议》成为古代立法顶峰的历史成因。

从体例来看，《唐律疏议》继承了魏晋时期北朝少数民族政权法制的成就，比如，《北齐律》合并“法例”和“刑名”为《名例》，最终为《唐律疏议》所吸收。

从内容来看，《唐律疏议》吸收了北朝少数民族政权的许多内容（立法原则和制度），如存留养亲制度是北魏孝文帝拓跋宏于公元 488 年下诏创制的，又如死刑复奏制度是北魏太武帝时正式确立的制度，为唐代的死刑三复奏打下了基础。各民族法制文化的互相借鉴、吸收、提升，共同打造了《唐律疏议》。

在进一步解读过程中，学生自觉从历史对比中，认识到《唐律疏议》的重要历史地位和影响。

它是我国古代刑法典的代表，是后世历朝法典的模板，亦是古代近邻日本、朝鲜、越南等国家法制的蓝本。

我们不应为之自豪吗？我们的先人能够创造出这样辉煌的法律制度！

传统法制文化的发达，不正是我们今天具有文化自信的基础吗？

《唐律疏议》对域外产生了深远影响，但我们古代并没有进行强制性的文化输出，周边国家接受《唐律疏议》，是因为它的先进性，这和西方习惯强制性进行文化输出截然不同。

学生的发言很精彩，引发了热烈的掌声。这正是现场学生对自身的民族认同、文化自信、制度自信的一种共鸣。

四、教学方法

本节课通过案例点评、生问生答、生讲生评、教师导演学生串演等情境式、议题式教学方式，运用“大历史”的思维和观察方法、历史对比方法等，使学生在宏大的历史视野中，不仅熟悉《唐律疏议》的基本历史，而且还主动感悟其所蕴含的丰富的思政元素。

五、教学总结

本节课通过对《唐律疏议》的解读，不仅使学生熟悉了它的基本内容、主要特色、核心精神，而且在历史追溯、历史对比中，使学生获得了民族认同、文化自信、制度自信，有效提升了学生的思政素养。

案例 2

一、教学内容

在“民国后期（1928—1949 年）的法制”这一章的学习中，借助对中国历史上第一部民法典，即 1929—1931 年国民党政府陆续颁布施行的《中华民国民法》的解读和讨论，让学生体认到近代国人在法律移植过程中的得失经验，为当代法治建设提供借鉴。

二、育人元素

《中华民国民法》是中国历史上第一部民法典，立法成就较高，受到好评，标志着当时中国在西方法文化的移植和法律资源的本土化方面取得了显著成果，达到了世界近代民法典的水准。对我们这样一个发展中大国而言，这昭示着在借鉴、引入域外法制文化之时，要有海纳百川、兼收并蓄的开阔胸怀，绝不故步自封，既要敢于积极学习、吸收优秀文化，亦要坚定文化自信，保留并发扬传统民族法制文化的精华。

三、教学案例

《中华民国民法》是中国历史上第一部颁布实施的民法典，标志着以近代法律理论为指导、具有近代特征的法律制度在中国的成长与确立，在一定意义上可以说，开始于清朝末年的中国法律近代化进程至此得以初步完成。

在教师的讲授和引导下，学生们认识到这部民法典的主要优点。

第一，《中华民国民法》十分强调保护社会公益，它以社会本位主义为民法典的立法原则，将对社会公益的保护贯彻到了法典的每一个角落。

有学生认识到，它以维护公共秩序和善良风俗为原则；

有学生发现，它对所有权进行限制，对契约自由进行限制；

有学生认识到，它引入无过失责任；

有学生还发现，它酌情减免义务人的责任。

第二，《中华民国民法》十分强调平等。该法典所规定和体现出来的平等是很广泛的。

有学生认识到，它不仅包括男女平等，而且包括雇佣人与受雇人的平等、债务人与债权人的平等、承租人与出租人的平等，以及所有权人与佃权人之间的平等，内容非常广泛。

有学生还发现，它在重视形式平等的基础上，更致力于追求实质上的平等，尤其体现在对弱者的特别扶助，使其在社会上与强者处于平等地位。

第三，《中华民国民法》还保留了中国优秀传统民事制度，比如典权制度。

学生们认识到，《中华民国民法》第一次在民法典中以专门章节对典权制度作了详尽全面的规定。

学生们认识到，典权制度产生的原因与中华传统的文化、道德观念息息相关，符合我国扶贫济弱的道德观念。在逾千年的历史中，该制度在利用不动产价值方面发挥过积极的经济作用。这样的优秀传统民事制度应当被传承和发扬光大。

当然，除了知晓了《中华民国民法》的立法基本精神、立法成就和优点，在法律文本的解读中，学生们也认识到这部法典仍然有其不足之处，比如，对夫权、父权一定程度上的倾斜，可以视为对一些传统法制之糟粕的保留。

四、教学方法

本节课通过案例点评、生问生答、生讲生评、教师导演学生串演等情境式、议题式教学方式，运用“大历史”的思维和观察方法、历史对比方法等，师生一起完成对《中华民国民法》的文本解读，然后在历史横比、纵比中，发现、总结该民法典的历史地位、主要优点及其不足之处，为当代法治发展和建设提供借鉴。

五、教学总结

本节课通过对案例的深入学习与讨论，使学生们深刻认识到近代这种著名法典诞生的过程极其不易。1928 年，当时的法制局已着手拟订《亲属法草案》和《继承法草案》，但均未通过。1929 年，立法院成立民法起草委员会，旋即开始起草《中华民国民法》。是年，《民法总则编》告成并获通过，5 月 23 日国民政府予以公布，下分法例、人、物、法律行为、期日及期间、消灭时效、权利之行使共 7 章，规定了民事权利及法律关系的基本原则，是年 10 月 10 日生效实施。尽管它已经变成历史的尘埃，但该法典的诸多优点和一些不足，对完善当代法治，特别是进一步完善《中华人民共和国民法典》仍具有重要的借鉴和启发意义。

案例 3

一、教学内容

在“中华人民共和国法制的发展与挫折（1949—1976 年）”这一章的学习中，借助对 1954 年《中华人民共和国宪法》（简称“五四宪法”）这一文本的解读，通过对“五四宪法”产生过程的了解，使学生感悟新中国第一部宪法的立法成就、历史意义及其对我们建设中国特色社会主义法治体系的奠基作用。

二、育人元素

法治首先是宪法之治。近代以来，从《钦定宪法大纲》《临时约法》《曹锟宪法》到《中华民国宪法》，中国人虽为之孜孜以求，但这些宪法立法水平参差不齐，且都未真正实施，法治国家从未建起。新中国成立不久即制定“五四宪法”，其制定过程的庄严与慎重、立法成就的伟大与不凡、日后的影响与地位，都昭示了中国共产党领导人民制定宪法、落实宪法的曲折历程与丰功伟绩，昭示了中国共产党领导人民进行法律制度设计和创新创造的强大能力与丰富智慧。

三、教学案例

中华人民共和国第一部宪法于 1954 年 9 月 20 日经第一届全国人民代表大会第一次会议全票通过。因其在 1954 年颁布，故称其为“五四宪法”。“五四宪法”作为新中国第一部宪法，建立了新中国的基本政治和法律制度体系，并以特殊的功能维护政治共同体的价值共识，提供平衡国家、社会与公民之间关系的平台，开启了中国特色社会主义宪法的崭新历史。

课堂上，学生们对此展开热烈讨论，通过对历史的回溯，了解了“五四宪法”制定的整个过程。

“五四宪法”与杭州有着特殊渊源。坐落在杭州市西湖风景名胜区北山街84号大院的“五四宪法”历史资料陈列馆，是“五四宪法”的起草地。

1953年12月24日下午4时，一趟专列从北京启程，前往杭州。在火车上，毛泽东对随行人员说：“治国，须有一部大法。我们这次去杭州，就是为了能集中精力做好这件立国安邦的大事。”①

为了起草宪法，毛泽东研究了世界各类宪法。他从苏俄宪法中得到启发，决定在总纲前加入序言部分，记载1840年以来中国革命和建设的历史及其成果，反映中国近代史发展的客观规律和基本经验。

1953年12月28日至1954年3月14日，毛泽东率领宪法起草小组在杭州度过了77个日夜，起草了新中国第一部宪法的草案初稿（史称“西湖稿”）。

1954年6月14日，毛泽东主持召开中央人民政府委员会第30次会议，提出了“搞宪法是搞科学”这一著名论断。会议一致通过《中华人民共和国宪法草案》和《关于公布中华人民共和国宪法草案的决议》。宪法草案正式公布后，全国各界超1.5亿人参加了宪法草案的学习讨论，历时近3个月，共提出逾118万条修改、补充意见和问题，宪法内容日臻完善。

1954年9月20日，中华人民共和国第一届全国人民代表大会第一次会议以全票同意的结果通过了新中国第一部宪法。

通过讨论，学生们深刻认识到，“五四宪法”的通过与实施，推进了人民民主政权建设的发展与完善，开启了社会主义民主与法治建设的新纪元，确立了人民当家作主的宪法地位，集中体现了社会主义原则与人民民主原则。从历史角度看，这是一部承前启后、具有基石意义的宪法。它开启了中国特色社会主义宪法的崭新历史，从根本上巩固了人民民主的社会主义政权的合法性，确认了国家的各项基本制度，

① 萧心力：《毛泽东与共和国重大历史事件》，人民出版社2001年版，第124页。

宣告了人民权利受到宪法保障的事实，其精神延续至今。现行 1982 年宪法，就是以“五四宪法”为基础的，它总结了我国社会主义发展的丰富经验，并吸取了国际合理经验，是对“五四宪法”的继承和发展。

四、教学方法

本节课通过案例点评、生问生答、生讲生评、教师导演学生串演等情境式、议题式教学方式，使学生熟悉历史梳理、历史比较方法的运用。首先引导学生了解“五四宪法”的制定过程；其次通过对“五四宪法”文本的具体解读，使学生感悟“五四宪法”的基本内容和核心精神；最后通过与 1982 年宪法的比较，使学生认识到“五四宪法”对新中国宪法制定、法治建设所具有的重大意义。

五、教学总结

本节课通过对“五四宪法”基本知识、制定过程、历史影响的学习和讨论，使学生们感受到了中国共产党领导人民制定宪法的不凡历程和伟大功绩，感悟到了中国共产党领导人民实行宪法之治、建设社会主义法治国家的不懈努力和坚定信心，提升了政治认同、法治信仰等核心政治素养。

◎ 课程思政特色与创新

一、主要特色

本课程具有极丰富的思政元素，可通过对宏观法制史与微观法制史的叙事、解读和讨论，将专业知识与育人元素深度融合。第一，有助于学生养成历史思维，从历史发展大势出发，理性客观地认识我国历史与现实。第二，有助于学生知晓先人凭借智慧构建了独具民族特色的中华传统法制文化，形成了一系列基本符合人性、适应国家发展、有利社会稳定的具有文化先进性的法律理论和制度。第三，有助于学生认识到近代以来中国法制变迁的曲折历程与深刻历史逻辑，准确理解中国共产党领导人民建立中国特色社会主义法治体系、建设社会主义法治国家的历史必然性。

二、创新点

第一，本课程充分发挥自身的特色和优势，尝试挖掘思政元素或育人元素，建立课程思政体系；第二，尝试探索契合自身特点的教学方法，比如议题式、情境式、项目式教学，借助这些方法实现生讲生评、生问生答、以练代讲、案例点评、教师导演学生串演的平行互动的丰富而多维的教学过程；第三，探索建立符合自身特点的课程思政动态反馈、评估和考查机制。

4 中国哲学史

宋丽艳

课程名称：中国哲学史

学　　院：公共管理学院

专　　业：思想政治教育

学　　分：3

学　　时：54

课程性质：专业选修课

◎ 授课教师基本情况

宋丽艳，哲学博士，硕士生导师，获评杭州市教育局系统优秀教师、杭州市社科联系统先进个人，曾获得杭州师范大学优秀班主任、教育实习优秀带队指导教师、本科生就业工作先进个人、优秀共产党员、十佳党务工作者等荣誉称号。

主持过浙江省高等教育“十三五”第一批教改项目“Philosophy Workshop 教学方式在经典研读课堂上的实践探索”、杭州师范大学教改项目“回归智慧：高校哲学课堂教学改革的实践探索”等。在马克思主义经典著作选读和中国哲学史课程教学中，创立了“哲学工作坊”“经典故事型哲学工作坊”教学方式。在科研领域，主要研究方向为道家哲学、中国近现代哲学，发表学术论文几十篇。

◎ 课程内容简介

中国哲学史是为思想政治教育专业本科生开设的专业基础课。中国哲学史凝结了中华民族自强不息、厚德载物的生命智慧，反映了先哲们对自然、社会及自身发展的一般认识，是先哲们思维成就的抽象表达。在教学内容上，本课程主要讲授中国哲学的起源、先秦诸子哲学、汉代经学、魏晋玄学、隋唐佛学、宋明理学及近现代哲学。在教学对象上，要把握中国哲学史的核心概念、主要命题、发展脉络、逻辑结构。本课程的建设发展是哲学专业和思想政治教育专业建设的必然结果。2017年杭州师范大学哲学专业获得一级硕士授予权，2021 年本课程所属的思想政治教育专业被评为浙江省一流专业，为本课程的建设提供了坚实的基础。本课程为浙江省线下一流课程。

◎ 课程目标

一、思政目标

培养学生良好的政治认同、家国情怀、文化自信和理想信念。

二、知识目标

要求学生掌握中国哲学史的核心概念、主要命题、发展脉络等，具有一定的中国哲学、中国古代教育学、政治思想、伦理学等基本理论知识。

三、能力目标

使学生具有中国哲学文本阅读和分析能力、中国哲学史与逻辑思辨相结合的能力，以及将中国哲学和教育学、思想政治理论等融会贯通并综合运用的能力。

四、素养目标

培养学生将圣人之学和圣人之道内化为德行良知，将中国哲学精神内化为人生智慧，铸就做人和为师的高尚情操与道德品质。

◎ 教学案例设计

案例 1

一、教学内容

孔子的礼学。

二、育人元素

中国的礼乐文明和文化自信。

三、教学案例

仲尼燕居，子张、子贡、言游侍，纵言至于礼。子曰："居，女三人者！吾语女礼，使女以礼周流，无不遍也。"子贡越席而对曰："敢问何如？"子曰："敬而不中礼谓之野，恭而不中礼谓之给，勇而不中礼谓之逆。"子曰："给夺慈仁。"子曰："师！尔过，而商也不及。子产犹众人之母也，能食之，不能教也。"子贡越席而对曰："敢问将何以为此中者也？"子曰："礼乎礼！夫礼所以制中也。"①

仲尼燕居的故事内容如下：

孔子闲居在家，子张、子贡、子游在一旁侍立，谈论中说到了礼。孔子对三个弟子说："我给你们讲讲什么是礼，让你们能够周游四方运用礼而不会有不合乎礼的地方。"子贡问礼，孔子说："貌似敬却不合乎礼的要求，那是鄙俗；貌似恭却不合乎礼的要求，那叫谄媚；貌似勇却不合乎礼的要求，那是逆乱。巧言谄媚会搅乱仁慈。"孔子对子张说道："师，你做事有点过头，商（子夏）做事有点不够。"子贡这时又问："怎样做才能适中呢？"孔子说："就是要用礼来制约、调节使之适中。"

播放一小组以仲尼燕居为文本拍摄的情景剧。

在欣赏完仲尼燕居的故事后，学生要通过分析对话中体现的"礼"来讲述孔子的礼学思想。这时学生将课前在哲学工作坊中的研究分享给大家，包括：①孔子之礼的分殊。孔子之礼有着不同的内涵，大致分为礼制、礼仪、礼敬和礼别四个方面。②礼和仁的关系。礼即仁。③礼的传承与嬗变。古礼、周礼与孔子之礼的比较等。

① 叶绍钧选注、王延模校订：《礼记》，商务印书馆2018年版，第146-147页。

④学生讲述他们在日常生活中如何知礼、守礼和行礼。学生在展示完上述内容后，教师组织学生进行交流、辩论和互评，最后由教师进行总评。

课后教师带领学生去杭州古道书院进行童蒙国学教育实践。学生不但要让书院的小朋友能够区分现实生活中的礼，同时也要让他们懂得为什么要知礼、守礼和行礼。童蒙国学教育，使礼乐文明和文化自信得以在实践中彰显，使学生懂得仁爱尚礼在个人成长中的意义。

四、教学方法

课前运用项目研究法、指导型学习与自我发现型学习合一法；课中主要运用同伴教育法、生讲生评翻转教学法、穿越情景剧；课后的教学方法有实践巩固法、小型研讨教学法和诵读教学法。

五、教学总结

由于课前教师已经指导和修改过多次，因此学生对孔子礼论的分析与展示在知识点和理论深度上都达到了教学要求，但是在各部分内容的衔接上，承上启下的过渡有待加强。参与课堂评价的学生，评价较为客观。他们在 PPT 设计和教学技能上提出了一些可贵的建议。总体而言，哲学工作坊的教学方式和多种教学方法的综合运用，对学生后期的学习影响较大。以往教学中的基本规律是越在后面分享的学生，特色越鲜明。学生在古道书院的实践教学，能够以传统教学方式较为顺利地完成《论语》中“礼”的教学，结合生活中小朋友们涉及的知礼、守礼和行礼等实践，达到了礼育的要求。不足在于教具单一。

案例 2

一、教学内容

孔子的为学。

二、育人元素

学以成德、学以成才。

三、教学案例

孔子学鼓琴师襄子，十日不进。师襄子曰：“可以益矣。”孔子曰：“丘已习其曲矣，未得其数也。”有间，曰：“已习其数，可以益矣。”孔子曰：“丘未得其志也。”有间，曰：“已习其志，可以益矣。”孔子曰：“丘未得其为人也。”有间，有所穆然深思焉，有所怡然高望而远志焉，曰：“丘得其为人，黯然而黑，几然而长，眼如望羊，如王四国，非文王其谁能为此也！”师襄子辟席再拜，曰：“师盖云《文王操》也。”①

孔子学琴的故事内容如下：

孔子向师襄（鲁国乐官）学琴的时候，一首曲子练了十多天，每当老师觉得他已经学会了这首曲子，可以练习新的曲子时，孔子却给出了自己要继续练习旧曲的理由，分别是：未得其数、未得其志、未得其为人。经过不断学习，他悟到了这首曲子所描写的正是周文王的高大形象。这着实让老师佩服不已，因为这首曲子正是《文王操》。

首先，学生对孔子学琴的故事进行分析，即学什么、如何学和为什么学：孔子学习音乐，从技术的学习深入到探究技术后面的精神，进而把握此精神具有者的具体人格，这折射出孔子为学的至诚之道、精益求精，以及他在学习中求深入抵达而不贪多泛学的品质。

其次，该哲学工作坊又从目标、内容、原则、态度、方法五个维度阐释了为学之道。

最后，该哲学工作坊进行总结并阐明自己获得的智慧：孔子自己也用一生在诠释“学”。“学”字贯穿《论语》全书，《论语》首篇就是《为学》，首篇首字就是“学”。孔子论政、论孝、论仁、论礼等，就是教育世人好好为学，不仅要学习知识和技艺，还要学习做人，后者最为重要。圣人既然如此，作为后世子孙，更要“述而不作，信而好古”，多多学习古圣先贤的智慧，把学习作为一种乐趣，最终实现“知行合一”。

学生谈了学习启示并分享了他们个人对“学”的感受体会，论述了孔子的为学之道及其为学的哲学思想，探讨了礼乐教化，以及作为思政师范生对思政课堂的新认识。

四、教学方法

课前运用项目研究法、指导型学习与自我发现型学习合一法；课中主要运用同伴

① 李炳海校评：《史记校勘评点本》，吉林文史出版社2003年版，第334—335页。

教育法、生讲生评翻转教学法；课后的教学方法有实践巩固法、小型研讨教学法和诵读教学法。

五、教学总结

该案例教学在知识、能力、素养和思政目标上的达成度较好。通过对孔子学琴及孔子一生的为学之道的评析，该哲学工作坊较好地展示了“学”在成圣成德成才中的重要意义。在个人生活实践中，该哲学工作坊谈论的问题缺乏具体性和针对性。因此，在下一次课前又重新讲了这部分内容。

案例 3

一、教学内容

道法自然。

二、育人元素

循道而趋、生生和谐的中国智慧。

三、教学案例

> 有物混成，先天地生。寂兮寥兮，独立不改，周行而不殆，可以为天下母。吾不知其名，字之曰道，强为之名曰大。大曰逝，逝曰远，远曰反。故道大，天大，地大，人亦大。域中有四大，而人居其一焉。人法地，地法天，天法道，道法自然。[①]

这个教学案例较难，由三个哲学工作坊的学生分别完成。他们需要先用白话文翻译这个案例。在此基础上，学生在教师的指导下进行自主探究。①基础研究：道是什么；②中阶研究：“道法自然”的内涵；③高阶研究：“道法自然”对于处理人与自然、人与人、人与自我关系的意义；④实践智慧：结合个人生活和实践，谈谈如何“法自然”。

从学生在哲学工作坊的研究结果来看，第一个哲学工作坊的基础研究、中阶研究做得较好，高阶研究中只针对生态问题关注了人与自然关系中如何因循老子的“道

① 李敖：《老子·论语·列子·庄子》，天津古籍出版社2016年版，第20页。

法自然”思想。第二个哲学工作坊在中阶研究即“道法自然”的内涵上用功较多，不仅谈了老子的“道法自然”的内涵，还对“道法自然”思想在整个中国哲学史上的其他诠释进行了学术分析。在高阶研究和实践智慧这个模块中，学生结合自己所长及自身的生活实践侧重于“道法自然”思想对于处理人与自然、人与自我的关系的意义。第三个哲学工作坊是跨专业选课学生，其虽然觉得文言文和理论学习难度大，但是对“道是什么”的解读（基础研究）、“道法自然”的内涵理解（中阶研究）还是比较符合老子原意的。此外，学生就“道法自然”问题谈了自己在生活实践中的感受。

由于老子的“道法自然”思想的内涵和实践都非常重要，在组织学生进行评价、学生之间互相提问答辩后，教师对这个案例研究进行了总结，着重讲述了“道法自然”思想在处理人与自然、人与人，以及人与自然关系中的意义。学生在这个年龄段，对于人与自然的关系关注较多，教师就又援引了《庄子》中鲁侯养鸟的案例展开。

> 昔者海鸟止于鲁郊，鲁侯御而觞之于庙，奏九韶以为乐，具太牢以为膳。鸟乃眩视忧悲，不敢食一脔，不敢饮一杯，三日而死。此以己养养鸟也，非以鸟养养鸟也。夫以鸟养养鸟者，宜栖之深林，游之坛陆，浮之江湖，食之鳅鲦，随行列而止，逶迤而处。①

在学生们懂得“道法自然”在处理人与自然关系中的意义后，教师通过列举学生生活中的具体事例重点讲了在处理人与人、人与自身关系中“道法自然”的意义。如学生时代如何和周围的同学、老师、朋友及陌生人相处？如何自我调适心灵的波澜和矛盾？通过以上案例分析，在中国哲学史理论学习的基础上，本次课较为顺利地完成了“循道而趋”“生生和谐”的思政元素的课堂融入，收到了较好的教学效果。

四、教学方法

课前运用项目研究法、指导型学习与自我发现型学习合一法；课中主要运用同伴教育法、生讲生评翻转教学法；课后的教学方法有实践体验法、小型研讨教学法。

五、教学总结

对于道家哲学理论的学习，经过教师对哲学工作坊多次的指导，学生在理论深

① 宁志荣注译：《庄子详解》，三晋出版社2019年版，第231页。

度上可以过关，但是他们对于道家思想在生活实践中的价值体会不深。因此，如果想达到这部分内容的课程思政目标，就需要更加密切地贴近学生的生活实际，包括他们的饮食起居习惯、学习方式、消费类型等，将“循道而趋”的观念内化到他们的思想中，外化到他们的实践中去。

◎ 课程思政特色与创新

一、教学理念创新

本课程将哲学教育同思想政治专业教育、师范教育“三教合一”，将传统的贤德论同新时代立德树人论、师德风尚论“三德合一”，将课堂育人、实践育人、思政育人“三育合一”，实现了教学理念上的创新。

“三教合一”是说课程内容中的天道论、人生论和政治论同思想政治教育专业的世界观、人生观、价值观培养密切相关；致知论、修养论突出体现了师范教育中德才兼备的培养目标。“三德合一”是说传统哲学将贤德视为成才之本，这同新时代课程思政立德树人、弘扬师德风尚的主旨具有内在一致性。“三育合一”是说从课堂教学和实践教学两个层面弘扬中国优秀的哲学传统，培养学生的家国情怀和理想信念，增强学生的文化自信。

二、教学方式创新

本课程以经典故事型哲学工作坊代替传统的讲授型教学，实现了教学方式上的创新。

经典故事型哲学工作坊以激发和引导学生的自我发展之路为理念，借鉴参与式工作坊的研讨交流形式和同伴教育的激励方式，对中国哲学史上的经典故事展开层阶性研讨，以多元的教学方法和学习方式为基础，采用集教学和研究于一体的教学方式。该教学方式使学生的学习呈现出从基础到高阶、从理论到实践的多维发展，突出了以教师为主导、以学生为主体的宗旨；又将理论性和趣味性有机结合，使师生关系由“任务共同体”转向“励志共同体”，教学相长。

5 教育学基础

周佳

课程名称：教育学基础

学　　院：经亨颐教育学院

专　　业：教师教育

学　　分：2

学　　时：32

课程性质：专业必修课

◎ 授课教师基本情况

周佳，教育部高等学校教育学类专业教学指导委员会委员，教育部高等学校教学信息化与教学方法创新指导委员会委员，教育部中小学校长和幼儿园园长国家级培训专家。曾主持完成 3 项黑龙江省高等教育教学改革工程项目，获得黑龙江省普通高校教学新秀奖和黑龙江省高校师德先进个人奖。

◎ 课程内容简介

本课程依据“教育学基础”教学大纲，以“马克思主义理论研究和建设工程重点教材”《教育学原理》为主要载体，将课程内容分为四个模块：教育与社会发展模块、教育目的和教育制度模块、课程与教学模块、教育管理模块。本课程旨在通过教学，使师范生获得知识、形成技能、发展智力、涵养情感，形成核心素养。本课程为浙江省线下一流课程。

在教育与社会发展模块，从历时角度分析我国教育发展与经济、文化进步的关系，用数据和事实说话，使学生产生自豪感和爱国情怀。

在教育目的和教育制度模块，通过对国家方针和教育法律体系的学习，使学生实现智与德的结合。

在课程与教学模块，通过教学把丰富的课程研究和教学研究成果介绍给学生，开展翻转课堂，利用线上线下结合，请学生参与课程新成果、教学新方法的挖掘及教学名师的推介，产生职业向心力。

在教育管理模块，使学生了解当下教师与学生、家长的社会责任，明确自己的职业担当和红线，深入学习和领会《中华人民共和国未成年人保护法》《中小学教师职业道德规范》等法律规范，依法执教、仁爱施教。

◎ 课程目标

一、思政目标

（1）政治认同：使师范生不断增强自身对中国特色社会主义的认同，不断坚定道路自信、理论自信、制度自信、文化自信，把服务中华民族伟大复兴作为自身的重要使命。

（2）家国情怀：使师范生牢记为党育人、为国育才的使命，坚定立德树人、报效祖国的教育初心。

二、知识目标

（1）要求师范生掌握教育教学的基础知识和基本技能，通过“教育学基础”的学习，了解教育目的、教育制度、教学规律与方法、德育规律与方法、班级管理等内容。

（2）要求师范生了解我国教育事业发展的基本历程，以事实为依据，认同中国共产党领导中国人民站起来、富起来、强起来的伟大功绩。

（3）要求师范生学会运用教育科学研究方法进行初步的教育科学研究和实践。

三、能力目标

（1）学为人师：使师范生了解如何“为师长”，获得“教师情怀”。

（2）术业专攻：帮助师范生提升教育教学能力，为其未来的教育教学实践及教学学术研究奠定基础。

四、素养目标

（1）培养师范生的理想信念：坚守为党育人、为国育才的教育初心。

（2）培养师范生的道德情操：尊重宽容、团结协作、坚持真理。

（3）培养师范生的扎实学识：厚扎人文底蕴，持存科学精神。

（4）培养师范生的仁爱之心：爱学生，与学生共同成长。

◎ 教学案例设计

案例 1

一、教学内容

“教育与社会发展”这一内容的学习，要求学生对教材内容进行补充和创新，激发学生对新中国成就的认知，明确科教兴国战略和教育在社会主义现代化建设中的地位与作用。

二、育人元素

学生以小组合作探究的方式，从经济、政治、文化和人口的角度分析社会因素对教育的影响，感悟在中国共产党的领导下，我国经济社会蓬勃发展，实现从“部分人接受教育”到“所有人接受教育，部分人接受高质量教育”到“教育均衡发展，所有人接受高质量教育”的跨越，为国家的发展自豪，衷心拥护中国共产党的领导，牢记为党育人、为国育才的使命。

三、教学案例

在“教育与社会发展”这一内容的学习中，我们所选择的教学方式是小组合作探究式学习。

（一）预学展示

6 个小组分别从生产力、政治、文化对教育的影响，以及教育的经济、政治和文化功能进行课堂展示。教师参与到 6 个小组为期一周的备课工作中，“在场”却不干预小组的分工，通过“读书指导法”为学生在课程内容选择中遇到的困难提供帮助，以保证学生主讲课程内容的“科学性”。

（二）小组合作探究

1. 第一小组和第四小组协同

一方强调社会生产力制约着教育事业发展的规模和速度，制约着人才培养的规模和教育结构，促进着教学内容、教育方法和教学组织形式的发展与改革，列举了在“互联网思维、区块链技术”的支撑下教育内容和方式的变革，同时也抛出“你是否敢于做教师”的诘问。另一方不卑不亢、娓娓道来，阐述教育通过劳动力再生产、科学技术再生产反作用于生产力，张扬“教师是太阳底下最光辉的事业”，动情展示自己即将从事的教师职业是“平凡而伟大的”，得出结论：教师职业将是未来最具挑战性、最有趣味、最受人尊重的职业，终身学习促进教师快乐成长。

在第一小组和第四小组的联合教学中，学生清楚了生产力与教育之间的关系，也获得了外溢性知识，即了解了互联网思维、区块链技术对教师的挑战，也进行了应答，增加了职业认同感和职业效能感、荣誉观和自信心。

2. 第二小组和第五小组协同

一方阐释政治经济制度制约着教育的性质、教育的目的，决定了教育的领导权和受教育的权利。另一方举例说明教育通过培养政治人才，直接为政治经济制度服务；教育通过培养具有一定思想意识的人，并形成一定的思想舆论，为政治经济制度服务。可喜的是，两组在为个体的“论点”找寻有力“论据”的同时，能够辩证地得出结论，即我们的学校教育是社会主义的学校教育，这是各类型学校都不能动摇的。同时，学校教育的根本任务是立德树人，培养德智体美劳全面发展的社会主义建设者和接班人。

在第二小组和第五小组的联合教学中，我们看到了“合作共生”的成长力量。学生在教和学的过程中，明确了“为谁培养人、培养什么样的人、怎样培养人”，对教师工作的重要性和责任之大有了明确的认识，认同教师立德树人的初心和职业崇高。

3. 第三小组和第六小组协同

一方从历时角度描述文化传统制约着教育内容、人的教育观念和教育模式，最后抛给对方一个现实问题：“如何应对‘吃播’等消费性网络文化对思政课的挑战？”另一方从教育的文化传递和保存功能、选择和批判功能、交流和融合功能以及更新和创造功能等角度出发，阐释各个时代教育对“新文化”的贡献，以“青年大学习、学习强国等教育平台对文化的传播”来回应对方的辩题。

在第三小组和第六小组的联合教学中，我们看到学生对“文化”的敏锐洞察力。文化传统包括民族创造力表现形态、共同心理素质、特有思维方式及行为方式、特有价值观念等，一般通过民族心理素质、思维方式和风俗习惯等多方面体现出来。大学生们正在选择自己认同的文化，积极的先进文化是他们乐于接受和传播的。

学生们精心的备课、精彩的讲授，以及犀利的观点与闪光的思维，使课堂时时响起掌声，讲台上下形成了学习共同体。分享中的碰撞与整合，成了这堂课最亮丽的风景线。

四、教学方法

对于教学内容的补充，需要有辩证的思维方式。小组合作探究式学习，在提高学生自学能力的基础上，培育了小组的合作精神，即实现学生核心素养中的合作素养。使学生从看似对立的观点中辩证地认识问题。学生在由生到师的角色转变中，在备课过程中学会学习、勤于反思，同时通过课件的准备获得信息意识，提升数字化生存能力，主动适应“互联网 +”等社会信息化发展趋势，具有网络伦理道德与信息安全意识等。

五、教学总结

本次教学由学生小组合作探究式学习完成“教育与社会发展”这一课程内容，按照“社会经济、政治、文化和人口对教育的制约作用”和“教育对社会经济、政治、文化和人口的反作用”两个维度，从宏观层面帮助学生认识教育在社会系统中的位置。学生通过独立主动地对不同历史阶段经济社会发展状况的学习，深刻认识到新中国成立以来，中国共产党领导中国人民站起来、富起来、强起来的历程，以及我国经济社会发生的翻天覆地的变化，为祖国感到自豪和骄傲。

案例 2

一、教学内容

在“身心发展的差异性”这一章的学习中，师生从“每个个体都是一个独特的生命体，其身心发展的状况具有独特性”的认识出发，明确按照人的身心发展的差异性，教育就要适应每个人的个性特长，做到因材施教、长善救失，最大限度地促进每个人的发展。要打造适合每个人的个性化教育，“使人成为他自己、变成他自己”。

二、育人元素

通过对“学校教育的特殊性”的讲解，帮助师范生明确学校教育主体的特殊性，即教师作为专业的教育人员，需要具有从事教育教学的知识、能力和道德人格。学生是发展中的人，他们不仅具有可塑性，而且有发展的强烈愿望，在发展的过程中需要得到教师的指导。杭州市湖墅学校在郤玲亚校长的引领下对智障儿童的精心培育，就是鲜活的例子。本章的榜样案例将使师范生真正感悟教师“仁爱之心”的力量。

三、教学案例

“无论是特殊教育选择了你，还是你选择了特殊教育，其实这都不重要，被残障孩子们爱是幸福的，爱残障孩子们是快乐的，被家长和社会需要是有意义的、有价值的。”——湖墅学校　郤玲亚

1. 特教的日常就是教育

1990 年，从南京特殊教育师范学校毕业的郤玲亚来到了杭州市湖墅学校，一待就是 31 年。她总说：“在特殊学校里，我们不仅仅是老师，教知识、技能；我们还是父母，要随时满足孩子的情感需求。我们更是护理员，随时擦拭口水鼻涕，处理大小便；我们还是心理医生，密切关注这些特殊孩子，随时准备处理突发事件。”

一次春游去柳浪闻莺，一个孩子半路把大便拉在了裤子上。郤玲亚把整个队伍带到了厕所边，她和年轻的班主任一点一点地把他擦洗干净，把准备的裤子给他换上。有一次，学校住宿的 3 个孩子患痢疾，郤玲亚凌晨 3 点丢下年幼的儿子赶去学校，照顾生病的学生。

学生们通过观看郤玲亚校长的视频，通过线上的对话，切身感受到这位为特教

事业贡献了青春的教师的“专业”——教学、科研、爱心和耐心。

2. 每一个学生都有受教育获得发展的权利和可能

31年，如果说不曾想过放弃那也是假的。智障学生很容易走失，凡凡、乐乐、小强等，近的出走去超市、小区楼道、游乐场、文一路口，远的到过上海火车站。每一次都是动用公交、电台、派出所，全体老师翻遍杭州大街小巷才将他们找回来。每一次她都一边找一边焦急地流泪，想着找到孩子后，回校马上给领导写辞职报告，因为她没法想象孩子万一找不回来该如何向孩子父母交代。然而当孩子找到后，放弃特教的想法又烟消云散了。

31年来，郤玲亚从孩子们纯真的笑脸和家长紧锁的眉头中感受到了自己的被需要，她也一次次被孩子感动、被家长感动、被老师感动。她热爱这份工作。

每次教学研讨郤玲亚也都认真参加，带头上研讨课、评优课。她总是和大家共勉，“普通学校老师的快乐是‘得天下英才而教之’，我们的快乐是别人教不会的我们教得会”，以此来彼此安慰、鼓励，传递正能量。

3. 坚守是践行立德树人初心最好的表达

从事特教以来，不知道有多少人问过郤玲亚同一个问题，就是现在，也经常会有人好奇地问：“你怎么会选择这个职业？”那时她常说：“每件事都得有人做啊！”而现在她会告诉你：“无论是特殊教育选择了你，还是你选择了特殊教育，其实这都不重要，被残障孩子们爱是幸福的，爱残障孩子们是快乐的，被家长和社会需要是有意义的、有价值的。”就是这样朴实无华的答案让她在这个平凡的岗位上默默地坚守着。

四、教学方法

本章课程教学采用的是情感陶冶法中的人格感染法，是教育者利用榜样威望，以对学生的真挚热爱和期望对学生进行陶冶的方式，使教师教育专业学生从身边鲜活的榜样案例中找到前行的力量。

五、教学总结

“教育需要尊重学生的个体差异。”为什么要在学习教育目的、教育制度、教学、课程等“教育学”内容之前，学习“教育与人的发展”这一前置性课程呢？为了使学生对这一内容的重要性有更深入的了解，同时也认识到教育对象的复杂性，为后续学习教师职业特殊性奠定基础，我们以“特教好校长”郜玲亚平凡而伟大的教育实践为案例来描述教师的爱心、细心、耐心中蕴含的“仁爱之心”。学生们通过视频及线上对话，体会到教师的“大爱之美”。有学生评价这是一节实实在在的“美育课”。

案例 3

一、教学内容

在“教师的专业发展”这一章的学习中，学生需要掌握教师专业发展的内涵，明确教师专业发展的内容，以及教师专业发展的方式；真正理解《中华人民共和国教师法》第三条关于“教师是履行教育教学职责的专业人员”的职业定位，对自己未来的专业发展有明确的预期，并对实现路径进行深入思考。

二、育人元素

“教师的专业发展”这一章是教师职业定位的重要内容，明确了“教育家和教书匠”的区别。有效的“教师的专业发展”应是基于教师有效的专业学习，这种学习应该是教师自我导向的、持续发生的、以问题为中心的，是从“要我发展”转变为“我要发展”的。教师专业发展有明确的发展目标和发展方向，从自我学习体验出发，不断找寻自己在教育实践中存在的困难和不足，注重日常教育教学活动中的问题的解决。教育家来自教育教学的现实生活，师范生需要榜样的引领。

三、教学案例

教师专业发展中存在两种力量：一是国家从政策层面对教师专业水平提出的要求，如出台教师专业标准及进行相应的培训活动；二是从教师主体性的角度所开展的培训、叙事研究和行动研究。后一种力量在教师专业发展中更具有感召性和激励性。

杭州市天长小学楼朝辉校长的专业成长经历，为学生们提供了身边的鲜活而生动的例子。他的踏实工作不是按部就班、墨守成规，而是不断提升自己、挑战自己，通过终身学习，获得“互联网 + 区块链技术”改革的新思考。学生们重新认识到教师“平凡”的含义，受到榜样的激励。

我们给学生讲“从乡村教师到知名校长的成长之路——天长小学楼朝辉”的故事。楼校长也作为导师通过互联网远程出现在课堂中，与学生们进行交流。

楼朝辉，天长小学校长。从教36年来，一直努力做一个有担当的教育工作者，求实奉献，奋力拼搏，为办好人民满意的教育作出了杰出贡献。

楼朝辉长期担任语文教育工作，无论是在当班主任期间还是担任校长之后。一直以来，他自认为他最享受的事就是走进教室给学生们上语文课。他的语文专业功底深厚。他是浙江省语文特级教师，正高级教师，全国小学特级教师教学研究中心首届理事。他的语文课堂朴实扎实，深受学生喜爱。

楼朝辉于1991年开始担任校长，先后担任乡镇小学校长、实验小学校长。他所在的每所学校后来都发展得非常好，成为老百姓信赖的好学校。他本人也被授予了“全国优秀教师”“全国教育改革创新杰出校长”等荣誉称号。特别是近十年，他与同事们一起，深入研究天长小学的发展实际，创造性地推进差异教育研究，在办学质量、教师队伍建设、学校治理创新等诸多方面取得了重大成就，为区域教育发展作出了重大贡献。学校的研究成果获得了基础教育国家级教学成果一等奖，他本人也受到了习近平总书记的亲切接见。

楼朝辉是一位有思想的校长。他不断学习，努力提高自己的学术修养，成为国内外有影响的教育专家。2010年，他成为国内首批小学背景的教育博士。他潜心研究，在《人民教育》等核心期刊发表了20多篇有较大影响的学术论文，主持编写了欧洲版《中文》教材。由于他在学术上的杰出贡献，2019年被授予“浙江省有突出贡献的中青年专家”称号。2020年，被推荐为享受国务院政府特殊津贴的有突出贡献专家。

从楼校长的成长过程中，学生们明白了什么是“教师的专业发展”。在学生们呈现了各种各样的答案之后，教师总结出几个关键词，即“专业理念”“专业精神”“专业知识”“专业能力”“专业自主”，使学生明白实现从“自在”到“自为”的转变，关键在于“不断地专业学习”。

四、教学方法

本节课在课堂教学过程中，先是以案例来引导学生从榜样的经历中解读“什么是教师专业发展”“怎样才能够获得专业发展”，完成知识性概念的规定性理解；然后，以问题为导向，以思辨为驱动，组织各学习共同体展开自主、合作、探究学习，形成组内的解读共识；再由教师组织，在全班进行深度会谈，各组代表畅谈小组共识，师生多维互动，深化、整合各组共识，形成更高层次的思想认识和价值认同。

五、教学总结

“教师的专业发展”是师范生学习“教育学基础”课程的重点知识和课程思政的关键。只有触手可及的最鲜活的榜样才能够让学生感受到“专业发展”的内涵和方式，才能够让学生对自己的职业有所预期，在心灵深处埋下理想的种子。楼朝辉校长的工作、求学和成长经历，完美、直观地阐释了“教师的专业发展”的内涵、内容和方式，使学生的职业观和职业发展在“职业之美”的感召下获得绽放。

◎ 课程思政特色与创新

本课程围绕“学生核心素养”和“教师专业素养”，以为党育人、为国育才为目标，在专业课教学中融入课程思政元素。

一、坚定师范生理想信念

本课程在对我国教育发展史成就的梳理中丰富学生的教育学人文底蕴，使学生为我国教育事业的蓬勃发展而感到自豪，不断增强自身对中国特色社会主义的认同，不断坚定道路自信、理论自信、制度自信、文化自信，把服务中华民族伟大复兴作为自身的重要使命。

二、培育师范生职业操守

本课程培养师范生爱国守法、规范从教的职业操守，和传道情怀、授业底蕴、解惑能力，把对家国的爱、对教育的爱、对学生的爱融为一体，自觉以德立身、以德立学、以德施教，争做“有理想信念、有道德情操、有扎实学识、有仁爱之心”的“四有”好老师①，坚定不移地走中国特色社会主义教育发展道路。

三、赋予师范生专业人格

本课程结合教师教育专业特点推进课程思政，在教学中注重加强师德师风教育，突出课堂育德、典型树德、规则立德，引导师范生树立“学为人师、行为世范”的专业人格。

---

① 习近平：《在北京大学师生座谈会上的讲话》，《人民日报》2018年5月2日，第2版。

6 班主任工作技能

许建美

课程名称：班主任工作技能

学　　院：经亨颐教育学院

专　　业：师范类

学　　分：1

学　　时：24

课程性质：专业核心课

◎ 授课教师基本情况

许建美，教育学博士，副教授，教育学院副院长。杭州师范大学与澳大利亚堪培拉大学联合举办的“中澳教育领导与管理”硕士研究生班中方主管；国际哲学与人文科学理事会（CIPSH）教席合作办公室主任；浙江省初等教育研究中心副主任。

近五年来，承担了教育学基础、班主任工作技能、教学设计、教师人际沟通与家校合作能力指导、教师职业道德等五门教师教育课程的教学任务，教学风格深受学生喜爱。

潜心本科教学，始终以饱满的热情研究和改进教学工作，率先在教师教育课程中倡导和实施的“双师课程”和“学生参与学习评价”，成为学院教学改革的亮点。完成校级教改项目“提高教育学课程学生课堂参与度的整体设计与实践”。

近年来获得全国教育硕士优秀教师、杭州市教育局系统优秀教师和杭州师范大学“三育人”先进个人、优秀教育实习指导教师等荣誉，并获杭州师范大学青年教师教学技能比赛二等奖。

◎ 课程简介

班主任工作技能是各师范专业的必修课程，从第五学期开始。课程采用“双师课程”教学模式，由教授和小学优秀班主任组成双师课程团队。杨晓凤老师是杭州市学军小学高级教师，浙江省首批“小学班主任工作室”领衔人。她自己就是爱岗敬业的典范，作为最鲜活的实践案例实现典型树德。通过课堂上的师生、生生和师师之间的多元互动，课堂的意义建构和生成更加丰富。本课程秉持为学生提供更多便利化课程思政学习资源的理念，有机融合国家政策文件，如《中小学班主任工作规定》《新时代爱国主义教育实施纲要》《中小学教育惩戒规则（试行）》等，及时整合以张桂梅老师为代表的“时代楷模”事迹。此外，课程还有双师课程视频库，并利用 TED 演讲中与教育和心理学研究进展相关的视频开发课程思政资源。

◎ 课程目标

一、思政目标

（1）培养师范生将“四有”好老师作为自己履职尽责的典范引领。

（2）使师范生深刻领会习近平新时代中国特色社会主义思想，树立在新时代为党育人、为国育才的教育使命感。

（3）使师范生具备在中小学班主任工作中实施课程思政的意识和能力。

二、知识目标

（1）使师范生从心理学、脑科学、教育学和人类学的视角理解学生发展及其教育意义。

（2）使师范生掌握开展班级管理所需要的理论基础和策略途径。

三、能力目标

（1）使师范生能够组建班集体，开展班级日常管理和主题教育。

（2）使师范生能够根据学生特点进行个性化教育引导和心理健康教育。

（3）使师范生能够对学生进行全面科学的多元评价。

四、素养目标

（1）使师范生具有反思精神和追求教育与管理行为背后的科学和价值基础的思维模式。

（2）使师范生明确自己的专业发展路径并体认到职业幸福感。

◎ 教学案例设计

案例 1

一、教学内容

“班主任的角色”这一内容是班主任工作技能课程的第一课。通过《中小学班主任工作规定》《教育部关于进一步加强中小学班主任工作的意见》的前置学习和“重要他人”概念的阐释，使学生明确班主任工作的职责和价值，认识到积极的班级物理环境和心理环境对学生的巨大影响，树立在新时代为党育人、为国育才的专业理想。

二、育人元素

（1）使师范生确立爱国守法的观念：阅读讨论《中小学班主任工作规定》这一政策文本。

（2）通过典型为师范生树德：学习讨论“时代楷模”张桂梅老师的事迹和实践导师杨晓凤的案例。

（3）使师范生树立做“‘四有’好老师”的专业理想：学习习近平总书记关于“有理想信念、有道德情操、有扎实学识、有仁爱之心”的“四有”好老师[①]的论述。

三、教学案例

（一）课前

课前通过前置性学习为课堂的师生和生生讨论奠定基础，提高课堂效率。在本案例中，学生需要自主学习《中小学班主任工作规定》，并了解张桂梅老师的事迹。基于对《中小学班主任工作规定》的阅读，通过以学生为中心的小组合作学习，从政策法规角度总结班主任的角色和职责，从而为依法执教奠定知识基础。

---

① 习近平：《在北京大学师生座谈会上的讲话》，《人民日报》2018年5月2日，第2版。

（二）课中

课中在了解政策文本的基础上引出学术概念：重要他人。所谓“重要他人”是对个体的自我发展（尤其是在儿童时期）有重要影响的人或群体，即对个人的智力、语言及思维方式的发展和对个人的行为习惯、生活方式及价值观的形成有重要影响的父母、教师、受崇拜的人物与同辈团体等。明确班主任要做学生精神生命成长中积极的“重要他人”的角色定位。

在概念解读的基础上进行案例呈现，使抽象概念具象化。通过“时代楷模”张桂梅老师的事迹和实践导师杨晓凤的现身说法，向学生传递班主任工作是可以改变个体、群体甚至民族国家命运伟大事业的，坚定学生的专业信念。

张桂梅老师的事迹是新时代中国1600多万位教师的楷模，自带打动人心的力量。她创办云南丽江华坪女子中心，帮助2000多名贫困山区的女孩圆大学梦，成为无数大山女孩的“重要他人”。她说：“如果说我有追求，那就是我的事业。如果说我有期盼，那就是我的学生。如果说我有动力，那就是党和人民。”①

教师对学生的爱的独特性体现在她如此直白的话语中：“我不希望她们老是惦念着女高为你做了什么，张老师为你做了什么，我不想让她们背上这样一个包袱！我只想要她们安安心心地去读书，走得远远的，飞得高高的……”这是对师爱最好的诠释。②

实践导师杨晓凤则分享了她如何成功地帮助一个转学来的考试从来不及格、从来不做作业的“后进生”发现自己的优势特长并成功升学的案例。杨老师通过对学生无差别的关爱，发现了学生的艺术特长。通过课后持续的学业补课，转学来的“后进生”逐渐自信并成功考入浙江艺术职业学院，现在他的目标是考中央音乐学院。

两位老师都生动地诠释了班主任成为学生精神生命成长中“重要他人”的概念，起到了“典型树德”的潜移默化的课程思政效果，自然融入了理想信念、敬业奉献和为党育人、为国育才的课程思政目标。

（三）课后

为了巩固提升课程思政效果，课后以小组为单位完成：“未来我如何做‘四有’好

① 韩文萍：《党员张桂梅的话》，新华网，2021年6月29日，http://www.xinhuanet.com/2021-06/29/c_1310033945.htm。

② 念新洪、赵普凡、丁凝等：《“奇迹校长”张桂梅：11年圆千名山村女孩大学梦》，新华网，2019年11月29日，http://yn.xinhuanet.com/original/2019-11/29/c_138590441.htm。

班主任”。这一作业可以促使学生将在课堂上受到的情感感召转化为理性的职业理想形象建构。这也符合本课程全过程育人的课程思政理念。

四、教学方法

本节课秉持以学生为中心的教学理念，融合了小组合作学习法、讨论教学法、案例教学法和讲解法。

五、教学总结

本节课充分体现了全过程多维度进行课程思政渗透的理念。在课前、课中和课后全教学过程中自然有机地融入课程思政元素，取得了课程思政与专业学习同向同行的效果。从课程思政融入的角度来看，本节课运用了典型树德、课堂育德、伦理养德、规则立德的多维度融入方式，体现了多元立体的课程思政融入方式。从总体教学效果来看，学生非常喜欢实践导师与大学教师同堂授课的双师课堂教学方式，认为实践导师发挥了角色榜样的作用。这种教学方式不仅有助于提升学生的课堂参与，以及理论向实践的转化，而且坚定了学生的职业信念。

案例 2

一、教学内容

“主题班会设计与实施”是第五章“班级活动开展”中的一个重要内容。本节课在本章第一次课学习的班级活动设计的基本原则基础上，设计并分享一堂激发中小学生爱国情感的主题班会，班会的题目自拟。

二、育人元素

习近平总书记多次强调青少年阶段是人生的“拔节孕穗期”，最需要精心引导和栽培。本节课的思政育人元素主要有两个方面：①使师范生意识到在中小学实施思政育人的必要性，提高师范生做班主任后针对中小学生实施课程思政的教育能力。这恰恰也是本课程在思政目标上与其他课程相比的特色与创新之处。②使师范生充分学习解读《新时代爱国主义教育实施纲要》，并把握新时代的爱国主义教育新在何处。

三、教学案例

本次课采用的是以学生为中心汇报交流、以发现和解决问题为指向的翻转课堂模式。

（一）课前

课前请学生以小组为单位通过合作学习设计符合主题的班会。为了完成这项实践作业，学生需要完成三方面的工作：第一，了解当代中小学生的思想特点，以便找到契合学生需求的主题班会载体；第二，系统学习2019年中共中央、国务院印发的《新时代爱国主义教育实施纲要》（简称《纲要》），从而确定爱国主义教育的主题；第三，在以上工作的基础上，再根据主题班会设计的原则完成主题班会的设计。

（二）课中

课中采取生讲生评的翻转课堂教学模式。每一小组逐一汇报主题班会背景、班会目标、班会活动过程、班会总结和后续活动安排等内容。针对每一小组的汇报，学生之间互相点评，指出不足并讨论优化方案，实现课堂的生生互动和更丰富的内容生成。

在教学过程中，《纲要》作为中小学爱国主义教育纲领性文件的地位会更加明确，学生通过讨论进一步辨明新时代的爱国主义教育新在何处。《纲要》阐明了新时代爱国主义教育的总体要求、基本内容，强调要面向全体人民、聚焦青少年、丰富新时代爱国主义教育的实践载体等内容。要把青少年作为爱国主义教育的重中之重，将爱国主义精神贯穿于学校教育全过程，推动爱国主义教育进课堂、进教材、进头脑。

尤其值得强调的是，学生们在讨论中特别聚焦于爱国主义教育与国际主义情怀的关系。他们特别认同《纲要》中提出的涵养积极进取、开放包容、理性平和的国民心态的主张，认为要引导中小学生正确认识中国与世界的关系，既不妄自尊大也不妄自菲薄，做到自尊自信、理性平和。一方面要弘扬爱国主义精神，另一方面要大力宣传坚持和平发展合作共赢、构建人类命运共同体、共建"一带一路"等重要理念和倡议。学生表示要将爱国之情转化为实际行动，理性表达爱国情感，反对极端行为。

习近平总书记强调："教师思想政治状况具有很强的示范性。要坚持教育者先受教育，让教师更好担当起学生健康成长指导者和引路人的责任。"[①] 让师范生以班主任的角色给未来的学生设计主题班会，也达到了教育者先受教育的效果。

① 习近平：《在北京大学师生座谈会上的讲话》，《人民日报》2018年5月3日，第2版 。

（三）课后

为了巩固课堂教学效果，课后请学生将主题班会设计上传至班级钉钉群作业模块，每位学生对至少一个小组的主题班会设计方案进行评价，使课堂上没有机会参与评价的学生可以在课后参与到评价中，实现课程思政效果全覆盖。

四、教学方法

本次课采用了翻转课堂教学方法，以学生小组汇报、相互评价并讨论完善每一组的设计方案来实现专业知识与课程思政自然交融的教学目标。

五、教学总结

从教学效果来看，这既是一堂班主任工作技能实训课，又是一堂密切联系并落实国家教育政策的思政课。教育者要先受教育这是基本教育原理。在课堂学习过程中，学生们不仅讨论了每组主题班会的设计是否符合主体性原则、时代性原则、多样性原则、整体性原则和易操作性原则，而且提出了改进方案。整体来看，这节课达到了巩固知识、提升技能和课程思政的目标。

案例 3

一、教学内容

“成长型思维模式与班主任工作”是课程负责人结合学术界最新研究进展自主开发的课程内容，体现了课程内容紧跟学术前沿的特点。成长型思维模式（growth mindset）理论是美国斯坦福大学心理学教授卡罗尔·S. 德韦克（Carol S. Dweck）的突破性研究成果，在西方教育界影响深远，2017 年荣获“一丹教育研究奖”。该理论相信智力（intelligence）可以靠后天努力而改变。这一理论成果与未来班主任的工作关系密切，是指引班主任工作的最新理论，因此也是“班主任工作技能”理论模块的核心内容。这一内容的开发符合《教师教育课程标准（试行）》对中小学职前教师教育的要求，例如：“1.1.3 尊重学生的个体差异，相信学生具有发展的潜力，乐于为学生创造发展的条件和机会。2.1.1 了解儿童发展的主要理论和最新研究成果。”成长型思维模式理论属于儿童发展的最新研究成果，这一成果有助于未来的教师相信学生具有发展的潜力，并乐于为学生发展创造机会和条件。本次课程内容也符合《浙江省中学教育专业认证标准（第二级）（试行）》的要求，例如“3.3 [课程内容]：选用优秀教材，吸收学科前沿知识，引入课程改革和教育研究最新成果、优秀中学教育教学案例，并能够结合师范生学习状况及时更新、完善课程内容。”

二、育人元素

根据《高等学校课程思政建设指导纲要》的精神，高等学校的课程思政内涵丰富，需要教师根据专业特点多方位挖掘课程思政元素。其中，根据课程内容提升大学生的人文素质和科学精神也是课程思政的重要内容。本节课的课程内容所渗透的思政元素有两方面：第一，培养学生在工作中超越经验局限，自觉追求科学理论指引的科学精神；第二，落实《中小学教师职业道德规范》中“终身学习”的要求。根据这一规范，中小学教师应该崇尚科学精神，树立终身学习理念，拓宽知识视野，更新知识结构；潜心钻研业务，勇于探索创新，不断提高专业素养和教育教学水平。

三、教学案例

（一）头脑风暴、设疑导入

小组讨论：“影响一个人成功的主要因素是什么？你得到这个答案的依据是什么？”教师通过板书记录学生通过头脑风暴得到的各种答案，并追问回答的依据。之后引入美国学者安吉拉·达克沃斯对自己学生的研究发现——“恒毅力”是一个人成功与否的最重要的预测因素。接着呈现国内外关于“恒毅力”研究的巨大差距。与国外 20 多万条研究记录相比，国内关于这一问题只有 2020 年发表的 1 篇科学研究成果。以此，激发学生对这一科研课题的兴趣。通过观看达克沃斯的 TED 演讲，自然引申出卡罗尔·德韦克提出的成长型思维模式是目前经过科学研究确认的可以培养学生恒毅力的结论。然后介绍 2017 年 9 月 19 日，“世界上最大的教育单项奖一丹奖”公布获奖结果，美国斯坦福大学教授卡罗尔·德韦克荣获“一丹教育研究奖”，获得奖金 3000 万港币（约 387 万美元），到底是什么样的研究成果可以赢得如此数额的奖金？这一研究成果为什么可以获奖？

卡罗尔·德韦克提出的成长型思维模式理论鼓励儿童积极评估及发展自己的潜能，在教育界影响深远。这一理论通过社会利益相关者和互联网的支持，变得具有广泛的社会影响力和较高的社会价值。

（二）顺势讲述，呈现课程内容

一种模式认为人的能力和智力是可以不断提高的，所有的事情都离不开个人努力。而这个世界上也充满了那些帮助你学习、成长的有趣的挑战。卡罗尔·德韦克将其称为“成长型思维模式”。另一种模式认为人的能力和智力是一成不变的，而这个世界上各种各样的考验和挑战就是为了判断你能力如何，这种模式被称为“固定型思维模式”（fixed mindset）。

小组讨论：为什么不同的思维模式会带来发展的差异？

在学生讨论的基础上，教师总结出两种思维模式的特点及其对个体发展的影响，并播放成长型思维模式提出者卡罗尔·德韦克教授的TED演讲《请相信，你可以进步》。进一步明确观点：人的思维模式可以通过教育影响而产生变化，从而确立起未来教师审视、改变自己的思维模式和影响、塑造学生的思维模式的信念。

成长型思维模式对学生而言是全新的理论，需要教师通过案例和分析系统阐述该理论的基本观点。更重要的是，在了解该理论的基础上，还要让师范生了解该理论与自己未来做班主任的关系：学生的思维模式并非一成不变，教师的教育影响是塑造学生思维模式的重要因素。由此，自然引出下面的问题：如何才能培养学生的成长型思维模式，避免学生形成固定型思维模式？

教师通过实验案例，揭示批评和表扬与学生的成长型思维模式的关系，着重突出日常经验中认为有效的表扬孩子的方式，实际上会对学生的思维模式带来怎样的影响。科学研究实验证明：对能力的表扬降低了孩子的智商，对努力的表扬提高了他们的智商。班主任应该以能够培育孩子成长型思维模式的方式表扬学生，如表扬他们为完成任务和取得成功而付出的努力、练习、坚持、所采取的各种策略等，并给出明智表扬的样例。

“你这次确实非常努力，成绩说明了这一点。你认真读材料，画出了重点，这非常有效。”

“我喜欢你为了解决这道数学题所尝试的各种解题策略。你试了各种不同的方法，终于找到了适用的那个。”

“这份作业篇幅很长，看得出来你很投入。我非常欣赏你专注地完成作业的态度。”

同样，对学生的失败和错误进行正确反馈的案例分析，旨在引导师范生反思自己习焉不察的对失败和错误的反馈方式对学生思维模式塑造产生的消极影响。

（三）通过可汗学院资源，开展成长型思维模式教育活动

教师带领学生阅览英文版可汗学院的“成长型思维模式培养方案”，并解释方案的前半部分内容，后面内容留给学生课后阅读。最后，布置课后作业：请根据对可汗学院培养方案的阅读制订一份培养学生成长型思维模式的活动方案。

四、教学方法

为了突出教学重点并突破教学难点，本节课采用的教学方法为头脑风暴教学法、案例教学法和讲授法。

五、教学总结

本节课的教学引发了学生对成长型思维模式这一新的科学研究发现的极大兴趣，师范生不仅积极审视自身的思维模式特点，而且具有了思维模式可以改变的信念，掌握了对学生进行思维模式培养的活动设计能力。更加重要的是，教师通过呈现最新研究成果在全世界范围的教育实践中产生的巨大而显著的积极影响，对比学生已有经验和科学研究成果之间的反差，使学生打破经验局限，成为能够坚持终身学习的、有扎实学识的好老师。

◎ 课程思政特色与创新

一、课程思政模式创新

本课程通过双支持和全程多维融入，共同指向“四有”好老师课程思政主旨目标的实现，如图 6-1 所示。具体地，本课程以“四有”好老师的培养为课程思政设计的主线价值目标（一主线）；以理论与实践双师教学、大学课堂与思政实践基地双基地为课程思政提供支撑（双支撑）。全程是指课前、课中、课后全教学过程渗透课程思政，多维是指从典型树德、课堂育德、伦理养德和规则立德等多维度融合课程思政。

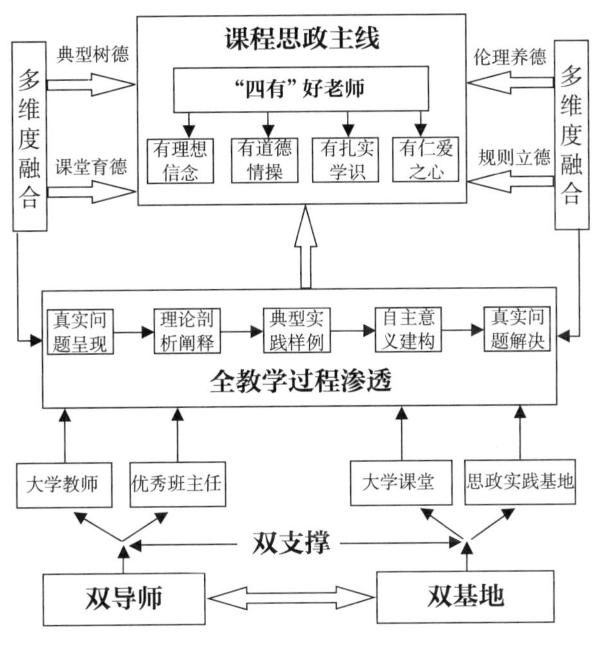

图 6-1 “四有”好老师课程思政主旨目标的实现

二、课程思政的时代性

时代性是指社会群体文化存在的时代特征，反映了时代背景与时代特色。从马克思主义哲学的视角来看，时代性不仅在根本上是反教条主义的，同时意味着历史发展的方向、过程和阶段，也意味着不同的历史使命和历史任务。本课程的思政建设秉持时代性原则，在目标上将“四有”好老师的培养作为主旨价值追求；在内容上既及时结合国家最新的教育政策文件，又密切追求国际学术研究前沿，深入挖掘其中的思政元素。

三、课程思政目标创新

在课程思政目标上，本课程不仅注重加强师德师风教育，突出典型树德、课堂育德、伦理养德、规则立德，引导学生树立“学为人师、行为世范”的职业理想，培养学生爱国守法、规范从教的职业操守，和传道情怀、授业底蕴、解惑能力，而且重视学生成为班主任后的课程思政意识和实施能力的提升。

7　小学语文文本解读与案例分析

王崧舟

课程名称：小学语文文本解读与案例分析

学　　院：经亨颐教育学院

专　　业：小学教育

学　　分：2

学　　时：32

课程性质：专业选修课

◎ 授课教师基本情况

王崧舟，教授，特级教师。系全国劳动模范、全国“五一”劳动奖章获得者、浙江省十大育人先锋。兼任中国教育学会传统文化教育分会副理事长、浙江省教育学会小学语文教学分会副理事长。教育部“国培计划”专家库专家、教育部“领航工程”实践导师。中央电视台《百家讲坛》主讲人，讲述《爱上语文》12 集。

开创“诗意语文”教学流派，先后应邀赴全国 29 个省区市开设观摩课 2000 多节次、讲座 1000 多场次。他的语文课先后在中央电视台《实话实说》、中国教育电视台《名师讲坛》《东方名家》等栏目播出。

出版《美在此处：王崧舟讲语文课上什么》《美其所美：王崧舟讲语文课怎么上》《爱上语文》《王崧舟与诗意语文》《语文的生命意蕴：王崧舟诗意语文教学》《诗意语文课谱：王崧舟十年经典课堂实录与品悟》等多部教育教学论著，出版中国首套特级教师音像专著《语文教师的十项修炼》，在省部级以上刊物发表论文 360 余篇。

◎ 课程内容简介

小学语文文本解读与案例分析是小学教育专业的限定选修课，在大三第一学期开设，以线下课堂教学为主，辅之以在线教学和实践体察。本课程教学取得了较为明显的育人效果和专业效能，被评为首批国家级一流本科课程。

◎ 课程目标

一、思政目标

（1）政治认同：要求师范生在文本解读过程中，不断增强自身对中国特色社会主义的认同，不断坚定道路自信、理论自信、制度自信、文化自信，把服务中华民族伟大复兴作为自身的重要使命。

（2）思想守正：要求师范生直面文本解读的多元思潮，坚持以马克思主义为思想本位，从感情上积极体悟习近平新时代中国特色社会主义思想的科学体系、丰富内涵、精神实质等，坚定立德树人、报效祖国的教育初心。

二、知识目标

（1）分类掌握：要求师范生能阐述“分析矛盾、把握结构、知人论世、观照语境、文化自觉、同中辨异、潜入思维、擦亮语言、契合文体、回归课程”等文本解读策略的特点与方法。

（2）区分理解：要求师范生能区分文本原初解读与文本教学解读的差异，领会文本教学解读的性质与任务，阐释文本解读在小学语文教材解读与教学设计中的多重作用。

三、能力目标

（1）分析运用：要求师范生能运用不同的文本解读策略解读小学语文的各类文本，能根据不同解读策略的功能与操作路径，从某个角度准确把握文本的内容与形式。

（2）综合习得：要求师范生能根据文本实际和课程定位，综合运用各类文本解读策略，既能防止面面俱到却缺乏深度，又能避免片面深入却无法总揽整体。

四、素养目标

（1）兴趣意愿：要求师范生意识到文本解读是小学语文教师重要的基本功，对文本解读有一定兴趣和意愿，并能主动关注小学语文文本解读的改革动态与发展趋势。

（2）人格成长：要求师范生认识到文本解读实质上是个体精神的再发现、再确证，在文本解读过程中反观自我、重新认识自我，并在视域融合中实现自我、超越自我。

◎ 教学案例设计

案例 1

一、教学内容

在“契合文体”这一章的学习中，我们所选择的目标文本为《十六年前的回忆》。通过对该文本的具体解读，我们不仅要唤醒学生的文体意识，明确解读的文体类型，还要引导学生自觉依照文体特征对文本做出精准、高效、有边界的解读。

二、育人元素

目标文本《十六年前的回忆》属于红色回忆录，是李星华对其父李大钊同志就义前的一段史实回忆，客观真实，又感人肺腑。在依照回忆录的基本特征解读该文本的过程中，必须引导学生体认革命先烈的坚定信念和视死如归的大无畏精神，使学生受到革命文化的自觉熏陶。

三、教学案例

《十六年前的回忆》是革命先驱李大钊同志的女儿李星华在 1943 年写的一篇回忆录。文章以“女儿忆父亲”的视角写了四件事：第一件，父亲被捕前，当“我”对父亲在火炉旁焚烧书籍和有字纸片感到困惑时，父亲一反平时慈祥耐心的常态，含糊地回答“我”的问题；第二件，父亲被捕时，面对粗暴凶恶的敌人保持惯有的严峻态度，毫无畏惧之色；第三件，父亲被审时，在法庭上沉着冷静地跟敌人作斗争，既严守党的秘密，又机智地保护家人；第四件，父亲被害后，母亲和“我”悲痛万分。文章通过对上述历史事件的清晰回忆，为后人呈现了一个忠于革命、献身事业、信念坚定、视死如归的革命先驱的光辉形象；同时，也反映了一个慈祥亲切、舐犊情深的父亲形象。文章结构严谨、语言质朴、叙事准确、细节清晰，读来有着很强的现场感。字里行间透着作者对父亲深切沉痛的缅怀之情，感人肺腑。

在文本解读过程中，学生自觉按照“回忆录”这类文体的五大特征，分别从“回忆主体”“回忆对象”“叙事结构”“叙事语言”“叙事效果”等角度切入，展开深入、精准的文本解读，感受到革命先烈的坚定信念和视死如归的大无畏革命精神，自觉受到革命文化的熏陶。

学习共同体成员甚至还从文化自觉的高度对李大钊同志身上所展现的革命精神进行文脉追寻和阐发。他们这样表达自己对“革命文脉”的解读。

拥有革命精神的，从来不只是李大钊一个人。

1935 年，红四团 22 名突击队员，冒着敌人的密集火力，攀着铁索，穿过火墙，一举歼灭全部阻敌。

1947 年，年仅 15 岁的刘胡兰为了保护党组织，在敌人铡刀的威胁面前，坚贞不屈，从容就义。

1948 年，在解放隆化的战斗中，董存瑞舍身炸毁敌人暗堡，壮烈牺牲。

红军战士、刘胡兰、董存瑞，他们身上所体现的不正是李大钊同志身上所闪耀的革命精神吗?

1964 年，我国第一颗原子弹爆炸成功。以邓稼先为代表的“两弹一星”科研工作者们，甚至为此献出了自己宝贵的生命。

1998 年，百年罕见的特大洪灾肆虐全国，人民子弟兵在最危险的时刻，挺身而出，众志成城，创造了人与自然对抗的伟大奇迹。

2020 年，以钟南山院士为代表的医护工作者，不畏艰险、勇于承担、无私奉献，奋斗在抗击新冠疫情的最前线。

…… ……

正是这一个个闪亮的名字，在中华民族的前进道路上铸就了一座座不朽的丰碑；正是他们舍生取义的革命精神，照亮了中华民族自强不息、繁荣富强的中国梦。而这样的革命精神，也必将在我们身上发扬光大。无论世界风云如何变幻，我们仍需要有战胜一切敌人、克服一切困难的革命精神。或许，这就是我们心中的那份信仰：

“为有牺牲多壮志，敢教日月换新天。”①

课堂上响起了热烈掌声。这不仅是因为学习共同体成员从“革命精神文脉”的角度高屋建瓴、独辟蹊径地对文本所做的解读，更是现场同学们因感触而对自身的政治信仰、文化觉悟的一种反观与共鸣。

四、教学方法

本次课在“预学展示”环节，运用温故知新法，唤醒学生的文化自觉，从革命文化脉络的角度切入，发现革命文化的传承与弘扬轨迹；在“学术引领”环节，运用资料拓展法，充实和丰富革命文化内涵；在“情境观摩”环节，运用案例赏析法，使学生感受一线名师教学的育人智慧和文化情怀，体会育人者必先育己的教育规律。

五、教学总结

在自觉按照“回忆主体”“回忆对象”“叙事结构”“叙事语言”“叙事效果”等特征解读《十六年前的回忆》的过程中，学生们不仅对李大钊献身革命、对党忠诚、信念坚定、视死如归的人物形象有了切实的感受，同时还对革命文化的传承与弘扬有了自觉的认识。文本解读就像是一束光，照亮了学生们的政治信仰和革命精神。他们对文本的解读，不仅是文字层面上的，更是灵魂层面上的。

案例 2

一、教学内容

在“文本解读与人格修炼”这一章的学习中，借助《慈母情深》这一文本的解读与课例观摩，使学生体认到“前理解”对文本解读的重要意义，觉察人格修炼与文本解读的隐秘关系，进而激起终身学习、超越自我的强烈意愿。

二、育人元素

课例《慈母情深》的执教者为全国著名小学语文特级教师贾志敏先生。其教书育人的教育信念、炉火纯青的教学艺术和精湛深邃的文本解读，集中而典范地呈现了人格修炼与文本解读的关系。在课例观摩和研讨过程中，学生能自觉意识到正是一个完整而强大的精神自我，才能娴熟地驾驭文本解读策略这套工具。

① 毛泽东：《七律：到韶山》，载毛泽东：《毛主席诗词三十七首》，文物出版社1966年版，第43页。

三、教学案例

贾志敏先生（1939—2019）是中国当代著名的特级教师、小学语文教学界的一代名师。他一生经历坎坷，却在语文教学上取得了不菲成就。国家总督学、原国家教委副主任柳斌称赞他的作文课是“我听过上得最好的作文指导课”；教育部原新闻发言人、语文出版社原社长王旭明称他的课是“我最难忘的真语文课”。贾老师从事小学教育工作逾50年。在40余年的语文教学生涯中，他形成了“以学生为主，以训练为主，以激励为主”的教学风格，在作文教学中形成了“高、趣、真、活、实”的教学特色。1992年上海电视台录制的电视系列片《贾老师教作文》，1994年上海教育台录制的作文教学系列片《锦上添花》等，相继在国内播出，引起社会的强烈反响。1999年，中国唱片公司上海分公司录制《贾老师教小学生作文》光盘，引起海内外的广泛关注。

学生参与名师工作室现场观摩活动，亲临教学会场观摩贾老师执教《慈母情深》。在上课开始前，贾老师结合自己的教学设计进行说课。在说课中，贾老师不仅谈语文，更谈教育；不仅谈课堂，更谈生活。贾老师讲到自己教学生涯中的两个故事，给学生留下了深刻印象。

教书育人，是教师的天职。教书，就是为了培养品格健全的人。教学生一年，要想到他五年；教学生五年，要想到他们50年——或者说终身。成功的教育，就是要在孩子身上打下烙印。

张霖是40年前我教过的小学生——现定居加拿大。日前，他来探望我，还未落座就嚷嚷：“老师，当年你教我们修改的病句，至今我还记得。”

“是吗？”我问。

“你在黑板上写了‘最后，由我和姐姐争夺冠亚军’，说：‘这是病句。它错在哪儿？’我们绞尽脑汁，却说不出它错在哪里。”

我笑了：“后来呢？”

“你用红粉笔将‘亚’字圈去，说：‘冠军要抢，亚军争它干吗？’这番话逗得我们全乐了。”

这件事，张霖同学记了整整40年。看来，这是一次成功的教育。

当今，孩子们的生活水平普遍提高，餐桌上浪费粮食的现象却比比皆是。一次，一个孩子才扒了几口饭就准备倒掉剩饭。我并没有对她讲空泛的道理，只是让她留着剩饭，坐在自己身边。然后，我当着这孩子的面，把剩下的饭菜吃个精光，这孩子——还有那些围观的学生看得目瞪口呆。

结果是不言而喻的。这也可以算是一个成功的教例。

"教育是一项'慢'的艺术。"成功的教育，内容必须深刻、独特，乃至直抵人心、无可复制。成功的教育，必定源自"爱生"。

贾老师执教《慈母情深》，紧紧围绕"自读自悟"这一中心，用"我为什么会鼻子一酸"这个问题统揽全局，引导学生自己细读文本、自己畅谈感悟，课堂成了学生各显神通的舞台。贾老师高超的教学艺术，令所有观课的老师，包括参与名师工作室的学生惊叹不已。

四、教学方法

本次课先使学生以学习共同体的形式完成《慈母情深》的文本解读；然后，依托"名师工作室"培训活动，使学生现场观摩贾志敏先生的说课、上课及专家议课；最后，使学生结合自己的文本解读体验，以学习共同体方式研讨交流，寻找差距，明晰人格修炼的方向。

五、教学总结

在现场观摩名师的培训过程中，学生们深深震撼于名师的教育情怀和人格魅力，激起了仰望星空、追慕前贤的强烈意愿；同时，他们通过对比反思，也切实感受到自身在文化积淀、生命境界上的差距，意识到文本解读的边界就是人格修炼的边界，进而涌起终身学习、终身超越的专业热情。

案例 3

一、教学内容

在"美的发现：文本的审美化解读"这一章的学习中，借助《小壁虎借尾巴》这一文本的解读，使学生了解文本解读有两种基本视野：基于审美的欣赏性解读和基于思辨的批评性解读；能自觉站在欣赏性解读视角解读《小壁虎借尾巴》，体察童话的形象之美、叙事之美、结构之美、语言之美和意蕴之美；并逐步将欣赏性解读视野运用于其他类型的文本解读上，形成相对熟练的分析能力。

二、育人元素

通过对《小壁虎借尾巴》等文本的解读，学生受到童心、童真、童趣的感染和陶冶，意识到小壁虎的“人格”之美才是最动人的童话，并对成长是一个过程和一种内生长产生切己体察。由此，学生对自己今后的职业服务对象——儿童，保持一种专业的敏感和热情，并借此反思自己的儿童观和教育观。

三、教学案例

《小壁虎借尾巴》是一则知识性童话。文本以连环画的方式，图文结合，讲述了小壁虎“断尾求生—借尾遭拒—新尾自生”的过程。解读《小壁虎借尾巴》，要留心和关注其中所渗透的科学常识，比如，小壁虎的尾巴具有逃避敌人、把握平衡、储存能量、自动再生等作用；再比如，其他动物的尾巴也具有各自不同的作用，诸如提供动力、驱赶危害、掌握方向；等等。但是，不能只囿于它的知识性特点。毕竟，童话所塑造的形象有着更为丰富的思想和人文意蕴。于是，在完成了基于知识性童话特征的第一轮解读之后，实践导师向学生提出了这样的问题：有人说，这个童话显得有点冷漠，甚至有点残忍。因为，小壁虎失去尾巴是一件非常痛苦的事情，为什么要让他有这样的经历呢？小学生读到这样的情节会不会感到残忍呢？再有，为什么小壁虎在借尾巴的过程中会一次次地被拒绝呢？小学生读到这样的情节会不会感到冷漠呢？

实践导师提出的问题很有情感穿透力、思想震撼力。于是，各学习共同体分别围绕实践导师的问题展开热烈讨论。以下是部分学习共同体所分享的文本解读共识。

我们认为，自我认同的探寻是童话的重要母题。在“我是谁”“我在哪里”“我有什么用”等问题的追问中，人们开始真正明白自己的身份，意识到自己的价值。对于小壁虎来说，他认识自己很可能就是从认识尾巴开始的，自己的尾巴是无法被其他动物的尾巴代替的，也是最适合自己的。因此，即便这样的寻找有点血腥、有点冷漠，这也是自我认同过程中必然会有的代价。

我们认为，小壁虎断了尾巴，在寻找过程中自己长出新尾巴，而这条“新尾巴”对小壁虎来说仅仅意味着外在形态上的完整吗？其实不然。这段旅程也是小壁虎自我成长的过程，是“新我”的展现，这是小壁虎自我完善的必由之路。这条路，谁也不能代替小壁虎去走。自我成长必须由自己负责，这是一个内化的过程，而且是一个痛并快乐着的过程。所有的遭遇，对自我成长而言，都是上天赐予的珍贵礼物。

我们认为，如果出于所谓的同情，让小壁虎借到了尾巴，结果又会如何？比如，把鱼尾巴借给小壁虎，用得上吗？被借走尾巴的小鱼，以后该如何生活呢？抛开壁虎尾巴再生不谈，虫尾和鱼尾天生不融，这是大自然的法则。所谓自然，就是事物自身的样子。世间万物，包括人在内，要想“生”，就得顺应自然。这篇童话所写到的各种动物，就是大自然的一个缩影，故事美好的结局正是顺应自然的结果。

各学习共同体的分享，以及在分享中的碰撞与整合，成了这堂课最亮丽的风景线。

四、教学方法

本次课在课堂教学过程中，先是引导学生从常态角度解读《小壁虎借尾巴》，完成知识性童话的规定性理解；接着以问题为导向，以思辨为驱动，组织各学习共同体展开自主、合作、探究学习，形成组内的解读共识；最后由实践导师组织，在全班进行深度会谈，各组代表畅谈小组共识，师生多维互动，深化、整合各组共识，形成更高层次的思想认识和价值认同。

五、教学总结

基于对小学一线真实学情的把握，实践导师抛出了极富思辨价值的问题。学生则从问题的思考角度切入，从自我认同、自我成长、顺应自然等角度对童话的人文意蕴做出深度解读。这样的解读，在一定程度上折射出学生自身的儿童观、生命观、宇宙观。而这样的价值观，无疑为学生的专业成长奠定了一个科学、适切的哲学基础。

◎ 课程思政特色与创新

本课程的思政教学主要存在三大矛盾，即“知识本位”与“实践本位”的矛盾、“思想多元”与“价值认同”的矛盾、“被动接受”与“主动建构”的矛盾。这三大矛盾的主要方面正是本课程思政教学的主攻方向与着力点。为此，我们确立了如下课程思政建设的基本理念。

（1）秉持“立德树人”，课程思政重浸润。课程设计采用“双线并进、五维融合”结构，以“解读策略”为明线，“人文主题”为暗线。“人文主题”包括中华优秀传统文化、革命文化、中国特色社会主义先进文化、人类优秀文化等。文本解读的实质是一种价值陶冶。

（2）高扬“主体建构”，课程模式重突破。课程围绕“学为中心”，积极变革现行教学模式，按照“任务驱动—前置学习”“专业引领—现场学习”“问题探究—后续学习”的流程，优化教学过程。坚持“学生已经会的不学”“学生自己能学会的不教”“学生靠识记掌握的不练”，将时间花在可持续学习的锤炼上。

（3）聚焦“卓越共生”，课程资源重原创。课程采用“双导师”制，理论导师为大学教授，实践导师为小学名师。通过师资结构的优化，提升课程资源的卓越品质。原创资源均扎根于小学语文实践、瞄准课程改革前沿，经众多名师课堂打磨、深度加工而成。

本课程以课程思政建设理念为导向，在课程思政的宏观建构上，践行“双导师制”与“双基地制”，努力凸显“实践本位”；在课程思政的中观设计上，实行“五位一体”的课程内容结构，积极强化“价值认同”；在课程思政的微观融入上，推行“一线两翼六模块”的文本解读教学模式，持续落实“主体建构”。具体如图 7-1 所示。

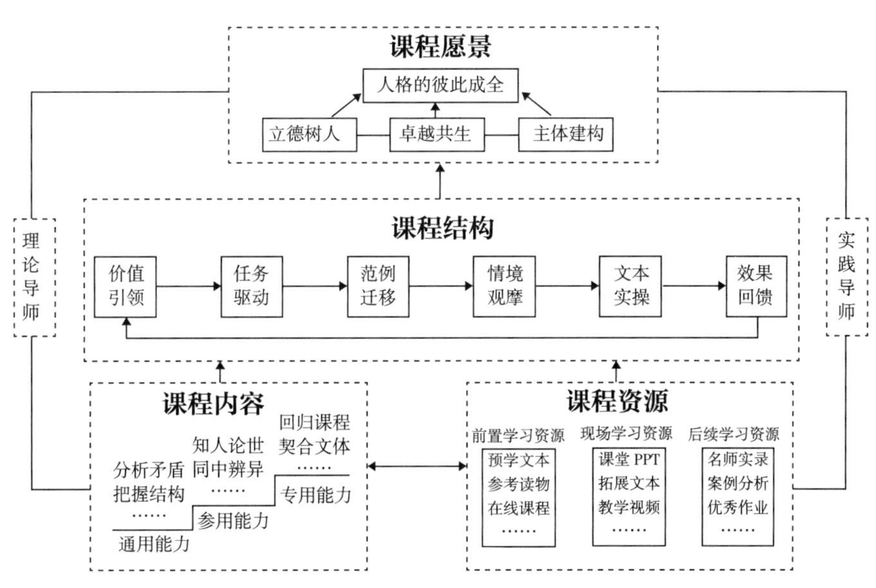

图 7-1　课程思政建设的基本理念

首先，在宏观建构上，一是践行“理论导师”与“实践导师”协同教学的机制。“理论导师”为大学教授，“实践导师”聘请的是小学一线的语文特级教师。双导师充分发挥各自的优势，理论导师重在文本解读的价值引领，实践导师重在教学案例的育人熏陶。双导师既分工协作，又全程参与。二是以“大学课堂”为理论学习基地，以“名师工作室”为实践学习基地。通过课程知识点，将大学课堂的文本解读成果与名师工作室的解读成果转化贯通起来，使学生既能系统有序地掌握文本解读策略，并在系统解读过程中不断反思自身的政治思想素养，又能脚踏实地地把握文本解读的广度与深度，使之有效转化为教学内容，真正为学科教学的立德树人打下教育学的实践基础。

其次，在中观设计上，将文本解读中“与文本对话”“与作者对话”“与编者对话”“与学生对话”“与自我对话”五个维度融为一体，将中华优秀传统文化、革命文化、社会主义先进文化及全人类的优秀文化融入五维体系中，明确多维度对话的灵魂在于价值思辨、价值审问、价值践行，在价值对话的过程中努力彰显时代所要求的政治认同、思想认同和情感认同。

最后，在微观融入上，推行“一线两翼六模块”的教学模式。“一线”，就是以价值认同为主线；“两翼”，就是课前的前置学习和课后的后续学习；“六模块”，就是教学的六大基本环节。①提供支架：预学前，为学生提供“认知支架”，包括“文本解读”参读用书、小学语文典型课堂视频等。②尝试学习：教师指定教学文本，学生借助支架自行对文本进行解读，写出文本解读稿，制作汇报 PPT。③预学展示：前置学习的共同体，在课堂上以分工协作的方式分享自己的解读成果，提出解读争议和困惑。④学术引领：由理论导师根据目标，结合预学情况，对文本解读策略进行主旨讲述，做学术引领。⑤情境观摩：由实践导师选取典型的课堂教学案例，组织观摩研讨，反观文本的教学解读。⑥问题改进：学生反思学习中存在的不足，运用习得的策略解读新文本，以巩固学习所得。这一模式将前置学习、现场学习和后续学习融为一体，在展开过程中将思政元素融入每一个环节中。

8 心理学基础

傅亚强

课程名称：心理学基础

学　　院：经亨颐教育学院

专　　业：应用心理学、教师教育

学　　分：2

学　　时：32

课程性质：专业必修课

◎ 授课教师基本情况

傅亚强，应用心理学博士，副教授，硕士生导师，心理（特教）系副主任、党支部书记，教育学院党委委员，长期致力于认知心理学与心理健康教育研究。自2001年起讲授本科生和研究生的心理学基础、实验心理学、心理统计学等课程。在《心理科学》等专业期刊上发表论文30余篇；主持省部级课题3项；在杭州市余杭区、江干区、拱墅区和宁波市象山县的基础教育系统开展了长期的研究工作。教学改革成果“实验心理学研究性实验教学改革”获校级教学成果二等奖；获评全国优秀教育硕士教学管理工作者、杭州市教育局系统优秀教育工作者、杭州师范大学优秀共产党员等。

◎ 课程内容简介

心理学基础是应用心理学专业的主干课程，是各师范专业必修的公共课程，也是国家教师资格考试的必考科目。该课程讲授心理学的基本原理和一般规律，是学习其他教育类课程的基础，其内容主要包括心理学的研究对象和目标、人类心理的实质、心理学的历史和发展现状；需要、动机、意志、情绪和情感等心理动力；注意、感觉、知觉、记忆、思维等认知过程；气质、能力和人格等个体心理差异与特性。该课程通过多种形式的教学活动，贴近生活，贴近基础教育，使学生掌握教与学的心理机制，培养学生运用心理学知识初步分析和解决教育教学实践问题的能力。

◎ 课程目标

一、思政目标

心理学基础的课程思政教育，运用多元教学方法，探索价值塑造、知识传授和能力培养“三位一体”的新时代教育教学新思路和新机制。在课堂上，引入优秀党员、优秀教师、劳动模范、科技先锋的事迹，帮助师范生更好地理解信念、人格在职业发展中的作用；将国家发展、教育事业发展作为观察与记忆原理教学的例证，帮助师范生认识改革开放40多年的辉煌成就，将自己融入教育事业，坚定教育职业信念；将“大国重器、工匠精神、‘卡脖子’技术、粮食安全”融入能力学习，帮助师范生领会核心素养教育的重要意义；将中华民族伟大复兴、百年未有之大变局融入动机学习，帮助师范生理解树立个人长远目标的重要性，理解将国家目标与个人目标相结合的重要性。

心理学基础的课程思政教学目标可归纳为“三看、三悟、三立”：①看祖国发展，看教育发展，看自身发展；②悟育人，悟人生，悟变革；③立观念，立目标，立行动。

二、知识目标

使师范生系统掌握心理学基础研究的对象、目标和内容；理解个体心理发展的动力因素，理解认知加工过程，理解个体差异，培养因材施教的意识。

三、能力目标

使师范生掌握激发学生动机的方法，用所学的心理学知识初步分析课程设计方案，能学会初步分析个体差异，懂得因材施教。

四、素养目标

使师范生正确地觉察和分析自己的心理活动过程与心理特质，不断完善自己的人格。

◎ 教学案例设计

案例 1

一、教学内容

情绪、情感是伴随着认知活动而产生的一种心理活动过程，反映了客观事物与主体需要之间的关系，即客观事物对于满足人的需要的意义。在学习中，学生需理解情绪、情感的需要基础与激励作用，掌握情绪、情感产生的心理机制。

二、育人元素

从心理学角度来讲，情绪和情感是在需要的基础上产生的。这些需要分为两大部分：一是初级需要；二是高级需要。在初级需要获得满足的基础上，人们产生了情绪体验；在高级需要获得满足的基础上，人们产生了情感体验。

情绪、情感离不开需要的满足，因此我们着重围绕个人需要和人民群众需要两方面，阐述情绪、情感的产生和发展。

三、思政元素

（1）使学生理解幸福感与获得感的心理机制。

（2）使学生增强国家认同感与民族认同感。

（3）使学生增强道路自信与文化自信。

（4）使学生内化情感的激励作用。

四、教学案例

情绪是人对客观事物的态度体验及相应的行为反应，是人的需要是否获得满足的反映。积极的情绪激发和引导行为，消极的情绪降低活动积极性。

情绪、情感是影响人的认知活动的重要因素之一。积极的情绪、情感是激起和维持人的行为活动，提高人的活动效率的因素之一。在追求个人目标的过程中，积极向上的情感情绪是必要的。

为了使情感反应发生改变，对该刺激进行认知加工是必需的吗？这个问题具有重要的理论意义，如果对所有刺激的情感反应都依赖于认知加工，那么情绪理论应该具有明显的认知特色。相反，如果认知加工在对刺激的情感反应发生过程中不是必需的，那么则说明情绪反应并不依赖于认知过程。

扎荣茨（Zajonc）认为，刺激的情感评价独立于认知过程。根据扎荣茨的观点，情感与认知是分离的、相对独立的系统，尽管它们经常联合发挥功能，但在无先前认知过程的情况下仍能产生情感。

相反，拉扎鲁斯（Lazarus）则声称，一些认知加工是对刺激产生情感反应的重要前提：有意义或重要的认知评价是产生所有情绪状态的基础，也是所有情绪状态的主要特征。

拉扎鲁斯认为，认知评价在情绪强度体验方面具有至关重要的作用。

奥尔德弗（Alderfer）认为，马斯洛的需要层次理论在广义上是正确的。不过，他也认为马斯洛的理论过于复杂，这促使他提出了生存、关系、成长（ERG）的需要理论。根据这一理论，人主要有三种需要，而非马斯洛所认为的五种。

（1）生存的需要：对物质（如金钱）和生理健康（如食物、水）的渴望。

（2）关系的需要：对实现与家人、朋友和同事和谐关系的渴望。

（3）成长的需要：对个人成长和发展的渴望。

这些需要被排列在一条水平线或连续统上，生存需要位于左端，成长需要位于右端。它们按照具体性程度进行组织。生存需要涉及物质对象，因此最具体；成长需要最不具体，因为它们根本不涉及实际物质对象。

马斯洛认为，个体一般情况下会在需求层次上逐级上升。与其相反，奥尔德弗认为现实要更为复杂。如果个体的一种需要得到满足（如生存需要），他就会对更不具体需要（如成长需要）产生强烈渴望。但当个体的某种需要不能得到满足时，他就会受挫而返，重新将重点转到更具体层次的需要上。因此，如果人们在满足成长需要的尝试中受阻时，他们就可能会把更多的时间和精力用于社交互动。

我们的人民热爱生活，期盼有更好的教育、更稳定的工作、更满意的收入、更可靠的社会保障，有更高水平的医疗卫生服务、更舒适的居住条件、更优美的环境，期盼孩子们能成长得更好、工作得更好、生活得更好。人民对美好生活的向往，就是我们的奋斗目标，人世间的一切幸福都需要靠劳动来创造。

保护生态环境就是保护生产力，绿水青山和金山银山绝不是对立的。关键在人，关键在思路。空气质量直接关系到广大群众的幸福感、环境，就是民生，青山就是美丽，蓝天也是幸福，要像保护眼睛一样地保护生态环境，像对待生命一样，对待生态环境，对破坏生态环境的行为不能手软，不能“下不为例”。

从国际公认的人类发展指数（human development index，HDI）来看，党的十八大以来，中国的各项指数和世界排名都有所提高，从 2012 年的第 101 位跃升至 2021 年的第 79 位。

教育向困难群体倾斜。如中共中央 2015 年出台的城乡义务教育经费保障机制，明确了东西部地区普通中小学校生均标准，惠及全国 25.4 万所义务教育阶段学校和 1.38 亿名在校学生，进城务工随迁子女、寄宿制学生、民办学校就读学生、农村小规模学校学生、残疾学生成为最大受益群体。

本节课的思政教学框架如图 8-1 所示。

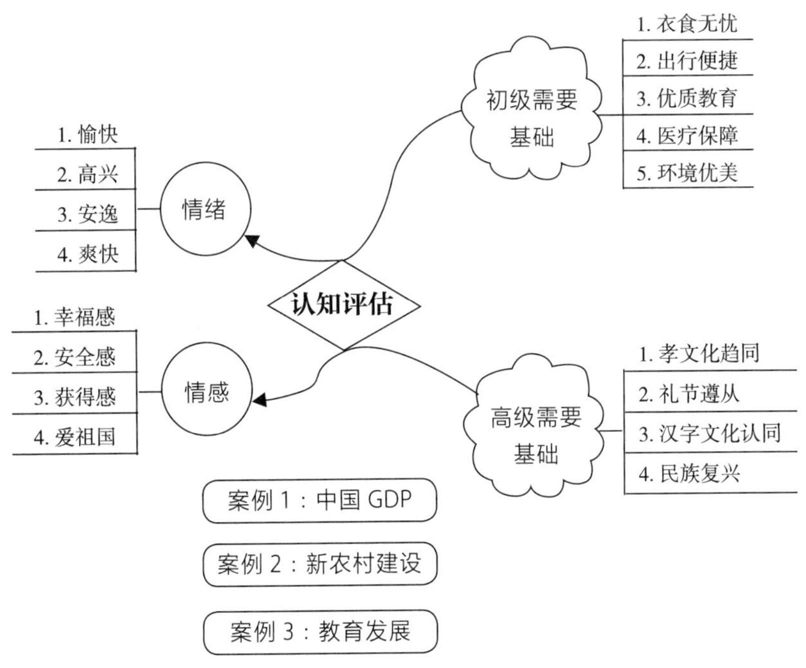

图 8-1　思政教学组织框架

五、教学方法

本节课的教学方法主要包括图片联想、小组讨论、观点辩论、课后作业和作业点评。

（一）课前

教师向学生布置课前任务：找家乡变化，问家庭幸福来源，探未来发展前景。

（二）课中

教师展示发展，学生陈述发展、体验发展；组织学生分享讨论，思考人民利益、群众需要、百姓评价与幸福感、获得感的关系，分析幸福感的激励作用，内省自己的发展动力与目标。

先是引入一系列案例：从一部分人先富起来，到共同富裕；从全面小康到社会主义现代化强国；从改革开放、经济发展到“绿水青山就是金山银山”的新时代中国特色社会主义；充分满足人民群众的生活需要。

接着开展图片联想，呈现教育发展、国家发展的照片，在新旧照片的对比中，引导学生陈述自己的情绪体验。

最后引导学生讨论问题：

（1）什么是幸福感与获得感？

（2）你即将成为一名光荣的人民教师，即将开始为祖国的教育事业贡献自己的智慧，你有什么打算？有什么愿景？有什么想法？

（三）课后

启动学生的自我参照过程：如何使自己融入发展洪流？如何贡献自己的智慧？如何实现自我价值？

六、教学总结

通过学习情绪、情感的基本原理及其与需要、认知过程的关系，在广泛讨论中，学生了解了祖国各个领域的发展变化，深刻理解了人民幸福感与获得感的心理机制，增强了国家认同感与民族认同感，并将生活在祖国大家庭中的幸福感内化为积极发展自我的向上动力，努力使自己成为优秀的人民教师。

案例 2

一、教学内容

记忆是指通过识记、保持和再现（再认、回忆）等方式在人脑中积累和保持经验的过程。记忆是过去的经验在人脑中的反映，过去感知过的事物、思考过的问题、体验过的情感情绪、练习过的动作、经历过的情景，都保持在头脑中，有些会随着时光流逝从头脑中“消失”，而有些则将成为“刻骨铭心”的记忆。

根据记忆内容的性质，可将记忆分为以下五种类型。

（1）形象记忆：感知过的事物的具体形象，具有鲜明性、直观性。

（2）逻辑记忆：概念、命题、公式等内容。

（3）情感记忆：情绪、情感等内容。

（4）运动记忆：肢体运动、动作等内容，运动表象或是对肌肉、肌腱、关节状态的精细控制。

（5）情景记忆：对个人亲身经历的、发生在一定时间和地点的事件的记忆。例如，证人在法庭上做证时，回忆其所见到的犯罪情景。

一项记忆内容常常是上述各种类型的混合。

二、育人元素

本节课围绕着记忆模块展开。在品行记忆教学中，引导学生理解如何坚守师德底线；在情景记忆教学中，引导学生回忆恩师；在语义记忆教学中，帮助学生更好地理解什么是“四个自信”，什么是“五个全面”。

三、思政元素

（1）回忆童年、青少年时期的受教育经历。

（2）分析学习与记忆在教师养成中的作用。

（3）树立教育的基本理念。

四、教学案例

习近平总书记指出：“要从党和国家事业发展全局的高度，坚守为党育人、为国育才，把立德树人融入思想道德教育、文化知识教育、社会实践教育各环节，贯穿基础教育、职业教育、高等教育各领域，体现到学科体系、教学体系、教材体系、管理体系建设各方面，培根铸魂、启智润心。”①

习近平总书记的讲话告诉我们：教育的一切行为，其落脚点都在“培根铸魂、启智润心”这八字育人观上。这八字育人观经典而且巧妙，与十二感官教育有相通之处。

（一）教育方式的四个字

培：不是拔苗助长，不是各类补习提高，就如土不给根以压力而是营养，陪伴着孩子的充实根系，以便其在人生旅途中吸取养料，能适时打开触觉，把枝叶伸展得更高更远。

铸：要淬炼成钢，吃得苦中苦，不做温室里的鲜花，而做搏击长空的雄鹰。不但淬炼身体使其茁壮，而且淬炼心志使其刚强。弘扬为民立命的生命价值观，弘扬革命英雄主义，弘扬吃苦耐劳的拼搏精神。

启：不是灌输填鸭，不是枯燥的作业强化训练，不是“两耳不闻窗外事”，而是走向生活的生活教育，走向社会的社会教育，走向田间地头的劳动教育，走向“红绿蓝”的研学实践教育。总之，用一切教育手段，打开心灵之门以接纳和拥抱世界。

润：要雨露滋养，不是大鬼小鬼般摧残生命的分数名次排列，不是漠视兴趣、特长的非人文关怀的强制性学习，不是师生相互为用的功利主义对峙。心灵需要关爱，需要和煦的阳光，需要好雨好露，建立教育者与被教育者之间的和谐互信关系。

（二）教育内容的四个字

根：肌体之根、文明之根、家国之根。这些“根”终归属于生命之意义，即“小我”和“大我”的冲突与联系——“为中华崛起而读书”“苟利国家生死以，岂因祸福避趋之”“安得广厦千万间，大庇天下寒士俱欢颜”，以及毛泽东和中国共产党人的“为人民服务”。

魂：可以理解为“精神”。毛泽东曾指出，“人是要有一点精神的”。② 这个“精神”是一种情怀，一种境界，一种超越，一种不甘平庸、不甘屈从、不甘得过且过的血性和品格。

---

① 王晔：《习近平在看望参加政协会议的医药卫生界教育界委员时强调：把保障人民健康放在优先发展的战略位置，着力构建优质均衡的基本公共教育服务体系》，《人民日报》2021年3月7日，第1版 。

② 毛泽东：《艰苦奋斗是我们的政治本色》，载毛泽东：《毛泽东文集（第七卷）》，中共中央文献出版社1999年版，第162页。

智："智"不等同于"知"，它包含智慧、智谋、计谋、策略；智是活知活识，即能融贯知从而打开聪敏之门，形成智慧和创新精神。因此，智包括生动活泼性、融会贯通性、创造创新性。此三性依托前面的根、魂，完成个人乃至人类的使命和目标。

心：属于情感范畴，其意重在平衡和谐、幸福向上。如我国在抗击新冠疫情取得出色成绩时，14亿人民的心如沐春风，如饮甘泉，幸福感空前提高。教育者的使命就是要让孩子有一颗宁静、和谐、幸福的心，而不应是狂躁、扭曲、压抑、受伤的心。

对于教育是否应该"唯分数论"，江苏省锡山高级中学原校长唐江澎坦诚指出："学生没有分数就过不了今天的高考，但孩子只有分数也赢不了未来大考……好的教育应该是培养终身运动者、责任担当者、问题解决者和优雅生活者。"①

当今世界正经历百年未有之大变局，我国也已开启全面建设社会主义现代化国家新征程。从制造业大国到制造业强国，这条路中国还能走多远？在中国创业的底气来自哪里？

今天孩子的全面素质，就是国家未来的整体实力，也就是我们社会的幸福程度之体现，要培根铸魂、启智润心，让儿童养成整理东西的习惯，广泛阅读，多开展小制作、小发明、小创新活动，这些是非常重要的素养教育。

本节课的思政教学框架如图8-2所示。

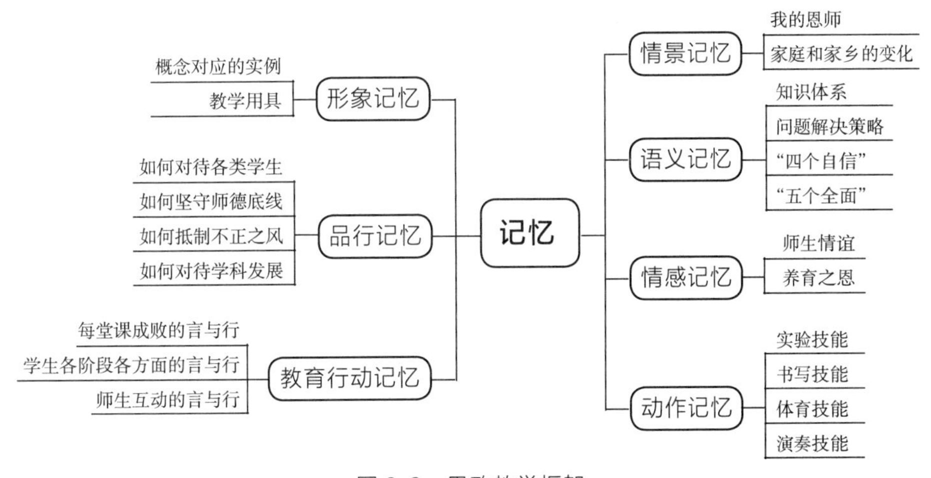

图8-2 思政教学框架

① 唐琪、刘博智、阳锡叶：《"孩子只有分数赢不了未来大考！"——代表委员热议如何扎实推进教育评价改革》，《中国教育报》2021年3月11日，第6版。

五、教学方法

本节课的教学方法主要包括人生 AB 剧、小组讨论、价值判断、课后作业和作业点评。

（一）课前

要求学生准备中小学老师的故事，结合专业知识，分析他们的教学行为、育人行为和师德规范，或者准备家乡的重点工程。

（二）课中

在课堂教学过程中，引入案例。

通过小组讨论，体验教育目标的语义记忆：培根铸魂、启智润心之教育目标观——教育要做什么？

采用人生 AB 剧，体验教育过程的品行记忆：张桂梅校长和刘秀祥校长的劝学、劝进、劝醒之行动给你什么启发？如果是你，你会怎么做，是劝导学生、激励学生，还是顺应学生？

引导学生讨论与价值判断：

（1）分析记忆的不同类型；

（2）回忆自己的老师有哪些行为彰显了师德；

（3）讨论教育对人的发展的价值。

（三）课后

启发学生反思应该如何识记中国近代史和现代化建设进程；反思应该如何传承优秀教师的品德，真正做到“学高为师、身正为范”。

六、教学总结

学生通过了解记忆的基本概念和分类，将家乡变化与祖国发展、教育发展结合起来，充分学习了记忆的各种基本类型，充分讨论了为谁培养人、培养什么人的问题，深入理解了教育的根本目标。

案例 3

一、教学内容

意识是指人运用感知觉、记忆、思维等心理活动，对自身身心状态和外在环境的觉知。也可以说，意识就是人自觉的、有目的的高级心理活动。其中，语言和思维是意识活动的核心因素。它包括对外部事物的觉知，如周边物理环境、时间特征、人际交往内容；对内部刺激的觉知，如疲劳状态、思维过程、记忆内容；对自身的觉知，即自我意识，把自己当成客体来认识，如自身的人格特点、行动目标、成果收益。

二、育人元素

通过对本节课的学习，帮助学生树牢“四个意识”（政治意识、大局意识、核心意识、看齐意识），坚定“四个自信”（中国特色社会主义道路自信、理论自信、制度自信、文化自信）。

三、教学案例

材料一：国家认识意识

有调查显示，大学生对于“作为中国人”有着最强烈的认同感，其次是“中国传统文化认同感”“中国经济实力认同感”，最后是“中国政治关注度”。这体现出人们的关注点由宏观的“作为中国人”的骄傲，向微观的“中国传统文化认同感”“中国经济实力认同感”“中国政治关注度”转变时，有着小范围的波动，当因子朝着远离生活“小圈子”的方向靠拢时，指数逐渐降低，这也就意味着有很大一部分人有着对于“小我”之外事物关心程度降低的问题。对政治的关注度从某种程度上与责任感是相联系的，因此我们可以将之解释为大学生对于国家的自豪感和认同感的程度要强于责任感。

国家意识的国家性：认同国家发展的顶层设计和目标。国家意识的基础在国家，这与“三个倡导”[①]首位是国家层面的要求相一致。在国家层面，“富强、民主、文明、和谐”的顶层设计和目标居于最高层次，对其他层次的价值取向具有统率作用，为提出其他层面的目标奠定了坚实的物质和思想基础。大学生国家意识的形成必须从认知国家开始，其国家意识的国家性和整体性是其社会性、公民性的认知基础。大学生要形成国家意识的价值取向，必须能够正确认识国家发展的顶层设计和建设目标，理解国家发展战略的合法性，把握国家发展的历史必然性，在此基础上才能形成对社会和公民发展进步的深刻认知。

① “三个倡导”即党的十八大报告提出的倡导“富强、民主、文明、和谐”，倡导“自由、平等、公正、法治”，倡导“爱国、敬业、诚信、友善”。

关于国家意识的国家性，最能说明问题的是中华民族伟大复兴中国梦的提出，这是以习近平同志为核心的党中央站在新的历史起点提出的重大战略思想，是党和国家面向未来的政治宣言。以中华民族伟大复兴的中国梦凝聚“最大公约数”，既是目标也是路径，符合中华民族的优良传统和长远发展需要，不但强化了中国人的国家意识，而且让人们充分认识到国家建设的顶层设计，坚定道路自信、理论自信、制度自信、文化自信，从而为国家现代化建设凝聚强大力量。

提问：给你印象最深的国家发展有哪些？你最关注哪个领域的发展？你对这些发展有什么样的评价？它们是不是令你自豪、感慨、钦佩？

材料二：公民认识意识

社会主义核心价值观社会层面的四个方面（自由、平等、公正、法治），勾勒了一个美好社会的基本特征，是在国家基础层面建立起来的框架秩序，指出了公民社会实践参与的普遍特征，是公民认识社会并投身社会实践的基本遵循。

国家意识的公民性：自觉践行社会基本规范。国家意识的归宿在以人为本，在充分实现人的自由全面发展的前提下创造和谐的社会关系，达到人与人之间和谐共处、人与物之间和谐共生。这也正是社会主义核心价值观对个人的基本要求。“爱国、敬业、诚信、友善”的基本价值规范涵盖了社会活动和公民生活的基本道德领域，是社会个体道德行为选择的基本价值取向。

当代大学生对政治的关注度弱于作为中国人的自豪感和认同感，主要表现为在信息化时代，学生面对网络诱惑，更多关注于游戏、购物、视频等娱乐上，虽然获取新闻内容更加容易，但是被娱乐内容充斥的他们反而更少关注新闻和政治，对国家的责任感就会受到影响，不能很好地认识到自身肩负中华民族伟大复兴的使命重任。因此，在开展大学生思想政治教育时，要加强引导，提高学生主体性，让学生不单是受教者，更是参与者、施教者；可通过翻转课堂、榜样示范、实践教育等方式，让学生更加主动、更加深刻地认识到国家对个人的意义，能够以主人翁精神关心和参与国家发展建设。

当代的中国，从危机中涅槃重生，从落后中平地而起，从悲愤中凝聚出了无数的爱国将士，他们为中华崛起付出了宝贵的生命，这种奋进和拼搏的精神，让中华民族团结一致。面对帝国主义大炮的中华民族，更加关注民族和国家的安危，同时也强化了对民族、对祖国的归属感。认清历史，理解历史，了解为中华民族发展作出卓越贡献的团队和个人，有利于释放大学生的民族情结，加强大学生对民族的认知力和感知力。

时光荏苒，现如今的中国已经脱下了贫穷的帽子，一步步地走向辉煌。在党的带领下中国的经济蓬勃发展，政策制度更加完善，文化逐渐走向兴旺，人民的生活水平也在不断提升，现代的中国可谓硕果累累。

中国发展过程中所取得的成就，会大幅提升大学生对中华民族的自信心，虽然社会主义道路依然布满荆棘，无论过程多么曲折，在一代代国人的艰苦探索中，最终将是峰回路转、柳暗花明。老一辈将原本一穷二白的中国变成了一个繁荣富强而且国际地位不断提升的国家。相信我辈亦能前赴后继，为中国的发展作出卓越的贡献，为中华民族的昌盛用尽全力。

提问：假如国家与民族处于危难之中，你会怎么做？比如，自然灾害、主权受辱、同胞有难，你会做什么，是明哲保身、袖手旁观，还是坚持正义、两肋插刀、义无反顾、仗义执言？

本节课的思政教学框架如图 8-3 所示。

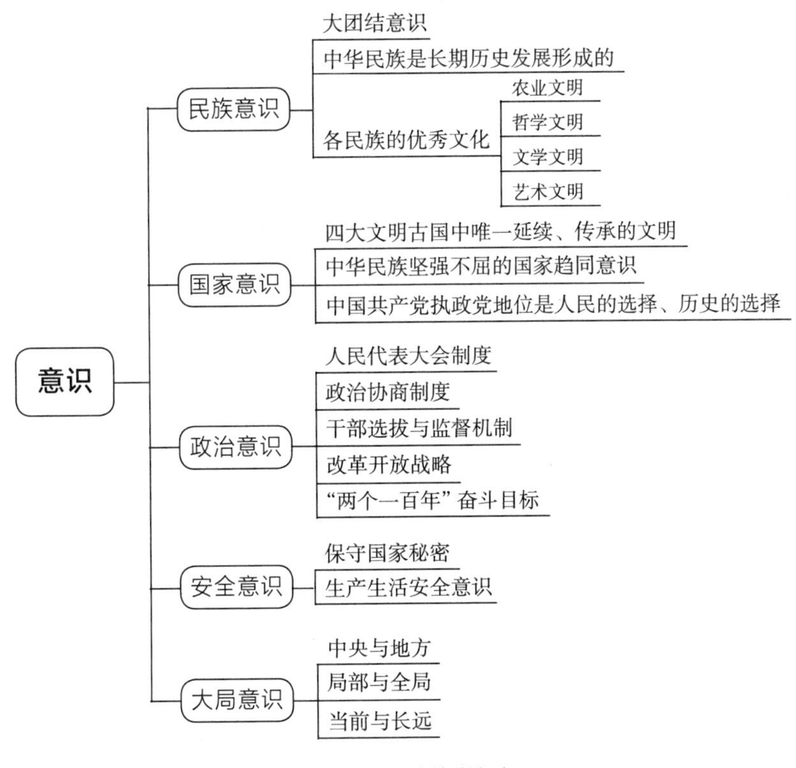

图 8-3　思政教学框架

四、教学方法

本节课的教学方法主要包括小组讨论、故事接龙、图片联想、人生 AB 剧、总结陈词、课后作业和作业点评。

（一）课前

要求学生思考：我对祖国的认识；我对中华民族的认识；我对社会主义优越性的认识。

（二）课中

在课堂教学过程中，引入意识的基本概念与思政案例。

采用故事接龙的方式唤起国家意识：遇到国旗掉在地上，或者旗杆上的国旗脏了，立即取下来……

采用图片联想唤起守法意识：展示行人随大溜闯红灯过马路的漫画，让学生说说意识到了什么，谈谈如何提高守法意识、规则意识的教育效果。

采用人生 AB 剧唤起责任意识：备课、上课很忙，校长却要求你承担团委或少先队工作，并要求你把中小学生核心素养培育工作拿出成绩，你会接受吗？

引导学生分享与讨论：

（1）教师为什么要有深切的爱国情怀？

（2）社会主义现代化建设对教育事业发展的要求有哪些？

（3）“四个自信”如何保障教育事业发展的根本政治方向？

（三）课后

启发学生更多地关注祖国各项事业的发展，思考培养什么人、怎样培养人、为谁培养人的问题。

五、教学总结

学生广泛交流对祖国的认识、对中华民族的认识、对社会主义优越性的认识，完善自我意识，理解意识在人格健康发展中的重要性，厚植爱国情怀，培育教育信念，坚定政治信念，为将来教书育人打下良好的政治信仰基础。

◎ 课程思政特色与创新

一、教学效果

（1）学生能看到祖国发展，体会教育发展，发现自身发展。

（2）学生感悟到育人机制，感悟到人生发展的多样性和时代性。

（3）学生实现对习近平新时代中国特色社会主义思想的内化，树立符合国家发展的个人目标。

二、特色与创新点

（1）用心理学原理解释中国特色社会主义理论。

（2）用祖国各条战线的发展实例解释心理学的应用价值。

（3）思政元素与心理学课程水乳交融，有助于学生滋润心灵、升华思想、共鸣情感。

9 中华传统文化概论

姚永辉

课程名称: 中华传统文化概论

学　　院: 人文学院

专　　业: 历史学（师范）

学　　分: 2

学　　时: 32

课程性质: 专业选修课

◎ 授课教师基本情况

姚永辉，博士，副教授，历史学与历史教育硕士生导师。香港中文大学访问学者，美国亚利桑那州州立大学访问学者。杭州市高层次C类省级领军人才。曾获评杭州师范大学教坛新秀、优秀班主任、最受学生欢迎的社团指导教师等。主持参与的“实践本位的中小学传统文化教育创新模式”项目（排名第二）荣获基础教育国家级教学成果二等奖、省级教学成果一等奖。积极推动课程教学改革，注重实践创新，开展“制作汉服折纸”“走进博物馆的实践课程”等实践教学。主持1项杭州市教师教育课题、2项教学改革课题。指导研究生、本科生开展传统文化教育项目荣获全国或浙江省大学生“挑战杯”课外学术科技作品竞赛各级奖项。

在推动产研结合方面成绩显著，成立“人文日新研学工作室”，受聘担任海亮集团（世界500强）儿童发展研究院“本来文化”首席研究员，主持研发可全国推广的学前传统文化课程，拟建设数字化AI互动课程；主持研发章太炎故居第二课堂分级读本；主持研发杭州西湖国学馆少儿诗乐特色国学启蒙课程（线上+线下），并在全市幼儿园与中小学校推广。

◎ 课程内容简介

中华传统文化概论旨在通过讲解中华传统文化如儒释道、中医学、科技、建筑、音乐、绘画、饮食等方面的知识，引导学生熟悉中华传统文化的发展轨迹、特点与价值，思考其现代意义，使学生具备学习、理解、辨析传统文化的能力，培养文化认同、文化自信、家国情怀、科学精神等思想政治综合素养，培育讲好中国故事的能力与使命感，传承中华文脉。本课程在大三第一学期开设，采用 1+N 双导师制引领课程，创新性实践培育贯穿课前、课中、课后三环节，涵盖思政、知识、能力、素养四项育人点，通过学校与基地联动，逐步构建“三学段、一文博”的传统文化教育资源数据库。

◎ 课程目标

一、思政目标

（1）增强师范生的文化自觉与文化自信。

（2）树立师范生的立德树人理念与社会主义核心价值观。

（3）培育师范生的家国情怀与讲好中国故事的历史使命感。

二、知识目标

（1）使师范生了解中华传统文化的多元知识。

（2）使师范生了解中华传统文化的核心观念。

（3）使师范生了解中华传统文化的发展轨迹。

（4）使师范生了解中华传统文化的特点价值。

（5）使师范生了解中华传统文化的现代意义。

三、能力目标

（1）使师范生具备持续的热情和兴趣主动学习探究。

（2）使师范生能进行批判性思考与基于学理的独立判断。

（3）使师范生能敏锐发现问题并解决问题。

（4）使师范生能将传统文化创造性转化为教育资源。

四、素养目标

（1）要求师范生热爱生命并尊重自然。

（2）涵养师范生“知行合一”的品格。

（3）提升师范生的人文修养与审美品位。

（4）培育师范生的中国精神与世界眼光。

◎ 教学案例设计

案例 1

一、教学内容

在“中华礼乐文化”这一章的学习中，采用案例导入、边讲边练、论辩研讨等方式，引导学生准确理解、深入体察中华礼乐文化的核心要义，以及礼乐之教的现代价值与实施要义，通过对礼乐文化课程化经典案例的观摩讨论及实践操练，开阔学生视野，培育其积极灵活的思维方式，和自主探索发掘传统文化教育资源、讲好中国故事的兴趣与能力。

二、育人元素

通过对“中华礼乐文化”这一章的学习，引导学生理解礼主敬、乐主和，礼乐对形成和谐发展的社会秩序的价值与意义，培育学生中正的性情，追求秩序、文明与和谐的目标，体察“达则兼济天下”的使命感。

三、教学案例

【案例举隅之一】2013 年 7 月 23 日 20 时 50 分许，在北京大兴区科技路公交车站，两名驾车男子因停车与一名女子发生争执。在这个过程中，男子韩某殴打该女子，又将婴儿车内的女童摔在地上，导致女童严重受伤。这起恶性案件中的受害女童伤势严重，不幸死亡。法庭最终以故意杀人罪为由判处摔童犯韩某死刑，剥夺政治权利终身。

【案例举隅之二】2020 年新冠疫情暴发后，全国上下齐心抗疫。“山川异域，风月同天”的温暖，也体现为“中国加油”“武汉加油”的全球共鸣。多国青年发起“拥抱中国人”等活动，给予中国声援和精神支持；调集所有防疫物资库存倾囊相助的巴基斯坦、从官方到民间多次驰援的邻邦日本、“硬核”投来183立方米医疗物资的俄罗斯等数国向我们提供实物援助。病毒无国界，人类是个命运共同体。在这场维护人类健康的斗争中，我们见证着跨越国界的相互理解、信任与支持，也坚信关爱终将战胜恐慌，众志成城一定能战胜疫情！

在导入环节，教师引导学生通过对当代社会热点问题或话题的讨论，使经典与当代生活场域之间形成联结。如学生讨论分析教学案例一及社会频发的类似现象（如导致严重后果、危害民众安全的路怒等）与原因，引出“人有礼则安，无礼则危”，探讨礼仪修身之于日常生活、社会秩序的重要性。讨论分析教学案例二及新冠疫情期间的诸多现象，感悟面对疫情，作为人类命运共同体的跨国界援助，体察“达则兼济天下”的使命感，以及对文明与和谐的追求等，引导学生理解“敬”与“和”的礼乐核心精神。

接着采用生讲生评、研讨辩论、边讲边评等方式，小组汇报课前布置的探究思考问题，如：中国人为什么常常将“礼”“乐”并举？中华礼乐的核心精神是什么？礼乐有着什么样的超越时间的现实意义？当代国民应如何用礼乐精神来涵养品格？

在深入解答了上述核心问题之后，通过课堂实践真切体察，包括日常礼仪行为实践演练，观摩礼仪精神在当代校园的实施案例，鉴赏唱诵音乐并理解“德音之谓乐”，领悟“乐主和”对于修身养性、形成良好社会秩序的价值与意义。

基于本门课程针对师范生的独特训练，在课后环节，学生分组进行街头访谈，了解民众对于礼乐的认知，发掘礼乐教育资源，展开项目探究。

四、教学方法

（一）课前

分组研读，针对发布的线上、线下涵盖理论与实践的资料，围绕四个思考题展开讨论，唤起学生主动探究的热情，培养学生独立判断思考的能力。

（二）课中

以“案例讨论”导入，小组发布与分享观点，融生讲生评、研讨辩论、边讲边评等多元途径，情景模拟，观摩分析，在实践中体察礼乐的精神内涵。

（三）课后

持续探索实践，走出校园，街头访谈，挖掘传统文化教育资源，如地方文化等以展开课程化设计，选取优秀成果在基地磨课实践，在真实场域中锻炼学生将传统文化转化为教育资源，“知行合一”，讲好中国故事的能力。

五、教学总结

通过课前自主探究、课中多元途径的引领与讨论、课后极具延展性的项目制探索，尤其在情景模拟、案例讨论、实践研发等特色环节中，学生们不仅对中华礼乐的精神内涵有了准确深入的理解，更真切体察了礼乐文化对个人修身养性及形成和谐文明的社会秩序的价值与意义，主动积极探索传统文化之礼乐复兴的路径，滋养出“知行合一、兼济天下”的使命感。

案例 2

一、教学内容

在“中华服饰文化”这一章的学习中，采用案例导入、边讲边练、论辩研讨等方式，引导学生把握中华服饰发展的历史，理解中华服饰工艺与民族审美，深入剖析当代“汉服热”与传统文化复兴的关系，提升艺术品位与审美情趣，体悟中华文化兼收并蓄的包容精神，培育学生自主探索发掘中华服饰课程化教育资源，以及讲好中国故事的使命感与能力。

二、育人元素

通过对“中华服饰文化”这一章的学习，培育学生对于传统文化的亲切感，使其在真切感受灿烂而内涵丰富的服饰文化的同时，提升艺术品位与审美情趣，形成兼收并蓄的包容精神，增强文化自觉与文化自信，以及培养传承中华文化的责任感与使命感。

三、教学案例

【案例举隅】重拾传统并为之赋予现代生命：2014 年亚太经济合作组织（APEC）峰会是由亚太经济合作组织发起在中国举行的领导人非正式会议，会议中各国领导人身着“新中装”引发热议。其根为中，其形为新，其魂为礼，合此三者为“新中装”

（new Chinese style outfits），设计理念体现兼容传统与现代、民族与世界，各美其美，美美与共，使中国传统服装文化与外交礼仪相得益彰；款式古为今用、中西合璧，既体现中国风韵，又展示时代精神；海水江崖等传统纹样的创新设计，传达了 21 个经济体山水相依、守望相助的美好寓意。新中装，着眼于未来，推动着中国的服制建设，激活了中国人的民族技艺和创新活力，构建新时期的中华文明的认同感。

在导入环节，引导学生观看 2014 年 APEC 峰会各国领导人及配偶穿“新中装”以及“新中装”主创设计师专题采访视频，激发学生对于“新中装”所体现的传统服饰元素、工艺、审美及文化内涵的兴趣与探求欲，小组讨论，并提出问题，留待课堂最后解决。

接着采用生讲生评、研讨辩论、边讲边评等方式，小组汇报课前布置的探究思考问题，如：中华服饰发展经历了怎样的过程？有哪些精湛的民族工艺？如何看待“汉服热”现象？如何创造性传承中华服饰及其文化精髓？

在深入解答了上述核心问题之后，实施课堂实践，展开项目探究，边讲边练，如极具文人文化内涵的“朱子深衣”剪裁、制作与剪纸活动；课程研发的汉服折纸分组手工活动；根据文物复原发型与发饰活动；汉服展演与解说活动；等等。实操活动结束后，回到“新中装”案例所留下的问题，小组讨论解决并互动交流，此刻学生们用更丰富的知识储备、心得感悟来分析中国传统服饰文化的复兴与创造性继承之途径，同时也深刻体会着文化自觉与文化自信。

课后反思，学生分组探究之一：以古为今用为准则，设计蕴含华夏衣冠重要文化元素的服饰并解说，呈现了极为多元、颇具奇思妙想的设计作品。学生分组探究之二：以导师工作室、实践基地为依托，设计帮助社区、博物馆传播汉服知识与文化的方案，如与博物馆携手设计传统服饰文创产品等。

四、教学方法

（一）课前

分组研读，针对发布的线上、线下涵盖理论与实践的资料，围绕四个思考题展开讨论，唤起学生主动探究的热情，培养独立判断思考的能力。

（二）课中

以“案例讨论”导入，小组汇报课前布置的探究思考问题，采用项目探究、边讲边练的方式，在实践中体认中华服饰的民族特色与文化内涵。

（三）课后

沉淀并升华学习效能，展开持续性项目自主探究，培育古为今用、创造性继承与发扬传统文化的创新精神与实践能力。

五、教学总结

在课前探究、课中分组研讨中，学生通过自主学习很好地掌握了本章的基础知识。课中 2014 年 APEC 峰会中国当代外交礼仪与传统服饰碰撞的经典案例分析，以及丰富多元、极具实践创新的项目制探索，使学生们沉浸在一次次头脑风暴中。整堂课既不断纵深推进学生对中华服饰文化的认识与理解，又挑战着他们兼收并蓄、创造性转化中华服饰经典元素的能力。由课程滋养出的兴趣与热情，以及所收获的成果带来的自信与成就感，使学生们持续在全国或浙江省大学生“挑战杯”课外学术科技作品竞赛等重要赛事中取得优异成绩，用实际行动诠释着当代大学生传承中华文脉的决心与能力。

案例 3

一、教学内容

在“中华礼射文化”这一章的学习中，采用案例导入、边讲边练、论辩研讨等方式，引导学生理解中华传统弓箭的工艺及背后的文化，体悟礼射与修身养性、治国安邦之间的关系，培育学生对传统礼射文化的兴趣，使学生自主探索发掘中华礼射课程化教育资源，提升学生传承中华文化的能力。

二、育人元素

通过对“中华礼射文化”这一章的学习，培养学生对于传统文化的亲切感，在实践中真切感受礼射之于修身养性的作用，提升学生对传统礼射文化的兴趣，以及传承中华文化的责任感与使命感，增强学生的文化自觉与文化自信。

三、教学案例

【案例举隅】李淑兰，中国著名女子射箭运动员、教练员，1960 年进入中国人民解放军体育学院学习，1961 年开始练习射箭。4 次获国家体委颁发的国家体育运动荣誉奖章。1963—1966 年曾先后 17 次打破 8 项射箭世界纪录，为祖国赢得了巨大荣誉。

在导入环节，引导学生观看1963年著名射箭运动员李淑兰破射箭世界纪录的视频，激发学生的爱国心，调动学生对于礼射的兴趣，自主探索中国传统弓箭工艺技术与弓箭发展历史，以及中国人习射的传统。

接着实施课堂实践，开展项目探究。观看清华大学礼学研究中心制作的乡射礼复原视频，小组研讨乡射礼的规则、价值与社会意义；边讲边练，认识实物弓箭、箭靶，熟悉礼射的基本要领与规则，分组体验礼射八法，射出人生中第一支箭，体悟中国古代通过射箭训练与比赛强健体魄、磨炼意志、提升民族自信的作用。观摩礼射文化在中小学，尤其是北京市海淀区的实践案例，讨论礼射文化推广的途径与方法。

课后反思，以导师工作室、实践基地为依托，学生分组探究，以古为今用为准则，设计针对不同学段的礼射特色课程，探讨如何走进社区、博物馆，与其他传统文化传播的形式相结合，展开礼射文化的推广。

四、教学方法

（一）课前

分组研读，针对发布的线上、线下涵盖理论与实践的资料，围绕思考题展开讨论，唤起学生主动探究的兴趣与热情。

（二）课中

以“案例讨论”导入，小组汇报课前布置的探究思考问题，采用项目探究、现场演练等，在实践中体认礼射文化的价值与内涵。

（三）课后

展开持续性项目自主探究，启发学生古为今用，培育创造性继承与发扬传统文化的实践能力。

五、教学总结

在课前探究、课中分组研讨中，学生们通过自主学习很好地掌握了本章的基础知识。案例分析、项目探究、感知实物、实际操练、实践案例讨论、社区推广等方式，使学生们真切感知中国历史悠久的射箭文化与儒家倡导的礼射修身对于当代社会的意义，鼓励学生用实际行动推广中华优秀传统文化。

◎ 课程思政特色与创新

本课程以建设可在全国高等师范院校推广的中华传统文化课程思政模式为目标，旨在立德树人，增强学生的文化自觉与文化自信，培养学生的家国情怀与讲好中国故事的使命感，传承中华文脉。

课程思政特色与创新体现在三个方面：其一，实践本位贯穿课程设计的三大分支，有效解决高校中华传统文化课程重知识灌输、轻实践应用的弊病。基地与学校联动，将一线教研人员请进课堂，观摩案例，动手实操；构建课程丰富多元的实践活动模式与体系，切实提升讲好中国故事的能力。其二，实施 1+N 双线导师制，为课程思政提供创新源泉。除团队主要人员，在实践环节将依据不断丰富的课程活动需要，邀请更多前沿学者或教师参与教学，既身体力行展现责任、使命与担当意识，又指引学生获取新的养料。其三，构建“三学段、一文博”研学实践数据库，创造性转化传统文化教育资源成果。

10 科幻小说研究

詹玲

课程名称：科幻小说研究

学　　院：人文学院

专　　业：汉语言文学

学　　分：2

学　　时：32

课程性质：专业选修课

◎ 授课教师基本情况

詹玲，教授，浙江省中国现代文学研究会秘书长，中国小说学会常务理事，浙江省之江青年社科学者团队负责人，中国当代文学研究会理事。哈佛大学访问学者。主持完成国家社科基金项目 2 项，出版学术专著 2 部，发表论文 50 余篇。

◎ 课程内容简介

科幻小说研究是人文专业选修课，开设于大三第二学期。课程分为 8 个单元，每单元根据授课内容需要，2 ～ 6 课时不等。分别为东西方科幻发展历程简介（2 课时）；科幻小说中的“造人”想象（2 课时）、赛博格想象（4 课时）、太空与深海想象（6 课时）、性别想象（2 课时）、乌托邦与恶托邦想象（6 课时）、时间旅行想象（4 课时）、生态想象（4 课时）等，另外还有期中研讨作业（2 课时）。

◎ 课程目标

一、思政目标

对标汉语言文学专业培养“文史贯通、知行贯通”的人才定位，引导学生深入理解社会主义核心价值观，弘扬中华优秀传统文化中的科技精神，引导学生正确认识现代社会作为科学社会主义的逻辑起点，坚定科技发展是中华民族伟大复兴的中国梦的重要组成部分，建构起中国科技梦想的文化自信。

二、知识目标

使学生通过学习，系统地了解世界科幻小说的发展轨迹，熟悉世界科幻小说史上的重要作家作品及期刊、流派，引导学生了解并掌握科幻小说鉴赏的基本理论、基本知识，熟悉科幻小说创作的发展历程。

三、能力目标

通过小说讲解赏读，强化学生的科幻审美感受力、文本分析能力和独立思考能力；在文本批评实践练习中，提升学生对科幻艺术的鉴赏能力、审美创造力、想象力和文字表达能力。

四、素养目标

建构“读—写—思”三步素养训练模式，培养学生科文交融的新人文素养，建立学生创新、协调、绿色、开放、共享的新发展理念。

◎ 教学案例设计

案例 1

一、教学内容

集体与个人:《冷酷的方程式》赏读。

二、育人元素

以人为本，增强人类命运共同体理念。

三、教学案例

（一）课前

发放学习任务单：阅读（《冷酷的方程式》）+ 资料检索（上网查找、了解什么是“电车难题”）+ 观看微课（《小说艺术解密》之“叙事张力的设置”），完成任务单上的习题。

（二）课中

1. 第一部分：科幻想象与功利伦理

（1）点评学习任务单习题完成情况。导入：科幻小说的未来性使其能将当下的一些现实问题，通过变形、夸张甚至荒诞的情节想象，进行极端化的推演。经由推演，展开更深层次的、具有预见性的伦理问题探索。今天我们要赏读的两部作品《冷酷的方程式》和《三体》，就直接关联人类社会一个重要的伦理问题：集体与个人的价值问题。

（2）请学生回忆故事情节。提问：如果你是小说中的宇航员巴顿，你会做出什么样的选择？为什么？

（3）辩论赛。

正方：放弃小女孩玛丽琳，不能为了保住她一人的生命，牺牲另外五个人的生命。

反方：保住小女孩玛丽琳，人与人的生命都是平等的，没有理由为了其他五个人，放弃她的生命。

（4）学生代表小结。教师点明“科幻是作家用来考察人类社会，进行思想实验的实验室”，冷酷的方程式、无情的宇宙法则作为一种象征物，喻示着一种终极的、不可抗的力量，以及人类在这种力量面前的选择。引入“The trolley problem”（电车难题），提示学生从个人主义和集体主义出发，分小组讨论，进行伦理哲学层面的理论思考提升。

（5）联系实际进行应用延伸。学生自由发言：对比中西方关于新冠疫情的应对及防治措施，思考功利伦理与奉献伦理的辩证统一。

（6）小结。像《冷酷的方程式》《三体》等科幻小说中的“末日”思想实验，是危机模式下的道德重建。这种危机模式在某些时刻是适用的，比如新冠疫情，在个体的自由和集体的安全面前如何选择，中国交出了令人满意的答卷。

2. 第二部分：叙事美学张力

（1）文本细读：阅读巴顿与玛丽琳的对话，感受巴顿内心复杂艰难的矛盾挣扎。

（2）自由讨论：结合外太空、急救飞船等场景设计元素，体会作家如何在情节设计时将张力推至极端。

（3）尝试撰写100字左右的评论。

（4）小组讨论、互评。

（5）教师择取代表性作品进行点评。

（三）课后

阅读《三体》，钉钉群讨论：从功利伦理和奉献伦理的辩证统一性出发，解读罗辑和程心这两个人物形象的差异。教师根据讨论情况，及时引导。

四、教学方法

研讨辩论式教学法、生讲生评法、以练代讲法、微课教学法。

五、教学总结

根据课后与学生谈话，学生认为教师讲解较详细，对学生自主学习要求较高，在阅读、思考和实践能力方面，均有一定的挑战度。有学生指出："原本以为小说研究的课程，无非是枯燥的理论知识和生硬的解读剖析，没想到詹老师的课会结合实际，引导我们思考人性，以及特殊时期个体与集体之间的关系等深层次的问题。"还有学生说："在课上对疫情防控问题的探讨，使我们更加深刻理解了我们国家的制度优势，激发起为实现中华民族伟大复兴'中国梦'而努力奋斗的使命感。"这些都证明本课程有效地提升了学生的思政热情和积极性，真正把"立德树人"落到了实处。

案例 2

一、教学内容

道家辩证哲学与女性解放：《黑暗的左手》赏读。

二、育人元素

建构科技自信与文化自信，树立科学发展观，培养想象力与创造力。

三、教学案例

（一）课前

发放学习任务单：阅读（《黑暗的左手》）+资料检索（上网查找、了解道家传统文化思想），完成任务单上的习题。

（二）课中

1. 第一部分：性别伦理

（1）点评学习任务单习题完成情况。导入：在《黑暗的左手》的引言部分，勒古恩说道："科幻小说不是预言性的，而是描述性的。"她将此类科幻小说看作思想实验，认为思想实验的目的不是去预测未来，因为从量子层面来看，未来是不可预测的。勒古恩认为，思想实验主要是描述现在，描述当下世界。

（2）请学生回忆故事情节。提问：小说中让你感到最有创意的想象是什么？

（3）学生以小组为单位，讨论雌雄同体的外星人形象背后的伦理意义。

（4）学生代表回答，全班讨论、点评。

（5）小结。教师点明：勒古恩试图通过格森人雌雄同体的特征说明，在消除性别差异后，战争、掠夺及性压迫也会相应消除，因为性别差异是其他一切社会不公的根源。除此之外，人类社会还存在种族、阶级和民族等差异，即使在这些差异内部，始终逃不掉的还是性别差异，因此，人类最根本的差异就是性别差异。作品中体现其女性主义思想的"雌雄同体"设想并非勒古恩首创，但是，勒古恩第一个在小说中构建了这一世界。

（6）联系20世纪中国女性解放的艰难历程，以及当下职场女性实际情况，学生自由发言：新中国在反封建、打破三纲五常等方面做了怎样的努力？如何为女性争取平等、自由、民主的权利？作为新时代的社会公民，我们又该做些什么？

2. 第二部分：道家辩证哲学

（1）导入：在冬星，人类思维中普遍存在的二元论倾向已经被弱化、被转变了。这种弱化二元性倾向很容易让人联想到《道德经》第二章的说法。

> 天下皆知美之为美，斯恶已；皆知善之为善，斯不善已。故有、无相生，难、易相成，长、短相形，高、下相（倾）（盈），音、声相和，前、后相随。是以圣人处无为之事，行不言之教。万物作焉而不辞，生而不有，为而不恃，功成而不居。夫唯不居，是以不去。[①]

（2）结合课前查找的勒古恩生平资料，自由讨论勒古恩的道家哲学思想，以及这种道家思想如何进入小说文本，使小说焕发出独特的思想内涵。

---

① 张震点校，杨伯峻、邓躔洲、李申译：《文白对照：老子　庄子　列子》，岳麓书社1996年版，第6页。

（3）文本细读："在地球、海恩戴夫南特和齐佛沃尔都发现过这个符号。表达的是'阴阳'的概念。光明是黑暗的左手……光明与黑暗，恐惧与勇气，寒冷与温暖，女人与男人。合起来就是你，西勒姆，一而二，二而一，如同雪地上的影子。"小组讨论，代表发言。

（4）小结：勒古恩反对西方传统的二元对立思想，而道家思想则同西方女性主义思想相结合，为勒古恩提供了二元对立模式之外的另一种可选择性模式。

（三）课后

阅读《你一生的故事》，在钉钉群讨论小说中的道家哲学思想。教师根据讨论情况，及时引导。

四、教学方法

研讨式教学法、生讲生评式教学法、自主学习法、细读导引法。

五、教学总结

根据课后与学生谈话，学生认为研讨式为主的教学模式，给了他们较大的自主思考和学习的空间，有效地提升了他们学习的自主性和积极性。从外国科幻作家的道家文化思想入手，让他们认识到道家辩证思想哲学在打破二元论方面的重要作用，进而体会到中国传统文化的当代性和世界性，增强了他们的文化自信。

案例 3

一、教学内容

生态文明建设与《荒潮》。

二、育人元素

树立以人为本的科学发展观，坚定生态文明发展理念。

三、教学案例

（一）课前

发放学习任务单：阅读（《荒潮》《寂静的春天》）+ 资料检索（上网查找、了解赛博朋克和人类世的概念），完成任务单上的习题。

（二）课中

1. 第一部分：赛博朋克的美学特征

（1）点评学习任务单习题完成情况。导入：在西方赛博朋克科幻小说的底层想象中，推演灾难性的未来想象，建构恶托邦式的城市景观，已经形成了一种叙事美学传统。充满高科技色彩的文本意象与一波三折的惊险故事情节，营造出冷酷、浮华又颓废的叙事情调，满足了大众读者猎奇、寻求刺激的阅读胃口。

（2）学生以小组为单位，进行文本细读，美学赏析。

> 舞会邀请码会发送到电子义眼以供虹膜扫描，肠胃未培植强化酶的人群无法在超市购买特定食品饮料，基因中存在可遗传性缺陷的父母甚至拿不到生育许可证，而富人们可以通过无休止地更换身体部件来延长寿命，实现对社会财富的世代垄断。①

（3）学生代表回答，全班讨论、点评。

（4）小结。教师提示人与人之间的不平等，很可能是因为生物技术的进步从政治经济领域渗透到生命政治领域，从身体基因上被固定下来。小说揭示出赛博空间（cyber space）、生物技术作为科技的成果，同时也是一种社会文化产品，可以折射出现实生活中的种族、阶级、性别等各种身份和社会关系。

2. 第二部分：从生态文明构建的角度体会科技的双刃剑作用

（1）导入：作者用小说主人公陈开宗的幼年记忆和现实场景做对比，强化恶托邦给人的阅读刺激。

（2）文本比较阅读。

幼年记忆：

> ……虽然贫穷却生机盎然，人们和善友好，互相扶助，那时的池水仍然清澈，空气中有海浪的咸味，沙滩上能拾到贝壳和螃蟹，狗就是狗，地上爬的也只有毛毛虫。②

现实场景：

> 一切都笼罩在铅色雾霭中，它一部分来自酸浴池中加热王水蒸发的白色

---

① 陈楸帆：《荒潮》，长江文艺出版社 2013年版，第191页。

② 陈楸帆：《荒潮》，长江文艺出版社 2013年版，第39页。

酸雾，一部分来自农田里、河岸边终日燃烧不止的PVC、绝缘线和电路板产生的黑色烟尘，两种极端的颜色随着海风被搅拌均匀，公平地飘入每个生灵的毛孔里。[①]

小组讨论，撰写100字左右的评论。

（3）投屏展示，全班评议，选出优秀评论。

（4）结合课前查找的“人类世”相关资料和《寂静的春天》的阅读经验，讨论科技发展对于人类生态文明的双刃剑作用，体会“绿水青山就是金山银山”这句话的深刻道理。

（5）小结：小说采用科技想象，将现实问题往前推演，通过前瞻性的“近未来”场景实验，预测并描绘一幅幅现实问题继续恶化、放大后可能出现的未来恶托邦景象，从而为当下正在发生的现实问题提出预警。

（三）课后

阅读《地火》，在钉钉群讨论小说中人、科技与自然的关系。教师根据讨论情况，及时引导。

四、教学方法

研讨式教学法、生讲生评式教学法、自主学习法、细读导引法。

五、教学总结

学生在课后调查中表示：“我们在讨论中感受到‘人与自然是命运共同体’‘人类工业与科技文明的发展应使人类与自然和谐共处’。”课前资料的查找，使学生有充分的准备结合文本进行讨论。

◎ 课程思政特色与创新

（1）本课程结合互联网科技，通过研讨辩论式、以练代讲式为主的翻转课堂教学模式，充分调动了学生学习的自主性和积极性，有效训练了学生的反思能力和批判性思维。

① 陈楸帆：《荒潮》，长江文艺出版社2013年版，第32页。

（2）本课程顺应智能时代人才培养新需求，打破科学与文学的学科壁垒，打造逻辑思维能力、艺术想象力与鉴赏力三者合一的素质教育。

（3）本课程将经典科幻作品的审美教学，与前沿科技和时事政治、社会伦理问题讨论紧密结合，保证课程思政内涵的先进性及当下性，起到“润物细无声”的思政教学效果。

11 中国古代小说研究

刘正平

课程名称： 中国古代小说研究

学　　院： 人文学院

专　　业： 汉语言文学、汉语国际教育

学　　分： 2

学　　时： 32

课程性质： 专业选修课

◎ 授课教师基本情况

刘正平，教授，中国古典文献学专业硕士生导师。现任人文学院副院长、第四届校学术委员会委员。主要讲授中国古代小说研究、中国古代文献学、中国古代文学史等课程。连续多年指导中文系“新苗”“国创”项目和浙江省大学生“挑战杯”课外学术科技作品竞赛等。参与2017年叶志衡教授主持的省级精品课程“中国古代文学史”培育项目，主讲该课程的“元明清文学”部分，且实际参与了该精品课程的前期设计、申报和课程讲授等一系列具体工作。为洪治纲教授领衔的浙江省精品在线课程“小说艺术解密”团队核心成员之一。

主要从事俗文学、宗教文献、宗教与中国古代文学等领域学术研究工作，专长于民间宝卷和佛教文献的研究。近五年主持完成国家社会科学基金青年项目1项、市厅级项目1项。现主持国家社科基金“冷门绝学”专项1项、国家重大项目子课题1项、浙江省哲学社会科学重点项目1项。在《世界宗教研究》《北京大学学报》《中华文史论丛》《光明日报》等刊物发表学术论文20余篇（排名1/1），出版专著《宗教

文化与唐五代笔记小说》《老祖宗说礼仪》。曾获杭州市社科联哲学社会科学优秀成果。近年来主要从事中国古代经坊文献和民间宝卷的搜集和研究工作。

◎ 课程内容简介

中国古代小说研究是汉语言文学和汉语国际教育专业选修课，大三第一学期开设，以线下课堂教学为主，辅之以在线教学和课程实践。本课程旨在通过重点介绍中国古代小说发展史，开展专题研究，传授古代小说研究方法，掌握古代小说发展源流，了解小说研究的学术前沿问题，理解古代小说在弘扬社会主义核心价值观中的积极作用，汲取古典传统素养，传承传统文化优秀血脉。

◎ 课程目标

一、思政目标

要求学生深刻体会和践行“小说教”的教育感染功能，传承中国古代小说中的传统文化血脉，弘扬爱国主义、英雄侠义、人与自然和谐共生等传统美德，追求真善美的永恒价值，达到师生共同学习、共同提高的目的。

二、知识目标

要求学生熟悉中国古代小说的发展脉络，了解并掌握古代小说的基本理论、知识及发展规律，具备开展古代小说专题研究的知识视野。

三、能力目标

帮助学生建构“阅读—创作—研究”的课程培育模式，提升对中国古代小说作品的阅读和鉴赏水平，培养独立从事文言小说创作的能力和古代小说研究的能力。

四、素养目标

帮助学生培养良好的审美情趣，使学生形成多学科交叉视野研究，具备“读者—作者—研究者”三重人文素养。

◎ 教学案例设计

案例 1

一、教学内容

本案例选择的是中国古代小说研究第五讲“唐五代志怪小说”，通过对唐五代笔记小说概念和志怪小说教化意义等的教学，贯穿和融入正义正道、人与自然和谐等思政元素。

二、育人元素

唐五代志怪小说在文体形式上属于笔记小说，因此本讲的主要知识元素就是笔记小说的概念辨析。在概念辨析的基础上进行课后的笔记小说创作，从理论与实践两个维度达到深刻掌握知识要素的目标，使学生具备初步的笔记小说创作能力。

就志怪小说本身的创作目的来讲，教化情怀一直处于小说作者的首要考量之中。借此，在课程教学中融入对真、善、美的崇尚和追求，灌输人与自然和谐的生态文明发展理念，达到小说育人的目的。

三、教学案例

唐五代志怪小说是中国古代小说史的重要一环，在佛道二教发展的大背景下，融入了时代因素，具备了新的特征，小说叙事艺术更加成熟，是掌握中国古代小说发展史的重要对象。

（一）课前

学生课前阅读《唐五代笔记小说大观》和《宗教文化与唐五代笔记小说》，对唐五代笔记小说中的志怪小说有宏观把握，对其中的优秀作品有较为清晰的认知，为课堂教学打下良好的阅读基础。

（二）课中

课堂教学包括三部分内容。第一部分为笔记小说的概念与笔记小说辨体。教师导入唐代志怪小说在小说文体演进历程中的地位这一问题，并就“笔记小说”与“志怪小说”如何区分及其关系是什么设置课堂提问。学生小组讨论什么是笔记、笔记小说，并进行理论提升。教师进行总结：讲述笔记小说研究的历史，提出笔记小说的概念，分析笔记小说与志怪小说的异同。最后学生进行自由讨论：志怪小说创作的教化意义，以及志怪小说在教化方面的伦理价值。

第二部分为作品分析，师生共读《唐五代笔记小说大观》及经典作品的讲读，得出唐五代志怪小说创作的教化意义：①唐代社会修仙崇佛的风气——一种文化心理的形成；②亦庄亦怪——创作主体的双重人格表征；③自我实现与需求满足——小说创作的内在动因；④“穷神变，测幽微”——笔记小说创作的教化意义。通过教学使学生对唐五代志怪小说创作的社会文化氛围、作者动机和心理、小说的功能等有较为全面立体的认识。本部分的教学案例选取《青海日报》发表的《以小说的方式寻找人与自然的和谐》的新闻报道，引导学生就小说创作中的生态书写和人与自然、社会、人生的和谐关系问题进行深度思考，以生动鲜活的实例融入思政元素。

第三部分是总结唐五代志怪小说的叙事风格，引导学生进行归纳总结，形成三个基本观点：①事出于传掇，文类乎史乘；②性耽于好怪，实事乎虚构；③意本于志怪，旨归乎教化。对志怪小说的艺术特征和教化意义进行全面概括总结。

（三）课后

学生独立完成一篇笔记小说创作的任务，通过学生互评和教师讲评的方式，完成小说创作的体验。

四、教学方法

课前环节采取师生互动的方式，通过钉钉群平台发布学习任务单，学生完成相应阅读任务，教师了解学习情况，调整教学内容和策略。课中采取教师导入、提问的方式，学生开展小组讨论、合作练习、代表总结等学习环节，完成学习任务，教师总结提升。课后学生独立完成课后练习（笔记小说创作），教师在钉钉群进行反馈。

五、教学总结

本节课的学习建立在授课教师的学术研究成果基础之上，对笔记小说的概念和发展历程的研究性讲述与学习，给学生以最前沿的学术研究成果，取得了较好的课程学习效果。通过对志怪小说教化功能的深度解读，挖掘其中蕴含的真善美、人与自然和谐的生态文明发展理念等，起到了良好的思政育人效果。

案例 2

一、教学内容

本案例选择的是中国古代小说研究第十一讲“《聊斋志异》与清代的文言小说”。通过本次教学，使学生了解清代文言短篇小说的特点及影响，掌握《聊斋志异》的成书、作者和版本，以及思想内容、艺术成就和影响。介绍《子不语》《阅微草堂笔记》等其他文言短篇小说的写作成就与各自的风格特色。融入真、善、美的思政元素，提升学生的人格修养，使学生拥有仁爱之心。

二、育人元素

《聊斋志异》是中国古代文言短篇小说的经典作品，被视为清代文言小说“中兴”的代表，在小说艺术上具有重要突出的成就。与此同时，这部小说以其丰富的思想内涵著称，是小说育人不可多得的好作品。本节课的主要思政育人元素表现在如下几个方面：①面向大众的文化关怀；②对知识和智慧的推崇；③博大的人道主义关怀。

三、教学案例

中国古代文言短篇小说经过唐代传奇的发展高峰之后，一直处于沉寂状态，直到明代出现以瞿祐《剪灯新话》为代表的“三灯”这样的新体传奇小说之后才有所改变。自此以后，小说家注重个人才情、人生经历和自我意识在作品中的呈现，这是一大新的变化。因此，本讲的课前阅读材料包括三部分：一是瞿祐《剪灯新话》等“三灯”作品；二是齐鲁书社《清代笔记小说丛刊》；三是张友鹤《聊斋志异（会校会注会评本）》。

（一）课前

教师通过钉钉群平台发布课前阅读任务，学生互相讨论，教师点评总结。

（二）课中

课堂学习包括三部分内容。第一部分是清代文言小说的特征，主要通过教师导入提问，学生结合前期阅读经验，课堂思考回答，来达到掌握知识的目的。该部分主要包括两个知识点：清代文言小说从形式上回归文言小说的传统；内容上尽可能地贴近时代和社会。因此，社会意识和社会责任是清代文言小说重要的思政元素。

第二部分主要解决《聊斋志异》作为清代文言短篇小说“中兴”的代表是如何体

现出来的。教师导入、提问，学生开展小组讨论，推选代表总结回答，最后由教师引导总结得出以下结论：①《聊斋志异》描摹的是一个乡村知识分子的精神世界，表现了下层知识分子同情民众、欣赏自我、玩味人生的立场和情趣；②在文体与叙事方面，具有广泛的读者群，通人爱之，俗人亦爱之；③其创作旨趣，用蒲松龄自己的话说是“假神道以设教，证因果于鬼狐”，用鲁迅的话说是“出入幻域，顿入人间”。这部分的思政元素非常丰富，也是《聊斋志异》的魅力所在，主要通过讨论、引导，以及代表作品的启发性阅读、讲解和思考进行融入。

第三部分是“如何读《聊斋志异》”。这部分内容颇具思考价值和启发性，能充分体现本课程的“小说研究”性质。通过启发式引导，采取翻转课堂形式，由学生以研究者的角度充分阐述个人观点。最后经教师总结，主要从四个方面阅读和研究《聊斋志异》：①小说篇尾的“异史氏曰”，模仿“太史公曰”，说明以不同于正史家的态度创作；②《聊斋志异》的故事来源多样化，尤其是作者经常在篇中讲明故事来源，包括讲述者等的个人信息，并未完全脱离中国古代小说创作的“征实”和“传信”传统，从小说传播的角度来说，这些故事均有来源可以追踪，具备较高的可信度；③“小说证史”在《聊斋志异》研究中的实践；④小说中的研究素材，如“镜听”在宗教研究方面的资料价值等。

（三）课后

以《聊斋志异》为模板，创作一篇文言短篇小说。

四、教学方法

课前环节采取师生互动的方式，教师在钉钉群平台发布学习任务单，学生完成相应阅读任务，教师了解学生学习情况，调整教学内容和策略。课中采取教师导入、提问方式，学生开展小组讨论、合作练习、代表总结等学习环节，完成学习任务，教师总结提升。课后学生独立完成课后练习（文言短篇小说创作），教师在钉钉群进行反馈。

五、教学总结

本节课的学习建立在授课教师对《聊斋志异·罗祖》等故事的研究基础之上。授课教师也有前期文学鉴赏课程关于《聊斋志异》的授课经验，对如何阅读和研究这部小说具有一定的学术积累。另外，《聊斋志异》思想价值很高，是开展课程思政的绝好对象，课堂积极引导启发，即可取得非常突出的效果。课后实践是“文言短篇小说”创作，不同于第五讲的“笔记小说”创作，这样的课后作业遵循古代小说发展的历程，采取循序渐进的方式，使学生掌握文言小说的艺术技巧，加深对中国小说史演进历程的理解，也能通过创作提升阅读和研究的水平。

案例 3

一、教学内容

本案例选取中国古代小说研究第十二讲“江湖艺人与《三国演义》《水浒传》《西游记》”。主要内容是《三国演义》《水浒传》《西游记》的成书过程，以及这三部小说的思想内容与游民文化的关系。通过教学，使学生了解《三国演义》《水浒传》《西游记》等长篇白话小说的成书与讲唱艺人的关系，掌握分析此三部小说的理论工具。

二、育人元素

从游民文化角度探讨和研究明清时期的白话小说，是近几十年来《三国演义》《水浒传》《西游记》等小说研究的热点问题，是比较前沿的学术研究方法。这有助于学生全面认识和正确分析此类小说的思想价值，用批判性的眼光汲取小说的思想文化营养。因此，本课程的育人目标是使学生了解“游民文化”的概念和研究成果，掌握从游民文化视角开展小说研究和批评的理论工具，并建立起游民文化批评的研究视角，开展相关研究工作。另外，《三国演义》等小说所展现出的平等意识、英雄侠义、忠肝义胆、家国情怀等思想内涵，也是重要的育人元素。

三、教学案例

中国古代小说发展到唐代的变文，标志着讲唱文学的成熟，但这个时期江湖艺人群体尚未出现。直到元明以后，江湖艺人成为小说和戏曲创作的主力军，这一群体的身份特征、心理特点、思想意识不可避免地融入白话通俗小说的创作中。从江湖讲唱艺人群体出发进行白话小说研究，是理解这类小说风貌的绝好路径，其因此受到学界的关注，研究成果比较突出。

（一）课前

明清白话小说一般是章回体，篇幅长，阅读量大。本课程课前需要大量的阅读工作，包括对《三国演义》《水浒传》《西游记》的阅读，也包括对王学泰《游民文化与中国社会》的阅读，更有拓展阅读鲁迅小说《阿Q正传》的必要。因此，在本门课程开课之初即布置了相关阅读任务，使学生在阅读过程中线上线下随时开展研讨和交流。

（二）课中

课堂学习包括三部分内容。第一部分是宋元前古代讲唱文学的传统。这部分通过教师讲授的形式完成，形成快速梳理，主要包括先秦两汉的宫廷俳优、汉代说唱文学和说唱俑、隋唐百戏、宋元的讲唱艺人等。

第二部分是宋元到明中叶游民群体的形成。此部分颇为重要，尤其是如何引导学生打破对传统的古代社会士农工商“四民”社会分层理论的认识，在其知识体系中构建起“第五民”即游民的概念，并且非常清晰地认识和分辨何谓“游民”，掌握“游民群体”的特征。因此本部分教学采取探究式学习方式，引导学生逐渐形成相关知识体系。教师从张择端《清明上河图》、陆游《老学庵笔记》、程颢给宋神宗的《论十事》等资料出发，引导学生关注所谓的宋代“游手”“闲人”“常卖”等群体，使其形成对游民群体的初步认识。再以小组讨论的形式，引导学生开展对《三国演义》《水浒传》等小说中描写的刘备、关羽、张飞、李逵、宋江、卢俊义、张青、王英、孙二娘等人的形象、心理意识和行为特征的详细分析与思考，引出“游民心理”和“游民文化”的概念，总结游民群体的特征和群体意识。在这部分的教学中，尤其注意思政元素的融入，教会学生在辨析此类小说展现出的平等意识、英雄侠义、忠肝义胆、家国情怀等思政元素的同时，关注小说对普通民众即“平民”生命财产持有的态度，引导学生采取批判继承的态度研究和阅读此类小说，形成正确的人生观和价值观。

第三部分是小说研究实例分析，此处选择授课教师的研究成果，即关于《聊斋志异·罗祖》中人物形象的原型分析，探讨其中蕴含的游民文化特征，以此为学生开展从游民文化角度研究古代小说提供了实例和相关研究方法，真正实现“小说研究”的课程教学目标。

（三）课后

学生针对自己感兴趣的小说，运用游民文化理论撰写读书报告；或者就游民文化研究论著进行阅读，撰写报告。

四、教学方法

本节课主要采取启发引导的学习方式。课前布置大量阅读任务，在钉钉群和线下开展充分的学习心得交流活动。课堂上采取分组讨论、代表总结、教师提升的形式，提高学习效果。课后布置读书报告一篇，教师在钉钉群进行反馈。

五、教学总结

本节课采取的是全新视角和理论，不同于传统教科书的书写，打破了学生对《三国演义》等小说的固有认识，引起了他们浓厚的学习兴趣，取得了良好的教学效果。教学实践也证明，建立在学术研究基础上的课程教学，最能吸引学生，不仅其课堂、课后学习成果更加显著，而且对其学年论文和毕业论文的选题也有一定的正面影响。因此，教师在教学中需要持续探索学术研究成果的教学转化问题，实现科研教学一体化，这也是提高本科生教育水平的关键所在。

◎ 课程思政特色与创新

（1）建构“阅读—创作—研究”的三段式课程模式，将文本阅读分析、小说创作和小说研究融为一体。

（2）通过小组研讨、自由讨论、课堂讲授等形式的翻转课堂，激发学生学习的自主性和积极性。

（3）充分利用“小说教”的优势，吸收和转化传统美德，融入思政元素，达到课程育人的目的。

12 美国文学

周敏

课程名称：美国文学

学　　院：外国语学院

专　　业：英语

学　　分：2

学　　时：32

课程性质：专业选修课

◎ 授课教师基本情况

周敏，教授，博士生导师，*Neohelicon* 期刊编委，*Explorations in Media Ecology* 期刊编委，《英美文学研究论丛》副主编，主持国家社科基金、教育部项目多项，在 *Telos* 和《文学评论》《外国文学评论》等国内外核心期刊发表学术论文 50 余篇，在国内外出版 *The Transcription of Identities: A Study of V. S. Naipaul's Postcolonial Writings*，以及《什么是后现代主义文学》《J. 希利斯·米勒文集》等学术专著、译著。

◎ 课程内容简介

美国文学是英语专业选修课，是为培养和检验学生对美国文学基本知识的理解、对美国文学原著的鉴赏能力而设置的。该课程要求学生通过学习，了解美国文学的大致发展脉络，熟悉美国各主要文学时期的历史背景和社会思潮，掌握各个时期的文学流派、代表作家及其代表作品，包括作家生平、作品梗概、主题思想、人物形象、艺术风格及其在文学史上的地位与影响，基本建立美国文学史框架；还要求学生具有阅读和欣赏文学作品的能力，学会分析文本，并具有进行简单文学评论的能力，从而增强学生对美国文化的了解，扩大学生知识面，提高学生的人文素养。

◎ 课程目标

一、思政目标

培养学生的 CCC：文化自信（cultural confidence，C）、跨文化意识（cross-cultural awareness，C）、人类命运共同体自觉(community of shared future for mankind instinct，C)。

二、知识目标

要求学生熟悉美国文学的发生发展历史，各个阶段的重要作家和重要作品，在此基础上，能够与世界文学和中国文学建立一种比较的自觉。

三、能力目标

训练学生基本的文学批评能力和跨文化思辨能力。

四、素养目标

帮助学生通过个人阅读和教师讲授，形成文化比较能力，深刻理解人类命运共同体的理念。

◎ 教学案例设计

案例 1

一、教学内容

爱默生的《美国学者》。

二、育人元素

《美国学者》被誉为“美国思想史上的独立宣言”，是爱默生 1837 年在哈佛大学的一篇演讲。文中指出，美利坚不仅在政治上取得独立，在文化上也要有崭新的面貌，塑造出美国的国民性。通过细读文本，促使学生进行跨文化思考：当代中国大学生的责任何在？如何确立我们的文化自信，培植我们的爱国情怀？

三、教学案例

1837年8月31日，爱默生对着哈佛学院全体荣誉毕业生发表了题为《美国学者》的演讲。这篇持续了一小时零一刻钟的演讲，尽管后来被霍姆斯誉为“我们思想史上的独立宣言”，其实在当时效果并不理想——他的友人梭罗（恰好是那一年的哈佛毕业生）甚至都记不起自己是否听了这场演讲。但若干年以后，爱默生的另一位朋友洛威尔却以这样诗化的语言颂扬了它的历史功绩：“清教徒的反抗使我们在教会上独立了，革命使我们在政治上独立了；但我们在社会思想上仍然受到英国思潮的牵制，直到爱默生割断这根巨缆，而让我们在碧海的险恶和荣耀间驰骋。”

…………

为了实现这样的目标，作为代表的美国学者，这些“思想着的人”（man thinking），就必须善于学习。而首要的对象，即在于向大自然学习，了解“大自然之于人类心灵的影响”，因为“大自然是人类心灵的对应物，它从各个方面印证心灵的问题”。针对伴随经济迅猛发展而出现的物欲横流、道德沦丧的社会现象，爱默生一针见血地指出：“对于那些因劳累过度或人情险恶而导致身心残破的人来说，大自然如同一剂良药，能使他们恢复健康。”很显然，爱默生坚信只有在大自然那种永恒的肃穆宁静之中，人才能见出自身的渺小，才能重新发现自己，找回自己。

…………

除了大自然，作为人类文明之火的传承者，爱默生也没有忽略人类文化遗产的作用。“第二条对于学者心灵具有重要意义的影响，”他说，“就是以往人类的思想。”无论其为文学、艺术或宪章、制度，而其中历史影响最大、最好的一种，无疑是书籍——这是“人类进步的阶梯”。“书籍的本意是崇高的”，照爱默生的说法，“因为世界进入他心灵时是生活，出来时却成了真理”。因此，作为真理载体的书籍自然是崇高而值得敬畏的。事实上，不仅是真理，人们从人类最优秀的文化遗产——最优秀的书籍——如英国大诗人乔叟、马伏尔、德莱顿等人的诗作中，获得的那种相互理解与阅读的愉悦也是无与伦比的。[①]

论及爱默生对美国国民性的影响，评论家们普遍认为，即使在他逝世200余年之后，美国人的思考方式仍是爱默生式的。与19世纪大多数思想家不同，爱默生的学说构成了一个自给自足的内在宇宙——他毕生的信念，就是相信个人的无限潜能——世界上还有什么比成为一个更卓越的人更为崇高的使命呢？人为何要屈从或依附于外在的价值呢？他的回答是："人不是在自然里，而是在自身中看到一切都是美好而有价值的。"总之，获得"自立"精神、享有精神自由的人，才会有人格尊严，才真正具有人的价值。当今之世，包括中国在内的各国文化都面临全球化的挑战。如何应对外来文化的强烈冲击，并保持和发扬本土文化的生命力，是当下中国学者面对的问题。爱默生的《美国学者》及其"自立"学说，恰好可以增强我们的文化自信。

四、教学方法

本节课采用线上线下相结合的教学方式。课前在线上给学生布置了相关阅读材料，引导学生提出交流问题，激活学生对本单元思政要点的感知。课堂上采取学生讲解、小组讨论、教师总结的教学方式，教师进一步提出问题供学生课后思考。

五、教学总结

通过对《美国学者》的学习，学生们不仅了解了美国的文化与文学，更在跨文化对比与思考中培养了作为中国年轻大学生的使命感和责任意识。

案例2

一、教学内容

亨利·詹姆斯的《黛西·米勒》。

二、育人元素

通过探讨小说中导致女主人公丧生的"罗马热"，在疾病叙事的基础之上，引导学生联系近年的新冠疫情，树立全球意识，养成人类命运共同体自觉。

---

① 钱满素主编：《自由的刻度：缔造美国文明的40篇经典文献》，东方出版社2016年版，第215-217页。

三、教学案例

《黛西·米勒》是美国作家亨利·詹姆斯最通俗也最受大众欢迎的作品。它写作于1878年，一开始是在杂志上连载，1879年以书籍形式出版。19世纪70年代，随着美国内战的结束和工业大发展，铁路大亨、矿业大亨、投机商、冒险家……一夜之间更多的美国富豪诞生了。尽管美国的富裕阶层仍然孜孜不倦地向往欧洲，但去往欧洲的目的却悄然改变。欧洲之旅不再只是追求高尚文化的精神之旅，它更多地成了一种享乐方式。更通俗地说，欧洲旅行从一种上流社会特有的时尚，变成了一种新贵们时髦的花钱方式。一时间，美国丽人们穿着引人注目的华贵服饰，住着昂贵的高档饭店，带着惊人的财富和自信进军欧洲上流社交圈。新贵们不仅冲击着欧洲人，给他们带来戏剧性的惊悚和惊喜，也冲击着旅居欧洲的美国人群体。漂亮姑娘黛西·米勒作为美国新贵的代表，在欧洲旅行中遇到了各色美国人。她的单纯、开放与自然，受到了美国同胞严苛的指控，男主人公温特伯恩也在黛西究竟是单纯还是放荡之间费解不已。最后黛西·米勒戏剧性地死于罗马热病——一种被认为与古罗马的瘴气有关的传染疾病。(实际上可能是借由蚊虫叮咬而传播的疟疾，英语中“malaria”一词源自中世纪意大利文“mala aria”，意为瘴气，因疟疾多发于沼泽而命名。)这里与其说是传染病的威胁，不如说是一种异乡人的身份焦虑。令沃克夫人紧张的是黛西·米勒的缺乏教养所引起的连锁反应。她的不谨慎，会让美国人在欧洲传统面前显得可疑而庸俗，会让旅欧的美国人遭遇集体的身份危机。黛西像是一个疑似感染者，她轻率地突破阶层的界限，接触了下层社会粗鲁的病毒，如果不及时加以隔离和放逐，她便会危害到整个美国上流社会的健康。50多年后，古罗马斗兽场中的罗马热病在伊迪丝·华顿的作品中有了一个更为阴郁的指涉。一个女子为了争夺夫婿，设下陷阱，她用一封冒名的情书让情敌前往古罗马斗兽场幽会，意图让情敌暴露在危险的空气中感染罗马热病而死。与黛西·米勒事件一样，斗兽场的瘴气从不会放过任何有道德瑕疵的女性。但与一意孤行的米勒小姐不同，这位鲁莽的女子感染罗马热病后痛定思痛，抛弃前尘，抓住最后一次婚姻的机会，重新回归上流社会。她大病一场，但死里逃生。

从黛西·米勒同胞的角度来看，黛西·米勒或许死于鲁莽，死于行为失检和道德瑕疵；但我们也可以说，黛西·米勒死于急于撇清的美国同胞们的诅咒和谋杀。

四、教学方法

本次教学采用启发思考法，引导学生关注引起女主人公死因的疾病，从而引入当下全球卫生状况，结合国际社会的疫情话语，使学生认识到看似科学的医学话语背后的政治文化内涵。

五、教学总结

《黛西·米勒》的女主人公死于一种传染性疾病“罗马热”，这一点在以往的研究中较少为研究者所关注。本次教学对小说中关于“罗马热”这种传染病的书写及其文化含义进行了批判性思考，引导学生联系近年的全球新冠疫情，树立全球意识，养成人类命运共同体自觉。

案例 3

一、教学内容

德里罗的《地下世界》。

二、育人元素

通过分析小说中的垃圾问题，使学生充分认识到事物之间的联系，进而形成人类命运共同体自觉。

三、教学案例

在某种程度上，人类的历史就是一部被垃圾问题困扰的历史。“从中世纪满是垃圾的护城河到今天满溢的垃圾填埋场，垃圾一直是并将继续是一个持久的问题。”垃圾不会自动消失，所以垃圾处理是人类生活的核心。垃圾与人类环境密不可分，是文明的反映、文化的表征，是我们生活中不可避免的组成部分，它反映了商品的沉浮和人类社会的兴衰。伊丽莎白·V.斯贝曼（Elizabeth V. Spelman）甚至认为：没有垃圾的生活是不值得研究的。

早在德里罗的第一部小说《美国志》中，他就借小说人物之口说垃圾能够成为一种理解人的方式：“垃圾比一个活人向你展示得更多。”在其后的许多作品中，德里罗均以不同的方式表现垃圾在现代社会的本体性存在，甚至将它们视为个人的“影子身份”（shadow identity）。在 1997 年的《地下世界》中，垃圾更成了小说的核心主题。

《地下世界》中的几乎每一个情节都以这样或那样的方式返回到“垃圾”。从球赛胜利时人们以抛撒随身携带的垃圾进行庆祝的方式，到柯拉腊以废弃的B-52飞机为材料的艺术工作，以及主人公尼克以垃圾分析为业，等等。用托尼·坦纳的话来说，“小说真正的主人公是‘垃圾’”。可以说，“从后冷战的视野出发，德里罗关注核废料甚于核战争。垃圾的增长，无论是辐射性垃圾，还是日用垃圾[……]，似乎比暴力更具威胁”。的确，一个消费社会事实上已经生产出太多的垃圾，我们再也不能够采取“眼不见、心不烦”的策略把它们掩埋了事。垃圾处理已经成为有关社会文明进程的重大问题。在小说主人公尼克看来，垃圾已成为神圣之物，具有超验的性质：“我们怀着敬畏和恐惧埋葬被污染的垃圾。应该尊重我们所抛弃的。”在《地下世界》中，德里罗赋予了垃圾以人类学的重要作用，从小说所记录的美国20世纪50年代到90年代的历史中，德里罗向我们显明，军备技术的竞赛现在已经转化为垃圾处理技术的竞赛。冷战结束以后，技术创新的核心已经不再致力于武器的竞争；相反，竞争的核心现在转向了垃圾处理的技术。这或许是作者在危言耸听，但当代消费社会所制造的垃圾的确已经成为我们不容忽视的现象。当然，《地下世界》并未仅仅关注于垃圾处理的技术，相反，其重点在于向读者展示我们如何通过一个文化处理垃圾的方式来对它进行观察和解读。正如小说中维克多所言：“垃圾是秘密的历史，是地下的历史，考古学家正是通过发掘早期文化的残余来发掘历史。”小说主人公尼克的职业就是垃圾分析师，在他的眼里，“垃圾有着庄严的意味，是一种不可触摸之物”，而且，一切物质的终极目的就是成为垃圾，当尼克和他的妻子玛瑞安面对摆在货架上的尚未出售的商品时，他们想到的是：“它们将变成什么样的垃圾？安全，清洁，整齐，容易处理吗？……它们如何作为垃圾被衡量？”垃圾不复是生产过程的衍生物，是当废弃之物，相反，它已经进入了生产和消费的循环。垃圾必须被重新赋予价值，成为商品生产和消费链条的有机一环。这是资本主义内在逻辑的要求，而德里罗显然要让垃圾成为垃圾自身，从而实现对资本主义消费逻辑的反思和批判。①

四、教学方法

本次教学结合我国当下的生态文明建设大计，引导学生思考小说文本中垃圾处

① 周敏：《德里罗〈地下世界〉的“垃圾美学”》，载虞建华、金惠敏主编：《文化研究新议程：财产、审美化与全球化》，上海外语教育出版社2014年版，第156-158页。

理的方式，使学生充分认识到人与自然之间、人与人之间的相互关联和依存关系，牢固树立人类命运共同体自觉。

五、教学总结

在启发和讨论中，学生不仅认识到文学作品的审美和艺术特征，更充分认识到在气候变化的大背景下，我国当下生态文明建设的必要性。

◎ 课程思政特色与创新

本课程贯穿CGP：批判性思考（critical thinking，C）、全球意识（global awareness，C）和爱国主义情怀（patriotrism，C）。

本课程提出了具有鲜明时代特色和中国视角的美国文学教育目标，即培养学生的文化自信、跨文化意识和人类命运共同体自觉。

13 综合英语 I、II

俞霞君

课程名称：综合英语Ⅰ、Ⅱ

学　　院：外国语学院

专　　业：英语

学　　分：4

学　　时：64

课程性质：专业核心课

◎ 授课教师基本情况

俞霞君，副教授，硕士生导师。一直承担英语专业课程教学，任教综合英语课程 10 多年，连续 10 年校教学考核优秀。主持并完成浙江省教改项目 2 项，获得“外教社杯”全国高校外语教学大赛微课比赛二等奖；被评为全国教育硕士优秀指导教师，获杭州师范大学教学十佳等荣誉。发表教改论文数篇。

◎ 课程内容简介

综合英语Ⅰ、Ⅱ是英语专业大一的专业必修课，也是反映学生专业水平的核心语言技能课。教材采用单元编写法，每个单元涉及一个话题，教学通常为 8 ～ 9 课时。

综合英语Ⅰ于 2019 年自建了慕课课程，用于 SPOC（小规模限制性在线课程）教学，充分实现了线上与线下学习的结合。

◎ 课程目标

一、思政目标

（1）以未来高素质教师的要求，培养学生“勤学苦练”的品质。

（2）以单元话题学习，引导学生关心身边人、身边事，培养学生“社会责任”的担当。

（3）以中外文化知识学习，尤其是中国事例的呈现与对比探讨，培养学生“家国情怀”的自信与底气。

二、知识目标

要求学生掌握语言要素知识和语篇知识，夯实语言知识面。

三、能力目标

要求学生娴熟掌握语言技能，形成学科思辨能力。

四、素养目标

帮助学生通过个人体验，形成乐观积极的学科态度。

◎ 教学案例设计

案例 1

一、教学内容

“Five Traits of the Educated Man”（受教育者的五个品质）。本单元是一位美国校长在20世纪30年代写下的受教育者应该具有的五个品质。文本为说明文，以归纳法阐释了受教育者应该自我培养的重要品质。

二、育人元素

该主题观点具有一定的共性，对每位接受高等教育者普遍适用，因此单元的核心思政要点落在“当代大学生应该具有什么样的品质”这一问题上，将个人品质与时代发展联系起来。

三、教学案例

在话题导入环节，与学生交流线上提前设置的话题“文中提到的五个品质中，你认为最难培养的是哪个？”，以统计学生回复的方式呈现结果：反思能力与效率。课堂讨论为什么是这两个能力。

学生口头表述：

“我们与人争论时，往往会把错误归咎于别人，很少会先从自身找错误。”

“反思能力太难培养了。”

“现代人拖延症严重，效率太低。”

“现代人任务太多，有些效率管理办法在自己身上达不到效果。”

教师在此基础上引导学生思考：什么是反思能力？怎么理解实干效率？

教师随后引入自己准备的素材：中国大学校长的毕业演讲（commencement speech）。毕业演讲既是大学的最后一课，又是每位大学毕业生迈向社会的第一课。它不仅是各所大学内在精神的表达，也是学生对自己在大学期间所学习的知识、培养的能力和塑造的品格的反思。2017 年，中国教育报记者对 96 所中国大学校长毕业演讲内容关键词进行提炼分析，发现出现最多的前五个关键词为：梦想（56 次）、胸怀（51 次）、自强（45 次）、担当（34 次）、超越（34 次）。教师提问：如何看待中国大学校长提到的这五个品质？个人品质的培养与社会环境如何相关？再次引发大一学生对四年大学学习培养品质的思考，引出第二层次的问题思考：大学四年中，你想培养怎样的品质？

在进行文本结构分析时，通过主题句找寻概括出美国校长提到的五个品质：准确使用母语、优雅的行为举止、反思力与反思习惯、成长力、效率。此时引入中国儒家经典《大学》中提出的“知止而后有定，定而后能静，静而后能安，安而后能虑，虑而后能得”。请学生给出准确的现代文解读并考虑对应的英语译文。

“知道目标所在才能意志坚定，意志坚定才能心不妄动，心不妄动才能所处而安，所处而安才能处事考虑，处事考虑才能实现目标。”比较解读后，圈出儒学经典中提到的五个重要品质的关键词——“定”“静”“安”“虑”“得”，引导学生进行第三层次的思考。对比来自三个层面，即中国儒学经典、中国当代大学校长、美国大学校长提到的关键词，是否存在异同？如何理解？如果让你作为当代大学生补充一个关键词，你会提出哪个品质？

四、教学方法

本次教学采用线上线下相结合的方式，单元思政点教学的组织流程为“初探—深入—产出”的环形设计。

（1）初探：课前提出交流问题，学生通过教学平台学习资料及讨论问题的参与，激活了对本单元思政要点的感知。

（2）深入：课中通过层级活动，运用文化对比和中国事例，引导学生思考；并通过边讲边练、小组讨论，完成语言知识的学习和语言能力的训练。

（3）产出：课后继续线上学习话题的延伸内容；并以小组项目任务生成单元思政的理解产出，锻炼学生语言输出的能力。学生以辩论的形式探讨：奉献是不是一个必要品质？

五、教学总结

本次教学在选材与时代性上都紧密联系学生，贴近学生的学习者身份；各层级问题都从学生出发，并最终落实到学生对自身的认可，学生不仅接受度高，而且能深刻反思。以语言产出为导向的活动设计，锻炼了学生的口头表达和书面呈现的语言技能。

案例 2

一、教学内容

“Focus on Global Warming”（聚焦全球变暖）。本单元是一篇科普性的说明文，探讨气候问题如何越来越引起人们的关注，同时分析了全球变暖的成因及其影响后果，最后提出人类应该积极行动以应对气候变化问题。

二、育人元素

在面对人类共同问题时，没有一个国家能够全身而退或袖手旁观。大国更应有大国的担当。

三、教学案例

本单元探讨全球气候变暖问题，这不再是个别国家或者地区的问题，而是一个在构建人类命运共同体的道路上，所有国家都应该有所担当与行动的问题。话题需要有专门词汇与概念的基础，学生的学习兴趣点会受到一定的限制。

话题导入以美国退出和再次加入巴黎协定为案例呈现。美国于2020年退出巴黎协定，2021年3月再次加入。巴黎协定为什么重要？以此引导学生了解背景知识。这是全世界近200个国家与地区共同签订的减缓、适应和筹资应对气候变化的协定，是目前为止包含最多国家和地区且承诺共同行动的协定。而后引导学生思考为什么该问题越来越引起人类的担忧。教师抛出几条新闻标题，并请学生对课前收集的关于近期气候变化引起的连锁问题进行口头表述。

"气候变化造成日本樱花提前开了。"

"气候变化造成北京植物园桃树花期的变化并进而影响了季节性旅游。"

"联合国网站上写道，尽管温室气体排放有所减少，但2020年后受疫情影响，温室气体排放达到了一个历史高点。"

"气候问题是一个很复杂的问题，最重要的是我们应该具有一个全面性视野。"

口头表述后，教师因势利导地提出："那我们该如何看待美国退出又加入巴黎协定的行为呢？"

学生说道：

"这是因为两位总统属于不同的政党，他们各自对气候变化的立场不同。"

"历史研究表明，气候变化一直在发生，这并不是当下才发生的事，但工业革命后确实严重了。作为既得利益者的美国，这样做是不负责任的。"

"我认为这就是一种不太负责的表现。"

教师在听完学生发言后，首先肯定了部分学生对这个话题的理解，同时引导学生思考：当气候问题已经成为一个长期的全球共同问题时，我们是否应该在更大层面上看待一个国家的行为？任何国家都不能成为短视者，成为不担负道义职责的国家。所有国家应该作出自己的贡献，共同解决问题，努力构建人类命运共同体。

之后引导学生通过视频资料进行听力理解，学习话题相关词汇与概念，以及此类说明文的框架结构，而后进行课文文本内容的学习。在文本学习中提出了"绿水青山就是金山银山"的翻译及对此的理解。而后引导学生收集资料，说明中国在加入《巴黎协定》后做出的各项行动。

四、教学方法

本次教学采用案例导入法，开门见山点出：当我们面临一个全世界的共同问题时，需要以怎样的眼界去看待它？

说明文教学要让学生学会找寻良好的事实数据，有力地服务观点。教学中运用了学生找寻的事例、提供专家示例等形式加强学生对文体学习的感悟。语言与内容相互促进。

最后要求学生对比中国和其他国家在气候变化中做出的努力，以课题报告的形式呈现，使学生更加清楚中国作为大国的国际担当。

五、教学总结

本单元话题主题明确，因此将思政元素放在了大德意识上，通过对比两个大国在同一问题上的不同做法，使学生对中国在国际舞台上的大国担当产生自豪感与敬意。课题写作锻炼了学生的语言运用能力。

案例 3

一、教学内容

“Cultural Encounters”（文化相遇）。本单元是一篇跨文化交际主题的议论文，探讨在文化交往中，语言作为桥梁所起的作用。同时提出今后真正走在时代前端的人，是那些能够理解不同语言的言内之意、言下之意和言外之意的人。

二、育人元素

培养学生掌握过硬的语言能力，使学生自信地成为不同文化的准确传递者。单元思政要点设定为专业认同。

三、教学案例

该单元教学内容非常贴近英语专业学生的专业学习目标：培养跨文化交际能力。因此，教学导入时开门见山地进行文化与文化冲突的定义，并引出问题：“在跨文化交流中，什么样的人能真正起到文化桥梁作用？”随后展示案例：2021 年 3 月中美战略对话中，中美译员如何在专业技能的展示中减少或引起两国间的误解。案例中直接给出了美方译员对美国外交官布林肯的一段话进行翻译时因与原文偏差而可能引起的问题。

It helps countries resolve differences peacefully, coordinate multilateral efforts effectively, and participate in global commerce with the assurance that everyone is following the same rule.

美方译员的翻译是:

因为我们要争取和平，希望能通过多变的这个办法，来解决问题，那么我认为，这个世界也是非常同意这样的一种做法，要捍卫我们所从事的，以及现在所有的这些规则。

对此翻译，请同学以小组为单位，一起讨论翻译中的不妥之处。认真比较后可以发现“commerce”一词意思是“生意、贸易”，而美方译员完全没有翻译出来，却把“peacefully”这个词翻译成了“争取和平”。布林肯只是在谈论贸易问题，而翻译给人的感觉却好像是对“战争与和平”的探讨。此外，译文中还出现了“这个世界也是非常同意这样的一种做法”这一表述。从语用的角度，这让听者感到美国的做法很是遵循规则办事。事实上，在全球贸易中，美国近年来的贸易保护主义、单边主义政策，早已令世界各国心生不满。而相反，中国一直是全球贸易秩序的坚定捍卫者。

中方译员张京，对杨洁篪委员十多分钟的即兴演讲进行口译，充分体现了译员的语言组织能力、翻译精准度和速记能力，出色地完成了口译，获得了一致的好评。路透社新闻标题用“Quips on Translators Offer Brief Moment of Levity in China-U.S. Talks”来形容拜登任职以来，两国高层外交官的首次面对面会谈。

之后请每个小组讨论出本小组的译文，感受语言用词的严谨性与准确性。同时，引导学生思考，在课堂相对轻松的环境中翻译与在国与国之间高层会谈的会场翻译的心境差别。做一个文化的使者是对自身语言能力与个人素质的综合要求，语言学习者要始终心怀信念，坚持不懈地锻炼与提高自己，使语言成为交流的桥梁。

四、教学方法

本单元的思政要点在于用中英文翻译对比，突出文本主题的意义。课堂中教师精讲两个语言例子，引导学生感受两种语言交流过程中可能产生的偏差。课后教师为学生提供本次对话中中方译员张京对杨洁篪委员的现场译文，布置从英文翻译回中文的任务，给学生一次真实的翻译体验。

五、教学总结

英语专业学习者的跨文化能力是专业能力培养的重要组成部分，而双语翻译对语言使用者要求很高。此次选取的翻译案例，不仅使学生对语言学习有深刻感受，同时也对中国外交人员在国际舞台上的据理力争行为产生了崇高的敬意。教学达到了语言内容与思想的一体性。

◎ 课程思政特色与创新

针对本课程教材的单元编写法，课程思政的教学采用“一个核心思政点、一个文化对比视角、一个学习生成成果”的模式。

一、主要特色

（1）思政元素始终扎根于课程教学并融入每单元主题内容的学习中。师生相互促进，不断丰富思政实例，从而共同感受语言学习中的真善美。

（2）课程教学通过问题导向、层级探索，注重语言产出与语言实践，提高学生学以致用的获得感和语言使用的责任感。

（3）教学中充分兼顾语言工具性和人文性的双重要求，形成了课程建设的新方向。

二、创新点

（1）线上线下教学融为一体，实现了课程思政在课内课外的延续。学生在自主学习的过程中不断地获得思政要点的激活与深入，课堂教学新案例的使用与探讨强化了学生对思政点的感受，并最终通过语言的教学产出达到课程思政的内化实现。

（2）从课程思政的教学效果来看，单元学习后课题报告的撰写不仅锻炼了学生的语言表达，更培养了学生的社会意识和个人思考，激发了学生申请课题的积极性。

（3）教学模式实现了语言、内容、思维的“三位一体”教学融合，提升了学生语言运用的深度与广度。课内学习注重话题引领、文本解读与思辨对话；课外实践鼓励并指导学生参与语言技能和语言服务类活动，实现语言的综合运用。

14 综合日语

彭佳

课程名称：综合日语

学　　院：外国语学院

专　　业：日语

学　　分：28

学　　时：448

课程性质：专业核心课

◎ 授课教师基本情况

彭佳，副教授，日语系副主任。获评杭州师范大学教学十佳，杭州市教育局系统优秀教师。长期从事日语专业课教学，主要教学课程有综合日语、日语阅读、日语教育学概论、二语习得等。研究方向为日语教育学、日语语言学。

◎ 课程内容简介

综合日语是日语专业的核心基础课程，在大一、大二四个学期连续开设，以线下课堂教学为主，辅之以在线慕课课程。本课程着重帮助学生打好日语语言基础，培养语言实际运用能力，丰富异文化知识，提高跨文化理解能力，是实现日语专业培养目标的最基本课程。

◎ 课程目标

一、思政目标

培养学生家国情怀、社会责任感、自我实现力。

二、知识目标

帮助学生巩固知识、转化技能、综合应用。

三、能力目标

培养学生观察能力、思维能力、表达能力。

四、素养目标

端正学生学习态度、求知动机、学科认知。

五、总体育人目标

（1）培养具有扎实专业技能的乐于学习、善于学习的人。

（2）培养具有批判精神、创造性思维、审美素养的人。

（3）培养具有深厚传统文化底蕴、开阔国际视野的人。

◎ 教学案例设计

案例 1

一、教学内容

综合日语 1 第一课“日本的文字”。

二、育人元素

使学生进一步了解中国汉字对日本文化的影响，促进学生文化自觉的复苏和文化自信的建立。

三、教学案例

日本古代没有自己的文字。公元 285 年，汉字、汉籍从朝鲜传到了日本，结束了日本无文字的历史。在以后的五百年中，汉字成了日本的通用文字。随着汉字在日本的普及，日本开始用汉字来注日语的音，经过一系列简化形成了注音符号——片假名。后又创造了平假名，从而形成了日语片假名和平假名两大系统。

平假名是日文两种假名中的主要形式，用于日常书写和印刷。其制字方式主要是借用汉字的草体并加以简化，属于汉字变体字的一种类型。如：

日文：　あ い う か け さ た に ぬ の ま み め も り る

字源汉字：安 以 宇 加 计 左 太 仁 奴 乃 末 美 女 毛 利 留

片假名主要用于书写外来语、象声词及其他一些特殊词汇。其制字特征是省略汉字的笔画或偏旁，保留原字的一部分，属于一种很典型的汉字省略字（也有少数片假名由行、草体汉字简化而成，属汉字变体字）。如：

ア取行书“阿”的左边偏旁　　イ取“伊”的左边偏旁

カ取“加”的左边偏旁　　タ取“多”的上半偏旁

ソ取“曾”的前两画　　ホ取“保”的最后四画

モ取“毛”字省略　　リ取“利”的右边偏旁

这两套系统都是从汉字脱胎而成，标志着在公元8—9世纪日本已有了自己本民族的文字。日本文字的产生和汉字在日本的传播有着直接的关系。

那么，中国的汉字文化除了对日本文字的影响，对日本的文化有些什么影响呢？学生展开了激烈的讨论。

讨论1：汉字是联系日本文化的桥梁

日本人非常善于学习外国文化。面对博大精深的中华文化，从魏晋南北朝开始，日本就不断从中国取经，他们通过多种渠道输入儒学，请专家讲授中国文化；他们派遣隋使到中国，实地考察研究中国文化；中国的文学、艺术、绘画、建筑、医学、科技、生活习俗等都涌进了日本；中国式的佛教文化也在日本植根。日本以此为基础发展了他们的民族文化。

讨论2：汉字与日本文明紧密相联

就当时的日本来说，不直接用汉字是无法在那么短的时间内吸收运用中国的政治制度、儒家思想和生产技术的。日本的文字、艺术和许多传统的价值观念都来源于中国。汉字是中华文明的载体，汉字本身就代表着中华文明，当时日本引进汉字就是为了引进中华文明。

四、教学方法

（1）直观教学法（深化认知）：在“日本文字介绍”环节中，温故知新，唤起学生的文化自觉。

（2）分组讨论教学法（意见共享）：在“中国汉字对日本文化的影响”讨论环节中，引导学生乐学善学，勤于反思。

五、教学总结

今天，我们在面对日本文字时，总有似曾相识的感觉。虽然日本文字已经稳固成熟，但是其发展与汉字有着不可剥离的渊源，可以说汉字贯穿着日本的历史文化，同时也是这种传承发展的渊源，汉字在日语中的地位不可替代，汉字成为日本语言文字和文化中不可割舍的一部分。正如日本近代汉学家内藤湖南所说，“日本文化是豆浆，中国文化就是使它凝成豆腐的卤水”，日本文化与中国文化有着千丝万缕的关系，汉字也成为中日交流的重要媒介。

案例 2

一、教学内容

综合日语 2 第一课“春節”。

本课的知识点是“春節の習慣（春节的习俗）”。通过欣赏春联、介绍民俗习惯、分享地方小吃等多种教学活动，使学生进一步了解传统节日文化、传承传统节日习俗，学会用日语讲好中国节日故事。

二、育人元素

弘扬中国传统节日文化，激发学生的文化自信心、民族自豪感和爱国情怀。

三、教学案例

中国传统节日文化是中华民族共同创造、共同享有的民族性文化，它不仅体现出中华民族深厚的文化底蕴，更体现了中华民族的精神世界。民族精神是一个民族生命力、创造力和凝聚力的集中体现，是一个民族赖以生存和共同发展的灵魂。党的十六大报告中，对中华民族精神的内涵做出了科学概括，提出了“以爱国主义为核心的团结统一、爱好和平、勤劳勇敢、自强不息”的中华民族精神，中国传统节日不仅具有广泛、持久的影响力，而且促进了民族文化的交流和融合，增强了中华民族的凝聚力和向心力。

（一）**课前**

要求学生准备好图文并茂的PPT和500字左右的文字稿，用日语介绍“中国的春节”或“我的春节”（比如贴春联、春晚、守岁、祭祖、拜年、包饺子、元宵灯会等等）。做到能用日语简单地讲述中国故事和身边故事，坚持日语口语天天练。

（二）**课中**

课堂上以练代讲，鼓励学生一边演示PPT，一边用日语充分展示课前的准备内容，介绍中国的春节、家乡的春节、“我”的春节。台下的学生可以从语音语调、用词、图片与文字的结合度、表现形式等方面进行评价和交流。做到生讲生评。

春节，俗称“过年”。学生在演讲与互动中再次感受到我们国家这一最盛大、最热闹的古老传统节日厚重的历史积淀。春节，是亿万中国人情感的聚合，是阖家团聚的节日，离家的孩子不远千里回到父母家里，家人聚在一起守岁、放鞭炮、吃饺子……回家，不仅仅是一次亲情的聚会、彼此礼物的馈赠，更重要的是一次精神的洗礼，这对社会和谐与稳定有着极为重要的作用。

学生以“我的春节”为主题的演讲也是别开生面。有介绍家乡特产的，有介绍走亲访友领红包的。其中有学生介绍了春节孝敬父母，照着菜谱用心为家人做菜，为妈妈染发的故事。这一话题立刻引起了同学们“勤劳、力行、尽孝”的共鸣。教室里响起阵阵热烈的掌声。

最后，教师进行点评和必要的补充。同时，借此机会通过“学习、对话、实践与反思”的模式，将育人要求和价值观教育内容融入教师的话语体系中，强化了教师作为学生领路人的影响力，促进了知识与技能、过程与方法、情感态度价值观的三维统一。

（三）**课后**

课后拓展是邀请留学生同学参加主题班会，分享家乡美食，介绍中国春节，共享新春活动。中日同学还一起剪窗花，包饺子，全程用日语进行交流，进一步实现用日语讲好中国传统文化节日的教学目标。

四、教学方法

本课采用的教学方式为“翻转课堂”形式，即以练代讲，生讲生评，生讲师评。

具体的教学组织实施是：课前布置任务—课中以学生为主—课后邀请留学生朋友参加主题班会。

五、教学总结

中方学生努力地用不太熟练的日语表达着，努力地去理解留学生同学的日语并专心学习着，那模样真是认真又可爱。

也许他们做得还不够完美，介绍得还不够全面，但是，把中国的传统节日文化介绍给日本朋友时的心情，那份源自传统文化的自信、源自作为中华民族一员的自豪感和爱国情怀，是真诚感人的。

“春节”一课思政目标的教学效果已经清清楚楚地写在学生们一张张满足而自豪的笑脸上了。在中日文化交流、思想融合的外语教学课程中，充分挖掘思政元素，润物细无声地实现课程与思政教育的有机融合，一定会得到学生的响应和共鸣的。

案例 3

一、教学内容

综合日语 3 第五课“古都”。

二、育人元素

文化互信，人类命运共同体。

通过汉日语言表达的对比，引导学生对两国思维方式进行比较，拓展理解异文化时的视角。

三、教学案例

日本人的思维方式从其语言和文化中可见一斑，它具有鲜明的特色和个性，与中国人的思维方式存在着很大的差异性。随着 21 世纪社会经济的不断发展，中日两国的经济文化交流更加密切，中日思维方式的差异也处于不断变化的过程中。

日常教学中有意识地利用中日思维方式的差异对比，能更好地促进中日两国文化交流和语言学习的进程。本课把“对日本文化的理解”“文化素养和综合能力的提高”的理念融入教学中，采用跨文化比较教学法进行教学。

（一）第一课时：分组讨论指南类文章的特点及阅读、翻译时的注意事项

学生在上课前对这一课题进行先行研究的考察，收集中文版的、日文版的旅游指南、小册子，对照思考中文与日文旅游指南中的语言表现特点。课堂上以先行研究为据点，以收集的材料为例，把自己对阅读和翻译该类文本时的理解讲出来。

指南文实际上是另一种形式的广告文。广告语言不同于其他语言，它要求让人一看或者一听就能留下深刻印象。每个国家、每个民族的审美、文化、心理、社会发展都不一样。在旅游方面，各国、各民族的人们对旅游的期盼度、期待度、认识度也是不一样的。日本等发达国家的人们旅游经验丰富，他们中的大多数已经不再满足于出门看看自己没有看过的东西，而更多地追求在旅游的过程中涤荡心灵。然而我们的旅游指南中出现频次较多的表述往往是“某某景点是国家 ×××A 级景区”等。对这类文体的理解和翻译如果单纯采用一对一直译的方法，往往收不到预期的效果。

（二）第二课时：各组代表发表讨论结果，教师归纳总结

首先由各组代表总结发表该小组的讨论结果。经过认真预习、充分讨论，学生的发言已经比较成熟了。所以，课上教师所做的与其说是在讲翻译、讲理解、讲技巧，不如说是把文本理解和翻译与日本社会文化的关系理出来，并通过具体的事例进行分析整理。语言是人们心灵的反映，人都是生活在特定的社会文化环境之中的。只有充分理解和认识日本社会文化，抓住日本社会文化中最本质的东西，我们的理解和翻译才不会只停留在文字表面。在了解日本的同时，我们也会思考中国；读日语的同时，我们也会思考汉语的表现。

四、教学方法

跨文化比较教学法、研讨教学法（情感认同）。

五、教学总结

关于跨文化比较教学法的问卷调查结果见图 14-1 至图 14-3。

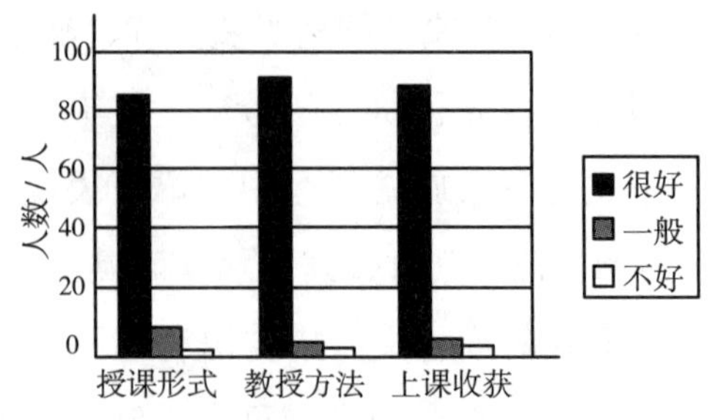

图 14-1　关于授课形式等问卷调查结果

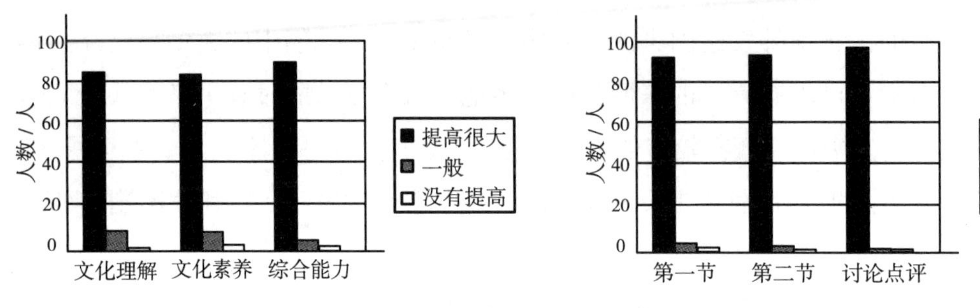

图 14-2　关于文化理解等问卷调查结果

图 14-3　关于课时安排等问卷调查结果

适当加强对中日思维方式差异的认识，把“对日本社会文化的理解”“文化素养和综合能力的提高”融入课程教学中的跨文化比较教学法受到了学生的欢迎和肯定。外语专业只学好外语的单纯教学目的已经不适应现代化社会的需要和学生的期望。我们的国家和社会需要有高文化素质的、有能力理解异文化并能顺畅地与异文化进行交流，以及具备从事教育研究和相应的经济活动、外事活动能力的全方位人才。

◎ 课程思政特色与创新

综合日语课程思政建设以“文化自觉、文化自信、文化互信、人类命运共同体”四个维度层层推进。学生只有有了文化自觉，才会有文化上的自信；有了文化层面的互信，才能充分理解对方文化，进而为将来构建人类命运共同体打下扎实基础。而这四个维度又将逐课导入，融入课程主题，以语言学习和表达为载体，在实践中触发共鸣，以线性方式层层展开，总体归纳为“四维度、三融合”（见图 14-4）。

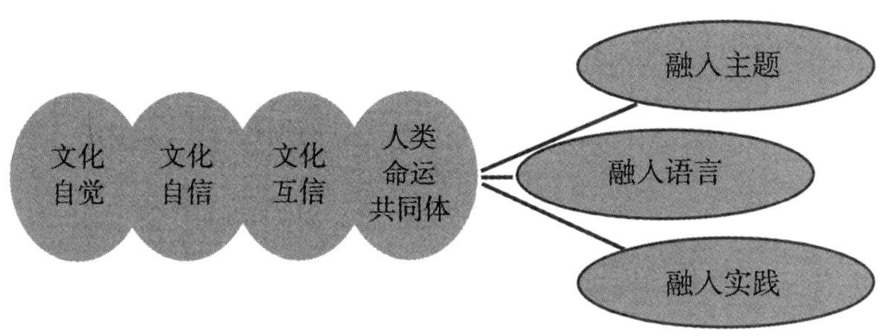

图 14-4 “四维度、三融合”

综合日语的课程思政教学将一直坚持在“立德树人”根本任务的指导下，实现价值塑造、知识传授和能力培养的有机统一，提高教学质量，提升育人成效，帮助学生形成正确的世界观、人生观、价值观，增强学生的社会使命感和主人翁意识。

15 数学分析 II

孙庆有

课程名称：数学分析 II

学　　院：数学学院

专　　业：数学与应用数学（师范）

学　　分：6

学　　时：96

课程性质：专业基础平台课

◎ 授课教师基本情况

孙庆有，博士，副教授，数学系副主任。研究方向为偏微分方程及其应用，发表学术论文和教研论文近 20 篇。主持浙江省青年科学基金 1 项、学校教改项目和课程建设项目 7 项。曾在香港城市大学、新加坡国立大学做访问学者，曾赴美国加州州立大学长滩分校研修高等教育管理。曾获杭州师范大学“教坛新秀”“十佳班主任”“‘三育人’先进个人”等荣誉称号。任教数学分析、高等数学、线性代数等课程。另获得各类教学比赛奖项 10 余项，其中省级一等奖 4 项。

◎ 课程内容简介

数学分析课程分三个阶段讲授，数学分析 II 是第二个阶段。

本课程是适用于数学与应用数学（师范）专业本科生的专业平台课程。主要学习：不定积分、定积分，级数论，包括数项级数、函数项级数、幂级数、广义积分和富里埃级数；多变量的微分学，包括多元函数的极限与连续。

本课程是数学相关专业的一门重要基础课。一方面，它是进一步学习微分方程、复变函数、实变函数、泛函分析、概率论、大学物理等后继课程的基础。另一方面，它又是深刻理解中学数学，指导中学数学教育及研究的必要基础，是驾驭中学数学教材所需的必备知识。

本课程为浙江省线上线下混合式一流课程、浙江省“互联网 + 教学”优秀案例、浙江省“互联网 + 教学”示范课堂和杭州师范大学最受学生欢迎课程等。

◎ 课程目标

一、思政目标

（1）使学生具有强烈的社会责任感与使命感；有大局观、全局观，具备奉献精神与沟通合作意识。

（2）使学生形成辩证唯物主义科学观，具有勤于钻研、勇于探索、敢于创新的科学精神。

（3）使学生热爱教育事业，具备良好的教师职业素养。

（4）要求学生践行社会主义核心价值观，坚持落实立德树人的根本任务，能成为中学生成长的引路人。

二、知识目标

（1）要求学生学好积分、级数论、广义积分、多元函数的极限与连续、偏导数与全微分等基础知识。

（2）要求学生深刻理解和掌握课程中的定义、定理、定律、性质、法则和公式。

（3）要求学生不仅记住以上概念、定理等的条件和结论，而且知道它的基本思想和意义，以及它与其他概念、定理等之间的联系和用途。

三、能力目标

（1）使学生掌握基本的分析问题和解决问题的能力，能够根据法则、公式正确地进行运算。

（2）培养学生的辩证唯物主义观点，获得较熟练的演算技能和初步应用的能力。

（3）为培养学生的独立分析与独立工作能力提供必要的训练，初步培养学生研究及应用的能力。

四、素养目标

帮助学生建立先进的数学教育理念，培养学生科学的人才观、教学观。

◎ 教学案例设计

案例 1

一、教学内容

§6.1 不定积分的概念及运算法则。主要内容：不定积分的定义、不定积分的计算（含微分方程建模）。

二、育人元素

辩证唯物主义科学观、文化自信、家国情怀、科学精神、创新意识、合作精神、社会责任感与使命感等。

三、教学案例

（一）不定积分的定义

由中小学的四则运算（加减互逆、乘除互逆）和函数、反函数（互逆），提到中国的阴阳学说，引出唯物辩证法的根本规律：对立统一规律。再结合一元函数微分学，引发学生思考是否存在微分运算的逆运算，从而引入原函数和不定积分的定义。

$s=s(t) \rightleftarrows s'(t)=v(t)$ 如何求？

定义：设 $f(x)$ 在区间 I 上有定义，若 $F'(x)=f(x), x\in I$,

则称 $F(x)$ 是 $f(x)$ 在区间 I 上的原函数.

理解定义：

（1）一个函数的原函数不是唯一的.

因为 $(F(x)+C)'=F'(x)=f(x), (C=\text{const})$.

即一个函数存在原函数，其原函数必有无限多个.

（2）$f(x)$ 的原函数的一般形式是 $F(x)+C$. 因若 $F'(x)=G'(x)=f(x)$，则

$$G(x)=F(x)+C.$$

（3）几何意义：曲线 $F(x)$ 上 $\forall$ 点 $(x,F(x))$ 的切线斜率等于 $f(x)$.

将 $F(x)$ 沿 y 轴平移所得到的曲线 $y=F(x)+C$ 都是 $f(x)$ 的原函数.

在推演过程中，强调数学思维的严谨性，通过师生问答，教导学生看待问题要全面，指出不定积分的结果是原函数族，而非一个函数。

定义：函数 $f(x)$ 的原函数的一般表达方式 $F(x)+C$，称为 $f(x)$ 的不定积分，记为

$$\int f(x)\mathrm{d}x,\ \int f(x)\mathrm{d}x=F(x)+C\quad (F'(x)=f(x)).$$

进一步由微分学和不定积分之间的关系，得到相应性质，再次感受唯物辩证法的对立统一规律。

$$\left(\int f(x)\mathrm{d}x\right)'=f(x)\quad \text{or}\quad \mathrm{d}\left(\int f(x)\mathrm{d}x\right)=f(x)\mathrm{d}x.$$

$$\int f'(x)\mathrm{d}x=f(x)+C\quad \text{or}\quad \int \mathrm{d}f(x)=f(x)+C.$$

由此得到基本积分公式表。

（二）微分方程建模

通过几道例题，引出不定积分非常重要的应用——解数学模型（其实就是求解微分方程）。

例 1　已知一曲线 $y=f(x)$ 在点 $(x,f(x))$ 处的切线斜率为 $\sec^2x+\sin x$，且此曲线与 y 轴的交点为 $(0,5)$，求此曲线的方程.

解：因为 $\dfrac{\mathrm{d}y}{\mathrm{d}x}=\sec^2x+\sin x$，所以 $y=\int(\sec^2x+\sin x)\mathrm{d}x=\tan x-\cos x+C$,

又因为 $y(0)=5$，所以 $C=6$，所求曲线方程为

$$y=\tan x-\cos x+6.$$

例 2　设曲线通过点 $(1,2)$，且其上任一点处的切线斜率等于该点横坐标的 2 倍，求此曲线的方程.

解：因为 $y'=2x$，所以 $y=\int 2x\,\mathrm{d}x=x^2+C$.

所求曲线过点 $(1,2)$，故有 $2=1^2+C$，则 $C=1$.

因此所求曲线为

$$y=x^2+1.$$

由此进行展开，介绍其在其他学科中的应用，如物理（波动方程、热传导方程、相对论等）、生物（生物种群模型、描述传染病传播的 SIR 模型等）、金融（倒向随机微分方程等）。强调数学的重要性，指出数学是一切科学的基础，数学实力往往影响着国家实力，鼓励学生志存高远，为实现中华民族伟大复兴的中国梦而努力读书。

在此过程中，介绍华人数学家的一些贡献（如丘成桐、彭实戈等），增强学生的民族自豪感和爱国热情。

此外，介绍求解不定积分（解微分方程组）在抗击新冠疫情中的作用（SIR 模型及数学建模竞赛），告诉学生，我们在向抗击疫情一线的医务工作者致敬的同时，也应该恪守岗位，发挥自己的专长，为克难抗疫贡献力量。

课后，依托学院双创中心和创新创业项目，向学生分享一些简单的科研论文（如爱因斯坦场方程的精确解等），增强学生的自信心和科研探索的勇气，培养学生的合作精神。

课程思政结构见图 15-1。

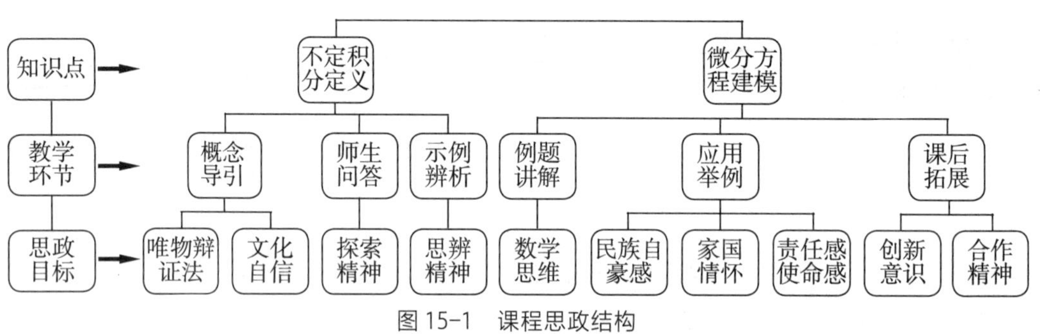

图 15-1　课程思政结构

四、教学方法

本节课的教学先通过整理已有知识体系，引发学生思考微分学的逆，从而引出本节课的主要内容；接着通过问答和讨论，教师和学生一起完善相关定义和性质；再通过具体例题，引出积分学在各个领域中的应用；最后，依托学院双创中心和创新创业项目，指导学生对所学知识展开进一步研究并进行应用。

五、教学总结

本次课有助于学生树立辩证唯物主义科学观和社会主义核心价值观，培养学生科学思维和思辨精神，激发学生的民族自豪感和爱国情怀，使学生具有强烈的科学报国、振兴中华的社会责任感与使命感；具有强烈的责任心和进取心，敢于担当、乐于奉献；具有强烈的创新意识、科学精神和沟通合作意识，勇于创新、坚持实践。

案例 2

一、教学内容

§7.1 定积分的概念。内容包括定积分的定义、定积分与不定积分的关系（N-L 公式）。

二、育人元素

文化自信、家国情怀、哲学思想、辩证唯物主义科学观、科学精神、全局观和大局观、创新意识、合作精神等。

三、教学案例

（一）定积分的定义

通过矩形和梯形的面积公式，引出求解曲边梯形面积的问题（见图 15-2）。

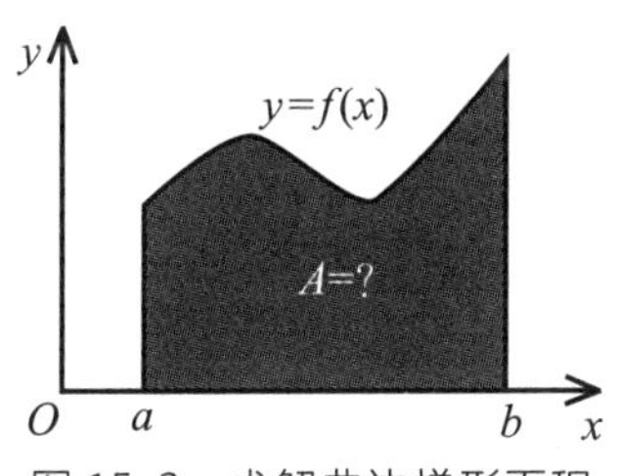

图 15-2　求解曲边梯形面积

借助曹冲称象的故事，培养学生从整体到部分的思想，以及从复杂到简单的思维；也借此让学生思考其中蕴含的人生哲理，例如：从简单到复杂是成长，从复杂到简单是沉淀。

更进一步地，介绍刘徽的割圆术（见图 15-3），指出割圆术被公认为世界数学史上首次将极限思想和无穷小分割方法引入数学证明，比欧洲早 1000 多年，从而增强学生的民族自豪感和文化自信。

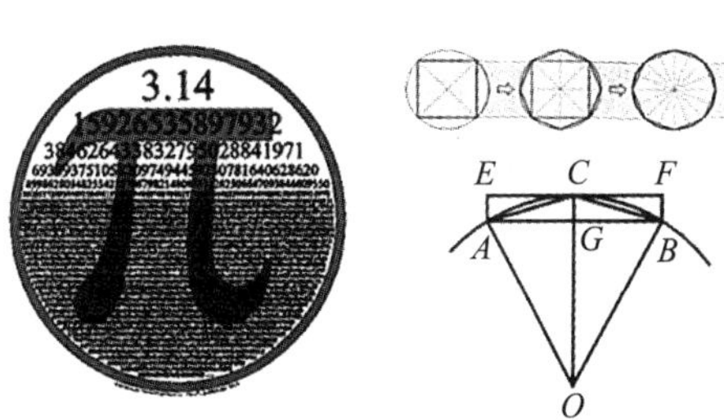

图 15-3　刘徽的割圆术

基于割圆术“化整为零→以直代曲→积零

为整”的思路，将曲边梯形的面积转化为无穷多小矩形面积的和。

在区间 $[a, b]$ 内插入若干个分点，$a=x_0<x_1<x_2<\cdots<x_{n-1}<x_n=b$.

把区间 $[a, b]$ 分成 n 个小区间，$[x_{i-1}, x_i]$，长度为$\Delta x_i=x_i-x_{i-1}$，$i=1, 2, \cdots, n$；

在每个小区间 $[x_{i-1}, x_i]$ 上任取一点ξ_i，以 $[x_{i-1}, x_i]$ 为底、$f(\xi_i)$为高的小矩形面积为 $A_i=f(\xi_i)\Delta x_i$.

曲边梯形面积的近似值为 $A\approx\sum\limits_{i=1}^{n}f(\xi_i)\Delta x_i$.

当分割无限变细，即小区间的最大长度 $\lambda=\max\{\Delta x_1, \Delta x_2, \cdots, \Delta x_n\}$ 趋近于零 $(\lambda\to 0)$ 时，曲边梯形面积为 $A=\lim\limits_{\lambda\to 0}\sum\limits_{i=1}^{n}f(\xi_i)\Delta x_i$.

定义：设函数 $f(x)$ 在 $[a, b]$ 上有界，在 $[a, b]$ 中任意插入若干个分点 $a=x_0<x_1<x_2<\cdots<x_{n-1}<x_n=b$，把区间 $[a, b]$ 分成 n 个小区间，各小区间的长度依次为 $\Delta x_i=x_i-x_{i-1}$，$i=1, 2, \cdots, n$，在各小区间上任取一点ξ_i（$\xi_i\in\Delta x_i$），作乘积 $f(\xi_i)\Delta x_i$，并作和 $\sigma=\sum\limits_{i=1}^{n}f(\xi_i)\Delta x_i$，记 $\lambda=\max\{\Delta x_1, \Delta x_2, \cdots, \Delta x_n\}$，如果不论对 $[a, b]$ 采用怎样的分法，也不论在小区间 $[x_{i-1}, x_i]$ 上点ξ_i怎样取，只要当 $\lambda\to 0$ 时，和σ就有确定的极限 I. 我们称这个极限 I 为函数 $f(x)$ 在区间 $[a, b]$ 上的定积分，记为

$$\int_a^b f(x)\mathrm{d}x=I=\lim_{\lambda\to 0}\sum_{i=1}^{n}f(\xi_i)\Delta x_i.$$

在此过程中，让学生领悟“变与不变”“近似与精确”“量变到质变”的思想，以及复杂的事情都是由简单的事情组合起来的道理，教导学生遇事要多用智慧去分解，要理性平和地去做事。

（二）定积分与不定积分的关系（N-L 公式）

在给出定积分的定义之后，引导学生思考定积分与不定积分之间的关系。之后，通过微积分的物理含义——位移与速度的关系，推导出两者之间的关系式。

设某物体做直线运动，已知速度 $v=v(t)$ 是时间间隔 $[T_1, T_2]$ 上 t 的一个连续函数，且 $v(t)\geqslant 0$，求物体在这段时间内所经过的路程.

思路：把整段时间分割成若干小段，每小段上速度看作不变，求出各小段的路程再相加，便得到路程的近似值，最后通过对时间的无限细分过程求得路程的精确值.

（1）分割：$T_1=t_0<t_1<t_2<\cdots<t_{n-1}<t_n=T_2$，$\Delta t_i=t_i-t_{i-1}$，$\Delta s_i\approx v(t_i)\Delta t_i$.

（2）求和：$s\approx\sum\limits_{i=1}^{n}v(t_i)\Delta t_i$.

（3）取极限：$\lambda=\max\{\Delta t_1,\Delta t_2,\cdots,\Delta t_n\}$，路程的精确值 $s=\lim\limits_{\lambda\to 0}\sum\limits_{i=1}^{n}v(t_i)\Delta t_i$.

所以有

$$s=\int_{T_1}^{T_2}v(t)\mathrm{d}t.$$

另一方面，在已知位移函数 $s(t)$ 的情况下，有

$$s=s(T_2)-s(T_1)=\int_{T_1}^{T_2}v(t)\mathrm{d}t.$$

此时指出，这其实就是后面要介绍的 N-L 公式，即牛顿－莱布尼茨公式，让学生体味唯物辩证法中普遍联系、对立统一的观点。

课后，依托学院双创中心和创新创业项目，给学生安排一些实践任务，引导学生学以致用，培养学生的科学精神和合作意识。

课程思政结构见图 15–4。

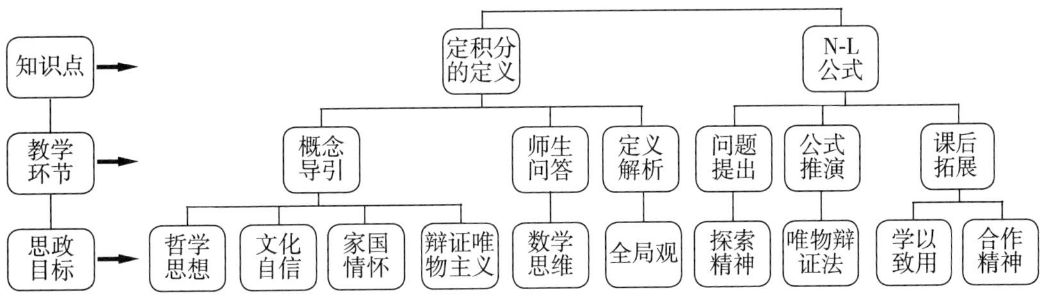

图 15–4　课程思政结构

四、教学方法

本次课先由中学所学提出曲边梯形面积问题，紧接着介绍刘徽的割圆术，引导学生根据割圆术着手解决面积问题；接着通过问答与讨论，教师和学生一起完善相关定义与性质；再通过定义提出过程中的一些问题，引出定积分与不定积分之间关系的探讨；最后，依托学院双创中心和创新创业项目，指导学生对所学知识展开进一步研究并进行应用。

五、教学总结

本次课有助于激发学生的文化自信和民族自豪感，使学生具有强烈的社会责任感与使命感；培养学生从整体到部分的思想、从复杂到简单的思维，使学生具备辩证唯物主义科学观；引导学生从多个角度去思考问题、研究问题、解决问题，培养学生的大局观、全局观，以及科学思维和思辨精神。

案例 3

一、教学内容

§9.2 级数的收敛性及其基本性质。主要内容：数项级数的定义、柯西收敛原理、调和级数、级数收敛的必要条件。

二、育人元素

文化自信、民族自豪感、家国情怀、师范素养、职业操守、哲学思想、辩证唯物主义科学观、科学精神、社会主义核心价值观、仁爱之心等。

三、教学案例

（一）数项级数的定义

通过庄子的“一尺之棰，日取其半，万世不竭”，引入数项级数的概念，让学生了解几千年前中华文明的璀璨，并跟同时期的芝诺悖论相比较，激发学生的文化自信。

$$\frac{1}{2}+\frac{1}{4}+\frac{1}{8}+\cdots=\lim_{n\to\infty}\frac{\frac{1}{2}\left(1-\frac{1}{2^n}\right)}{1-\frac{1}{2}}=\lim_{n\to\infty}\left(1-\frac{1}{2^n}\right).$$

由中学的有限数列求和推广到无限求和，让学生了解人类对科学、对宇宙的探索，是一个从有限到无限的过程。

定义：给定一个数列 $u_1, u_2, u_3, \cdots, u_n, \cdots$. 将各项依次相加，简记为$\sum\limits_{n=1}^{\infty} u_n$，即

$$\sum_{n=1}^{\infty} u_n = u_1 + u_2 + u_3 + \cdots + u_n + \cdots,$$

称上式为无穷级数，简称级数，又称数项级数.

其中第 n 项 u_n 叫作级数的一般项.

级数的前 n 项和

$$S_n=\sum_{k=1}^{n}u_k=u_1+u_2+u_3+\cdots+u_n,$$

称为级数的部分和.

若 $\lim\limits_{n\to\infty}S_n=S$ 存在，则称无穷级数收敛，并称 S 为级数的和，记作 $S=\sum\limits_{n=1}^{\infty}u_n$；若 $\lim\limits_{n\to\infty}S_n$ 不存在，则称无穷级数发散.

当级数收敛时，又称

$$r_n=S-S_n=\sum_{k=n+1}^{\infty}u_k=u_{n+1}+u_{n+2}+u_{n+3}+\cdots$$

为级数的余和.

接着通过一个例子，让学生进一步理解级数与数列求和、数列极限之间的关系，并跟之前庄子提出的问题相呼应。

例 1　讨论等比级数（又称几何级数）$\sum\limits_{n=0}^{\infty}aq^n=a+aq+aq^2+\cdots+aq^n+\cdots$ $(a\neq 0)$（q 称为公比）的敛散性.

最后，介绍中国古代数学家明安图、董祐诚、项名达等人在级数研究方面的贡献，从而增强学生的爱国精神与民族自豪感；同时介绍级数在求圆周率方面的用处。

莱布尼茨（Leibniz）于 1674 年给出

$$\frac{\pi}{4}=1-\frac{1}{3}+\frac{1}{5}-\frac{1}{7}+\frac{1}{9}-\frac{1}{11}+\cdots.$$

欧拉（Euler）于 1748 年给出

$$\frac{\pi^2}{6}=1+\frac{1}{4}+\frac{1}{9}+\frac{1}{16}+\cdots+\frac{1}{n^2}+\cdots.$$

课后，结合学院“每日一讲”素质提升项目，安排学生围绕“数学家与文化自信”主题进行演讲。

（二）调和级数

由部分和与级数的关系，根据数列的柯西（Cauchy）收敛原理推出级数的柯西收敛原理。

定理（柯西收敛原理）　级数 $\sum\limits_{n=1}^{\infty}u_n$ 收敛的充要条件是：对任意给定的正数 ε，总存在 N，使得当 $n>N$ 时，对于任意的正整数 $p=1,2,3,\cdots$，都有 $|u_{n+1}+u_{n+2}+\cdots+$

$u_{n+p}\big| < \varepsilon$ 成立.

换一种方式来叙述：对任意给定的正数 ε，总存在 N，使得对于任何两个大于 N 的正整数 m，n（不妨设 $n < m$）下式都成立：

$$\left|S_m - S_n\right| = \left|u_{n+1} + u_{n+2} + \cdots + u_m\right| < \varepsilon.$$

这里 S_n 为级数 $\sum\limits_{n=1}^{\infty} u_n$ 的部分和.

证明：设所给级数部分和数列为 $S_n(n=1, 2, \cdots)$，因为

$$\left|u_{n+1} + u_{n+2} + \cdots + u_{n+p}\right| = \left|S_{n+p} - S_n\right| < \varepsilon.$$

所以利用数列 $S_n(n=1, 2, \cdots)$ 的柯西收敛原理，即得本定理的结论.

利用图像法预判调和级数 $\sum\limits_{n=1}^{\infty} \dfrac{1}{n}$ 的敛散性，如图 15-5 所示.

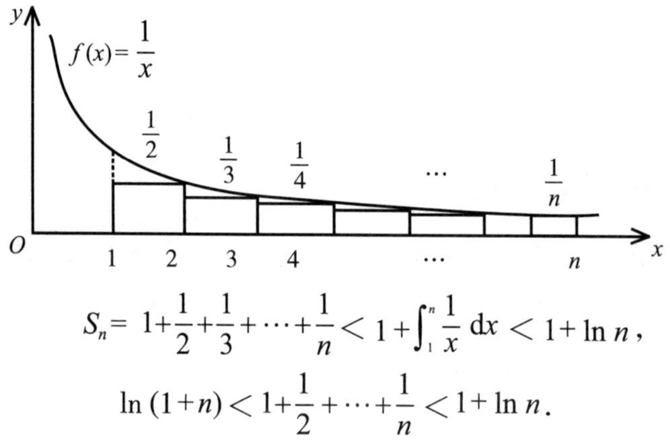

图 15-5　图像法示例

暗示学生数项级数与积分之间的关系，引导学生理解事物是普遍联系的。利用预判，再通过逆向思维借助柯西收敛法证明调和级数发散。

通过调和级数的发散性，使学生感受无限求和、量变达到质变的威力，明白积少成多的道理。教导学生在学习上“积跬步以致千里，积怠惰以致深渊”“勿以恶小而为之，勿以善小而不为”。

课程思政结构见图 15-6。

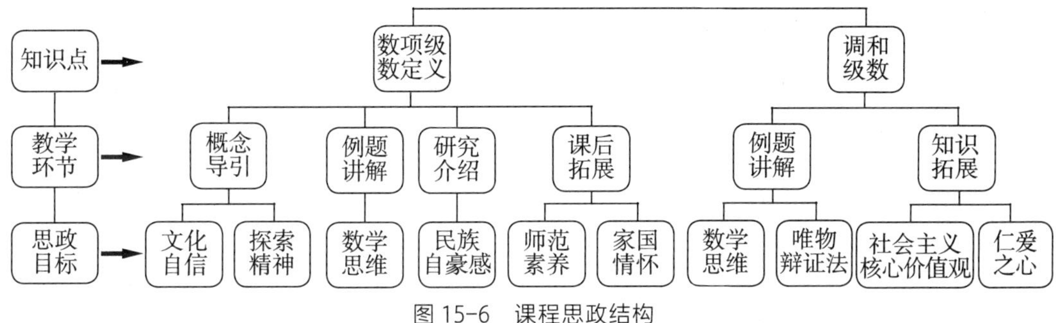

图 15-6　课程思政结构

四、教学方法

本次课先由庄子提出的问题和中学的数列求和，引出级数的概念；接着通过定义，引导学生将级数的相关研究转化到部分和的研究上，并推出相关性质和判定定理；再通过一些具体实例，阐述级数的应用及其与积分之间的关系；最后，依托学院"每日一讲"素质提升项目，形成更高层次的思想认识和价值认同。

五、教学总结

本次课有助于激发学生的文化自信和民族自豪感，使学生具有强烈的社会责任感与使命感；培养学生的探索意识和科学精神；引导学生热爱教育事业，恪守师德规范，具备良好的教师职业素养；帮助学生树立正确的世界观、人生观、价值观，建立社会主义核心价值观。

◎ 课程思政特色与创新

一、建设课程思政交叉团队

在现有的教学团队基础上，邀请有丰富思政经验的学院书记加入，作为课程思政顾问参与教学，从意识形态和学情国情等层面挖掘课程知识点中的思政元素。

二、以数学人文教育为抓手

充分挖掘课程中的人文素材，依托学院"每日一讲"素质提升项目，安排学生围绕"数学家与文化自信"主题进行演讲，培养爱国情怀，熏陶人格魅力。

三、注重科研教学相互促进

科研反哺教学，在教学中引入科研成果。同时，依托学院双创中心和创新创业项目，增强学生的自信心和科研探索的勇气，鼓励学生进行交叉学习和应用研究。

四、创新师范人才培养模式

教师注重教学过程中立德树人根本任务的落实，并发挥师范专业的特性，部分内容由学生主讲、教师补充，培养师范生的教学技能，将学校和专业的教育思想与理念传承下去。

16 GIS 空间分析与建模

胡潭高

课程名称: GIS 空间分析与建模

学　　院: 国际教育学院

专　　业: 地理信息科学

学　　分: 3

学　　时: 64

课程性质: 专业必修课

◎ 授课教师基本情况

胡潭高，博士，教授，耶鲁大学访问学者。主要从事卫星遥感应用相关研究。主持科研项目 20 余项，发表学术论文 50 余篇。曾荣获杭州市优秀教师、杭州市十佳青年科技创新能手、杭州师范大学“良师益友”十佳导师等荣誉称号。指导学生在全国或浙江省大学生“挑战杯”课外学术科技作品竞赛、浙江省“互联网 +”大赛等比赛中获奖。

主持和参与了教育部产学合作协同育人项目“GIS+ 金融科技创新实训营”、浙江省教改项目“应用型高校地理信息科学专业人才培养模式的探索与实践”和杭州师范大学教改项目“基于校企合作的地理信息科学专业应用型人才培养教学模式研究”等，拥有良好的课程资源和建设基础。

◎ 课程内容简介

GIS空间分析与建模是地理信息科学（GIS）专业核心课程——地理信息系统概论和地图学等理论课的重要后续课程，在大二上学期开设，包含32学时的理论课和32学时的实验课，是培养GIS专业应用型人才定位的重要支撑课程，对于培养学生实践能力具有重要作用。

◎ 课程目标

一、总体目标

充分发挥GIS数据应用范围广的特征，开展“红军长征GIS”“一带一路GIS”“中国历史文化遗产GIS”“徐霞客GIS”等彰显革命理想信念、宣传国家举措或倡议、强化学生“四个自信”、弘扬科学家探索精神的教学案例研究和教学案例设计，利用GIS软件设计制作相关专题地图。

二、具体目标

（1）理想信念：以“红军长征GIS”为案例，阐述GIS数据采集过程和方法，使学生了解长征的意义，彰显革命理想信念。

（2）科学素养：以“徐霞客GIS”为案例，告诫学生科学家所必须具备的科学素养，弘扬科学家探索追求精神。

◎ 教学案例设计

案例1

一、教学内容

贵州习水是一片红色的土地，以长征文化为代表的红色旅游资源十分丰富。从专题地图集设计的特点和要求出发，分析习水县红色旅游地图的绘制与特点，以独特创新的内容及图文并茂的表现形式展现习水红色旅游的魅力，同时也针对设计过程中遇到的难题进行重点阐述，并结合相关经验提出相应的解决办法。

二、育人元素

长征在这片土地留下的印迹通过四渡赤水纪念馆、红军和中央机关驻地旧址、梅溪河土城渡口、战斗遗址、各大领导人旧居等一系列的红色景点得以呈现。使学生领悟学习中华民族自强不息的民族精神，了解长征的意义，坚定理想信念。

三、教学案例

绘制习水县红色旅游地图，首先需要确定科学合理的技术路线，其关键技术就是选择绘制平台，并在此基础上根据所收集整理的资料进行红色旅游专题地图的生成。以 ArcGIS 软件为绘制平台，习水县红色旅游地图绘制教学过程可概括为资料收集整理、图层矢量化、拓扑编辑、地图修饰及打印等阶段。

（一）资料收集整理

习水县红色旅游地图绘制过程中所涉及的资料主要有图件和文字资料。如习水县行政区划图、习水县交通地图（1 ： 330000）、习水县地名志、习水县旅游资源分布示意图、习水县地形图（1 ： 460000）等。

（二）图层矢量化

对经过矫正得到的栅格图形数据进行矢量化的关键是在 ArcGIS 平台的输入编辑子系统中，以矫正后的影像图为背景，对图像中的点、线、区文件进行分层矢量化。对线进行编辑时，通过在 ArcGIS 平台中选择相应的线参数来进行设定从而区别图层，“线编辑”菜单中的输入线选项可对参数如线型、颜色、线宽、XY 系数、图层进行设定。图中需要矢量化的线主要有县边界、河流、公路，如以省道为例，其输入的线型为“公路”，颜色为“红色”，线宽 3.4 pt，选择完成后便可单击“输入线”对线状地物进行矢量化。而点要素的矢量化相对于线要素较为容易，其关键在于选好图例，并设置好标注的参数。

（三）拓扑编辑

因图中的拓扑关系较为简单，拓扑处理所需要的线数据也只是县边界，故拓扑造区也非常容易。但在编制贵州红色旅游地图集时，需要进行拓扑处理的图形往往有一定难度。为此，要建立拓扑关系，首先要对矢量化完成的点文件和线文件进行数据检查和拓扑错误检查，若数据检查有误，则需要重新建立拓扑关系。数据检查后还须将线数据转化为弧段数据，然后再进行区拓扑检查。此时，如果弧段交点之间没有错误，在点击“拓扑重建”时即可生成不同的颜色。

（四）地图修饰及打印

对系统生成的颜色按照一定的美学标准进行适当调整，并对图形版面进行合理的图面配置，即完成地图整饰。最后确定适当的分辨率（不小于 300 dpi）后输出工程即完成了习水县红色旅游地图。

四、教学方法

首先，学生通过查阅网上资料等方式获取课程案例地区的资料，培养了自主学习的能力；其次，教师在课堂上讲授教材内容，并且带领学生完成专业软件的主要操作；再次，利用已有资料，学生独立制作完成习水县红色旅游地图；最后，教师请学生在课堂上以图文并茂的表现形式展现习水县的魅力，体验长征的意义和艰辛。

五、教学总结

通过自主查阅文献和网上资料，使学生全面地了解习水县及长征的意义，并结合课程知识，图文并茂地展示习水县红色旅游地图；最后，通过课堂讲授和学生自主展现环节，使学生加深对于长征重点地习水县的认识，体会伟大的长征精神。

案例 2

一、教学内容

《徐霞客游记》是展现我国古代地理学家注重空间、人文、社会有机融合的伟大成果。利用 GIS 技术优势，将原著文本、相关研究成果与 GIS 时空多尺度信息表达相结合，搭建现代 GIS 展示与分析平台，以利于地学分析优势的发挥、霞客精神知识的传播、徐学研究的深入及成果的共享。

二、育人元素

徐霞客精神是对徐霞客和《徐霞客游记》的升华，其中“热爱祖国”是灵魂，“献身科学”是精髓，“尊重实践”是基础。这种精神在中国当代发展各个阶段具有重要的现实意义。人类对世界的认知是实践到理论、理论再到实践的有机结合过程。以“徐霞客 GIS”为案例，告诫学生科学家所必须具备的科学素养，弘扬科学家的探索精神。徐霞客精神是中华民族勇于探索、勇于献身精神的集中体现，更是激励青年学生勇于探索科学的一面旗帜。

三、教学案例

《徐霞客游记》信息丰富、复杂，其中时空信息主导属性信息，属性信息可反映时空信息。现有研究以文本记录为主，缺少一个对空间、时间、属性等多维信息的统一管理和表达平台。现代 GIS 信息技术为这一平台的实现提供了契机。徐霞客 GIS 从一个新的视角对徐学中的信息进行了挖掘和整合，其扩展了现有徐霞客文籍描述的概念，通过强化其中蕴含的时空信息，以徐霞客野外科考路线为基础，在空间信息技术的支持下，对时间信息、空间信息、属性信息进行一体化表达，重构徐霞客的空间活动，实现从宏观到微观角度对《徐霞客游记》的全面反映。

在 GIS 空间分析技术的支持下，徐霞客 GIS 通过时间定轴、空间定位、语义解析实现时间维、空间维、属性维三者的紧密耦合。徐霞客 GIS 数据源多样，既包含文本、图片等传统游记内容，又包含基础地理要素、影像、视频、声频等当代徐学研究成果。在耦合的过程中，多源数据融合、多尺度数据表达、时空索引机制等关键技术是核心。然而，这些数据是非结构化的，其所包含的时间、空间位置信息缺乏一个统一的描述准则。因此，首先需要构建一个统一的时空描述架构，使得不同时期、不同来源的数据具有一致的时空参照系。其次，设计一个徐霞客 GIS 数据模型，使之与统一时空框架紧密关联。

徐霞客诞生距今已有 400 多年。《徐霞客游记》起初是由当时文坛的一批著名文人收集、抄录、整理徐霞客手本游记而产生，后历经不同年代徐学学者的研读，不断发展完善。不同时期、不同学者的差异导致了游记中纪年方式和考察地名等的不同版本。统一的时空描述框架是时间参考和空间参考一致的保障。只有在统一的框架下，才可能在保留历史数据原貌的同时，实现徐学内容与现代地理空间及时间的关联，徐学研究成果才能构成一个统一的整体。为此，在时间表示上，采用年号纪年和公元纪年并行的方式；在空间表达上，支持明代地名与现代地名的映射与关联。同时，针对地名的隶属关系改变、地理位置改变、名称改变等不同变化类型采用不同的表示方式。在时空描述架构中，适宜的时空数据模型是展现游记中所蕴含的大量自然、人文社会信息的基础。徐霞客 GIS 的构建需要一个统一的时空数据模型。通过该模型，徐霞客 GIS 可以重构和整合徐学研究的版本信息。

通过对游记的分析，可以发现地名描述是游记及其相关记录表达空间信息的主要方式，如黄泥冈、赤城等。通过将这些信息和具体的空间位置进行关联能够实现游记信息的空间化。因此，地名是游记数据空间现实化的首要因素。在空间数据组织上，以地名为基准，地名映射库为核心，实现明代与现代空间要素分组管理。基于此，通过地名映射库，不同类型变化的地名也建立了关联关系。

至此，通过统一的时空描述架构，很好地对游记中的时空信息进行了表达与时空演变分析。

四、教学方法

课前引导学生查阅徐霞客的生平事迹，搜集相关资料，为构建统一的时空描述架构奠定基础；课中讲授构建统一模型需要用到的课程知识点，并且带领学生完成专业软件的主要操作；课后对学生进行分组，完成统一的时空数据模型，并在 ArcGIS 上进行展示。

五、教学总结

本次课将 GIS 引入徐学研究中，为传统的徐学研究方法、手段赋予全新的内涵。遵循“历史主导，现代呼应”的时空描述架构，依据“科普霞客、推进徐学”的原则，实现了徐霞客 GIS 系统构建。为《徐霞客游记》搭建一个现代 GIS 展示与分析平台，有利于地学分析优势的发挥、霞客精神的传播、徐学研究的深入及成果的共享等。

◎ 课程思政特色与创新

（1）“三位一体”的课程教学总目标。深入挖掘课程教学内容中的育人资源，精选育人素材，不断提炼爱国情怀、法治意识、社会责任、人文精神等育人要素，充实教材内容，研究确定知识传授、能力培养和思想育人等三方面有机结合的“三位一体”课程教学总目标，设计一系列自然、巧妙的课堂教学育人结合点，并在教学大纲中明确课程所要达成的育人目标，固化于教学大纲中。育人资源通过与专业教学内容的恰当嵌入，引导学生实现社会主义核心价值的内化和道德情操的提升。

（2）思政实验案例库建设。GIS 空间分析与建模是一门实践性较强的课程，对学生的软件操作能力要求较高，课程教学中融入了大量实验案例。开展“红军长征

GIS”“一带一路 GIS”“中国历史文化遗产 GIS”“徐霞客 GIS”等红色案例的开发，对于彰显革命理想信念、宣传国家重大举措或倡议、强化学生“四个自信”、弘扬科学家的探索追求精神具有重要作用。

（3）开展问题式、启发式教学，培养学生思维能力。在课程教学中实施“千问计划”。在学生学习过程中，规划了先学习再提问、边学习边提问、学习后再提问、一个问题连续问等多种提问路径。在课堂上设计了生问师答、生问生答、师问生答等多种形式，营造出让学生敢于理性质疑的氛围，推动师生深度互动，使学生真正参与课堂，成为学习的主人，养成独立思考、善于思考、勤于思考的好习惯，培养发现问题、分析问题、解决问题的能力。

17 高等代数

张棉棉

课程名称：高等代数

学　　院：数学学院

专　　业：数学与应用数学（师范）

学　　分：4+5

学　　时：64+80

课程性质：专业必修课

◎ 授课教师基本情况

张棉棉，讲师。连续 10 多年讲授高等代数课程。

◎ 课程内容简介

高等代数是数学与应用数学（师范）等专业的专业必修课，在大一第一、第二学期开设，以线下课堂教学为主，辅之以在线教学。

◎ 课程目标

一、思政目标

（1）加强师德师风教育，突出课堂育德，引导学生树立正确的职业理想，培养有理想信念、道德情操、仁爱之心、扎实专业基础的好老师。

（2）引导学生领略数学之美，激发学生感受新时代赋予数学人的机遇与挑战，树立为民族复兴、国家强盛而学好数学的职责与使命。

（3）引导学生在学业上发扬精益求精的工匠精神，刻苦学习，打下扎实的数学基本功，将个人的发展融入建设中国特色社会主义的宏图伟业中，为实现中华民族伟大复兴而努力奋斗。

二、知识目标

（1）要求学生学好多项式、线性方程组、行列式、矩阵、向量空间、线性变换、欧氏空间等理论。

（2）要求学生掌握基本的、系统的代数知识和抽象的、严格的代数方法。

（3）要求学生理解具体与抽象、特殊与一般、有限与无限等辩证关系。

三、能力目标

（1）培养学生独立思维能力和解决实际问题的能力。

（2）提升学生在较高理论水平的基础上处理中小学教学中相关问题的能力。

（3）训练学生熟练的计算能力及应用代数工具解决实际问题的能力。

四、素养目标

帮助学生提高解决实际问题的能力，自觉地用所学知识去观察生活，解决生活中有关的代数问题，并为后续课程打好基础。

◎ 教学案例

案例 1

一、教学内容

在讲“一元多项式”这一章之前，作为预备知识，介绍整数的整除及相关内容，特别是最大公因式部分，作为其应用，我们选取了“中国剩余定理”。

二、育人元素

“中国剩余定理”是我国古代数学的一个高峰，并且被广泛地应用于方方面面。联系实际，引导学生用所学内容解决实际问题，丰富学识，增强民族自豪感。

三、教学案例

（一）猜姓游戏（线下课堂进行）

游戏玩法：摊开一张印有全班学生姓的大图纸，里头有很多编了号的小格子，每个小格子里有一定数目的姓氏，大图纸旁边会放一些编了号的小纸片，每张小纸片上会有一定数目的姓氏。要求学生们把心里想的自己或其他同学的姓氏的那张小纸片交给教师，并把大图纸上该姓氏所处的格子编号告诉教师（大图纸不给教师看）。这时，教师“掐指一算”就能报出学生心里想的姓氏（见图 17-1）。

图 17-1　课堂游戏

不出意外，学生们无不称奇感叹，纷纷鼓掌叫好，并且提出问题：为什么？

近几十年，大街上仍有算命先生玩这个把戏，不少人疑惑不解。这堂课将通过数学的力量——中国剩余定理，来破除迷信。

（二）引入并介绍中国剩余定理

介绍中国剩余定理的起源及发展历史。

1.《孙子算经》之“孙子问题”或“物不知数题”

《孙子算经》之“孙子问题”或“物不知数题”（见图 17-2）用通俗的话来说，意思就是：

有一些物品，不知道有多少个，只知道将它们 3 个 3 个地数，会剩下 2 个；5 个 5 个地数，会剩下 3 个；7 个 7 个地数，会剩下 2 个。这些物品的数量至少是多少个？

今有物不知其數三三數之賸二五五數之賸
三七七數之賸二問物幾何
荅曰二十三
術曰三三數之賸二置一百四十五五數
之賸三置六十三七七數之賸二置三十
并之得二百三十三以二百一十減之即
得凡三三數之賸一則置七十五五數之
賸一則置二十一七七數之賸一則置十
五一百六以上以一百五減之即得

图 17-2 《孙子算经》之“孙子问题”或“物不知数题”

（注：诗题及题目原文都无“至少”二字，但“孙子问题”都是些求“最少”或者求“至少”的问题，否则就会有无数多个答案。所以，解释题目意思时，在语句中加上了“至少”二字。）

《孙子算经》解这道题目的“术文”和答案是：

> “三三数之剩二，置一百四十；五五数之剩三，置六十三；七七数之剩二，置三十。并之，得二百三十三，以二百一十减之即得。”“答曰：二十三。”

这些话是什么意思呢？用通俗的话来说，就是：

先求被 3 除余 2，并能同时被 5、7 整除的数，这样的数有 140（最小是 35）；

再求被 5 除余 3，并能同时被 3、7 整除的数，这样的数有 63（最小）；

然后求被 7 除余 2，并能同时被 3、5 整除的数，这样的数有 30（最小）。

于是，由 140+63+30=233，得到的 233 就是一个所要求得的数。但这个数并不是最小的。

再用求得的“233”减去或者加上 3、5、7 的最小公倍数“105”的倍数（如 210），就得到了许许多多这样的数：

$$\{23, 128, 233, 338, 443, \cdots\},$$

从而可知，23, 128, 233, 338, 443, …都是这道题目的解，而其中最小的解是 23。

答：这些物品的数目至少是 23 个。

2. 韩信点兵

韩信让士兵排队，站 3 人一排，多出 2 人；站 5 人一排，多出 4 人；站 7 人一排，多出 6 人。于是他没有数就说出了士兵的数目。

3. 大衍求一术

南宋秦九韶在《数书九章》（1247 年）中明确系统地叙述了求解一次同余组的一般计算步骤。在卷一“大衍总术”中详载了计算乘率的方法——“大衍求一术”（见图 17-3）。

（注：德国数学家高斯在 1801 年才建立起同余理论，大衍求一术反映了中国古代数学的高度成就。）

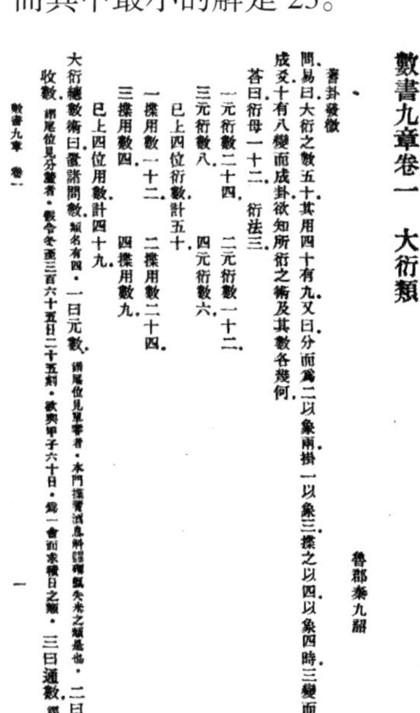
數書九章卷一　大衍類

魯郡秦九韶

蓍卦發微

問。易曰。大衍之數五十。其用四十有九。又曰。分而爲二以象兩。掛一以象三。揲之以四。以象四時。三變而成爻。十有八變而成卦。欲知所衍之術及其數各幾何。

答曰。衍母一十二。　衍法三。

一元衍數二十四。　二元衍數一十二。

三元衍數八。　四元衍數六。

已上四位衍數。計五十。

一揲用數一十二。　二揲用數二十四。

三揲用數四。　四揲用數九。

已上四位用數。計四十九。

大衍總數術曰。置諸問數。類名有四。一曰元數。謂尾位見單零者。本門揲蓍酒息斛糶砌磚失米之類是也。二曰收數。謂尾位見分釐者。假令冬至三百六十五日二十五刻。欲與甲子六十日。爲一會而求積日之類。三曰通數。謂

數書九章　卷一　一

图 17-3 《数书九章》“大衍求一术”

4.《算法统宗》

明代程大位在他的著作《直指算法统宗》（简称《算法统宗》）卷五中，提出了“孙子歌”——“三人同行七十稀，五树梅花廿一枝，七子团圆正半月，除百令五便得知”（见图 17-4、图 17-5）。

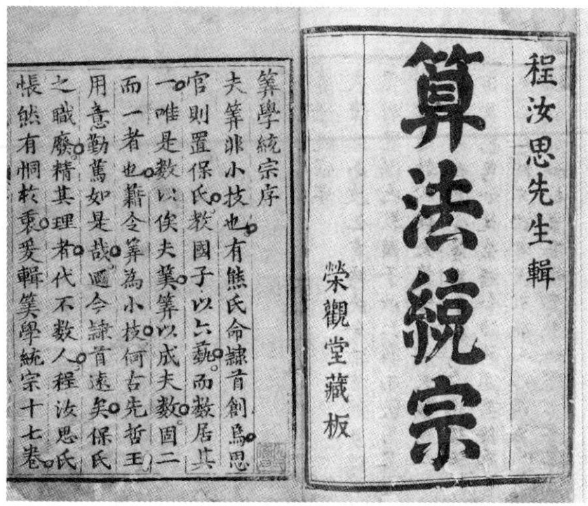

算法統宗

程汝思先生輯

榮觀堂藏板

算學統宗序

夫筭非小技也有熊氏命隷首創爲思官則置保氏教國子以六藝而數居其一唯是數以俟夫筭筭以成夫數固二而一者也藉令筭爲小技何古先哲王用意勤篤如是哉邇今隷首遠矣保氏之職廢精其理者代不數人程汝思氏悵然有惆於衷爰輯筭學統宗十七卷

图 17-4　程大位及《算法统宗》

实际上说的就是前文所述：只要是除以 3 余了一个 1，就加上一个 70；只要是除以 5 余了一个 1，就加上一个 21；只要是除以 7 余了一个 1，就加上一个 15。然后累加。

再加上一句：计算这个总和除以 105 的余数。

（三）证明中国剩余定理

中国剩余定理的证明具体可见图 17-6 的线上讲解视频截图。证明讲解过程中穿插孙子问题的相应演示，以做到从简单到复杂、从特殊到一般的演化，使学生轻松掌握。

图 17-5　《孙子歌》

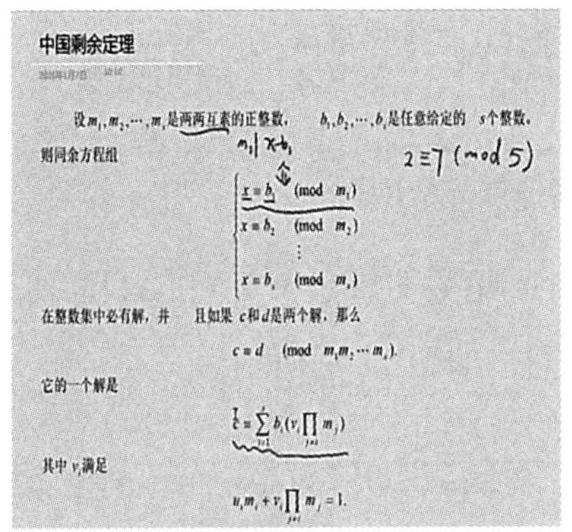

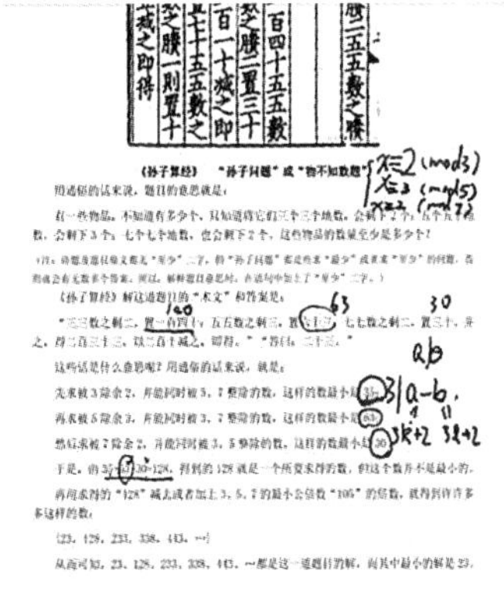

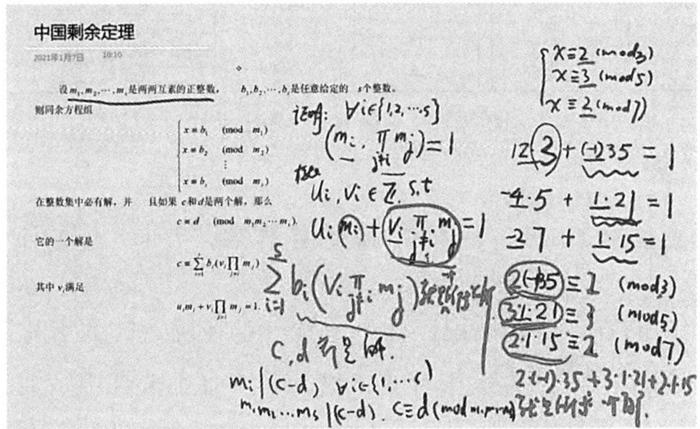

图 17-6　线上讲解视频截图

（四）猜姓解密

最后揭开猜姓游戏的神秘面纱。

（1）给包含班上同学姓氏的 56 个姓氏排好序，如图 17-7 所示。

方	张	李	包	罗	田	刘	贾	秦	周	苏	胡	倪	徐
1	2	3	4	5	6	7	8	9	10	11	12	13	14
胥	邵	蓝	魏	黄	雷	鲍	朱	姚	陈	许	肖	耿	林
15	16	17	18	19	20	21	22	23	24	25	26	27	28
高	潘	吴	王	赵	程	马	龚	杨	陶	金	蒋	范	郑
29	30	31	32	33	34	35	36	37	38	39	40	41	42
彭	陆	余	童	冯	谭	牟	孙	申	谷	沈	容	娄	韩
43	44	45	46	47	48	49	50	51	52	53	54	55	56

图 17-7　姓氏排序

（2）做大卡片。第 i 个格子的姓氏对应编号 x 满足 $x\equiv i \pmod 7$，即 $7t+i$，$t=0, 1, \cdots, 7$ 所对应的姓氏，并按 t 的取值有序排列，如图 17-8 所示。

方贾胥朱 高龚彭孙 1	张秦邵姚 潘杨陆申 2	李周蓝陈 吴陶余谷 3	包苏魏许 王金童沈 4	罗胡黄肖 赵蒋冯容 5	田倪雷耿 程范谭娄 6	刘徐鲍林 马郑牟韩 7

图 17-8　姓氏取值排序大卡片

（3）做小卡片。第 j 张小卡片的姓氏对应编号 x 满足 $x \equiv j \pmod 8$，$8t+j$，$t=0, 1, \cdots, 6$ 所对应的姓氏，并按 t 的取值有序排列，如图 17-9 所示。

方秦 蓝许 赵范 牟 1	张周 魏肖 程郑 孙 2	李苏 黄耿 马彭 申 3	包胡 雷林 龚陆 谷 4	罗倪 鲍高 杨余 沈 5	田徐 朱潘 陶童 容 6	刘胥 姚吴 金冯 娄 7	贾邵 陈王 蒋谭 韩 8

图 17-9　姓氏取值排序小卡片

（4）建立模型$\begin{cases} x \equiv i \pmod 7 \\ x \equiv j \pmod 8 \end{cases}$，由中国剩余定理知，大卡片上的任一格和任一小卡片上只有一个相同的姓。换句话说，任一个姓一定在确定的大卡片某一格和某一小卡片的交集中。例如，“马”在大卡片第 7 格和第 3 张小卡片中。那么问题来了，教师如何通过信息 $i=7$、$j=3$ 及小卡片上的姓得知姓氏是“马”呢？推导如下：

由$\begin{cases} x \equiv i \pmod 7 \\ x \equiv j \pmod 8 \end{cases}$知 $x=8i-7j+56k$，设 x 在第 j 张小卡片的位置是 s，则 $x=8(s-1)+j$。当 $i \geqslant j$ 时，$8i-7j=8(s-1)+j$，即 $s=i-j+1$；当 $i<j$ 时，$8i-7j+56=8(s-1)+j$，即 $s=i-j+1+7$；综上，$s=i-j+1+7t$。t 的取值为 0 或 1，保证 s 在 1 和 7 之间即可。

回到刚才的问题，我们知道 $i=7$，$j=3$，我们拿起第 3 张小卡片，如图 17-10 所示。

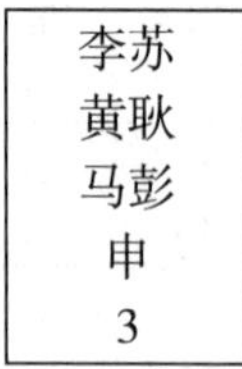

图 17-10　第 3 张小卡片

用公式 $i-j+1=7-3+1=5$，即得知第 5 个姓就是“马”，如图 17-11 所示。

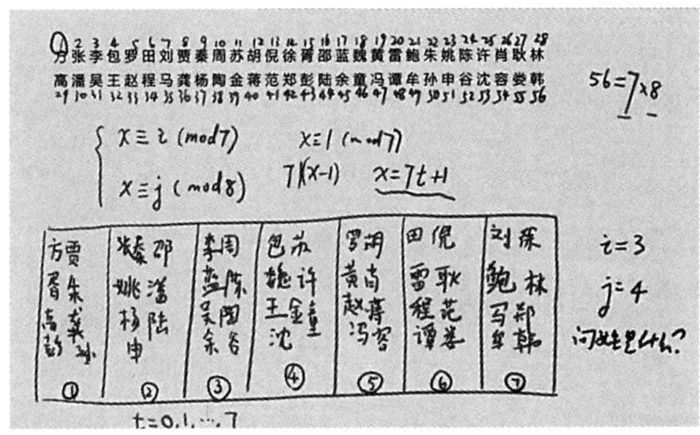

图 17-11　线上讲解视频截图

四、教学方法

“猜姓游戏”环节，调动学生的求知欲；“引入并介绍中国剩余定理”环节，增强学生的民族自豪感；“证明中国剩余定理”环节，锻炼学生“烦化易”的学习能力；“猜姓解密”环节，引导学生用科学的、正确的眼光看待问题，感悟知识的力量。

五、教学总结

在“猜姓游戏”“引入并介绍中国剩余定理”“证明中国剩余定理”“猜姓解密”等过程中，学生不仅了解了中国剩余定理的起源，对中国古代数学的高度成就有了切实的感悟；同时，还对用科学的观点去看待一些迷信等活动有了自觉的认识。

案例 2

一、教学内容

在“因式分解定理”这一节的学习中，借助《从一元一次方程到伽罗瓦理论》书中关于解三次、四次、五次多项式方程的故事，理解多项式分解之难，并觉察人的性格与成就之间的关系。

二、育人元素

扩充人文认知、哲学思想，了解科学家探索与发现的故事。从正面引导学生，树立正确的历史发展观，在传授知识的同时，鼓励学生积极向上，感悟厚德载物的道理。

三、教学案例

本案例教学框架如图 17–12 所示。

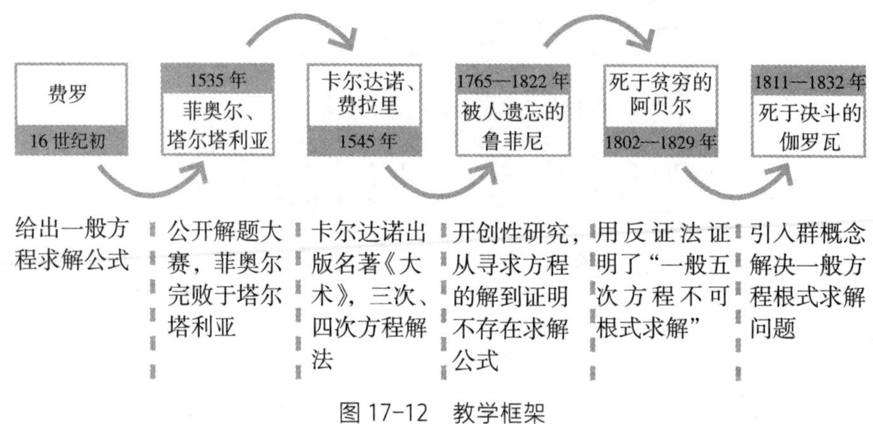

图 17–12　教学框架

16 世纪初，费罗给出了一般三次方程的根式求解公式。距离人们完整地讨论一般二次方程，大约花费了三四百年之久，这是一个新的里程碑。费罗并没有发表这一重大结果，只是把他的解法告诉了他的女婿和学生纳维及学生菲奥尔。尽管菲奥尔才能平庸，但是他没有急着在老师费罗死后发表这一成果。他想等待时机，充分利用这份知识财富，一举成名，机会终于来临了。

1535 年，菲奥尔听说数学家塔尔塔利亚（自小生活艰难，自学成才）已成功解出了三次方程，不过菲奥尔认为他在吹牛。于是同年 2 月 22 日，菲奥尔与塔尔塔利亚进行了一次公开的解题大赛。结果菲奥尔完败于塔尔塔利亚。塔尔塔利亚一举成名，登上了解三次方程的世界冠军宝座。不过，他也没有立即公布他的方法，因为他想撰写一本论述这一问题的专著。但是，这次对抗赛成功地引起了卡尔达诺的注意。

卡尔达诺是 16 世纪最杰出、最备受争议的人物之一。他既是闻名的内科医生、数学家、占星家、赌棍，又是一名哲学家，他当时正在撰写他的第二本数学专著，很想把三次方程的解法写进去。他多次想方设法“企图”得到塔尔塔利亚的解法，但是塔尔塔利亚一次次地拒绝了。1539 年 3 月 25 日，二人有了一次重大的交谈，塔尔塔利亚终于同意以一首晦涩的 25 行诗文将他的解法泄露给卡尔达诺。

1545 年，卡尔达诺出版了名著《大术》，三次方程的解法公布了。卡尔达诺这样写道：“波罗那的费罗几乎在 30 多年前就已经发现了这个解法，并把它传授给威尼斯的菲奥尔。是后者对布雷西亚的塔尔塔利亚的挑战，使得塔尔塔利亚有机会再次发现这一解法。在我的恳求下，塔尔塔利亚又把这个方法告诉我。但是他没有给出有关的证明。有了他给我的线索，我找出了它在各种形式下的证明。这是相当艰难的。”《大术》里也叙述了一般四次方程的解法。这是另一个奇才费拉里做出的。后者受到了卡尔达诺的教育。

费罗和费拉里等人成功地解出了三次和四次方程，但是他们的方法缺乏一种内在的推理，很难把它们用来解五次方程。后面的范德蒙方法和拉格朗日预解式开始慢慢转换思路，从探究二次、三次、四次方程的一些内在规律开始，逐渐深入方程根式求解的本质——方程及其根的对称群中去。

18世纪末19世纪初，鲁菲尼指出一般五次方程不可根式求解，实现了寻找根式解到证明根式解不存在的质的转变。鲁菲尼年少时学习数学、医学、文学和哲学，相当多才多艺。1799年，他出版了专著《方程式的一般理论》，但是，由于他的证明过于复杂难懂，推理过于迂回曲折，人们难以读完共有516页的两卷本。他前后讲述送呈拉格朗日，都没有得到回音。1813年，他发表了《关于一般代数方程的思考》，但未被数学界认同。直至死前6个月，才收到了法国数学家柯西的肯定。但是，鲁菲尼的工作不久就被人遗忘了。但是，还是后继有人。科学史上最令人心碎的两个人登场了。

1823年，挪威数学家阿贝尔用反证法证明了“一般五次方程是不可根式求解的”。阿贝尔在短短的一生中对方程论和椭圆函数论等领域都作出了划时代的贡献。他一家九口人，父母都酗酒，他一生都处于贫困之中。在中学阶段，他就开始阅读欧拉、牛顿、高斯及拉格朗日等人的著作，并开始研究五次方程的解法。他自筹资金印刷他的论文，但为了节省印刷成本，他把论文压缩成六页，这就使得表述过于简略，很难看得懂了。他给高斯寄去一份，但是高斯却丢在一旁，根本没有过目。不过，1826年，他的论文终于发表在《纯数学和应用数学杂志》的第一卷上，而且逐渐被人们认可。

一般五次方程是不能根式求解的。不过，我们看到有些特殊的五次方程还是可以根式求解的。那么，什么是五次方程根式可解的判断依据呢？这个问题又摆在了数学家的面前。解决这个问题的是伽罗瓦。

伽罗瓦的母亲肩负了他的早期教育。12岁时，伽罗瓦才进学校学习。几何课用的是勒让德的《几何学原理》。这是一本供两年学习的课本，但据说伽罗瓦仅花了两天的时间就学完了。1827 年秋，由于他对数学的酷爱，而对其他科目都不感兴趣，他开始研读研究性的论文，其中有拉格朗日的《关于代数方程组的思考》等。17 岁的伽罗瓦发表了第一篇关于连分数的论文，从此新的数学思想就不断迸发。为了解答方程的可解性问题，只考虑根的置换实嫌过窄。由此他不仅引入了群这一开创性概念，而且还创立了现在被称为伽罗瓦理论的一个崭新的时代分支。1829 年 5 月 25 日和 6 月 1 日，还不足 18 周岁的伽罗瓦把他的研究成果写成两篇论文送呈法国科学院，被柯西遗失。1830 年 2 月，在得知阿贝尔的工作后，伽罗瓦把修改过的论文再次投稿法国科学院，论文被傅里叶带走，不料傅里叶去世。1831 年，伽罗瓦又给法国科学院送呈了一篇题为《关于方程根式可解的条件》的论文，最终被泊松驳回，审稿意见是，他们尽了最大努力，但无法弄清伽罗瓦的证明……伽罗瓦的新概念、新思想确实大大地超越了时空。

伽罗瓦怀才不遇，两次报考综合工科学校都名落孙山。在他短短的一生之中，两次入狱，撰写的论文又屡遭不测。他一生坎坷，最后在一次愚蠢的决斗中死去。

讲完这些，我们仿佛置身当时，见证一次次奇迹的诞生，又不免惋惜某些不可避免的结局。我们从中得到一些思考：如果菲奥尔再多下功夫，把自己老师的结果理解透；如果塔尔塔利亚说干就干，自己写专著；如果阿贝尔不是那么贫穷；如果伽罗瓦不那么年少气盛，不去赴那个自己都预测注定要失败的决斗……

我们在钉钉群发起了一个投票，如图 17–13 所示。

投票结果显示了学生们对机会的渴望。借此告诉学生，机会不是唾手可得的，我们需要时刻做好准备，好好学习、积极向上，最后做一个能扛得起责任的人。

图 17–13　钉钉群投票界面

四、教学方法

我们先以解一元三次、四次、五次方程为线索，讲述一个个转折点的成果及数学家的故事，着重他们的性格在各个事件中的推动作用。然后结合自己对故事的解读，进行思考，并通过钉钉群投票，分析投票结果，明晰人格修炼的方向。

五、教学总结

把数学理论的发展与数学家的人物性格以故事的形式展现出来，能深深地抓住并打动学生的心。通过钉钉群投票，让学生们再一次带着自己的思考重温数学家们的故事，设身处地地思考他们带来的启示，从而建立正确的人生观、价值观。

案例 3

一、教学内容

在“行列式”这一章的学习中，借助行列式在初等数学中的应用，将高等代数理论与方法融入初等数学问题的解决中，使高等代数与初等数学领域紧密结合起来。

二、育人元素

通过行列式在初等数学中的应用，使学生学会居高临下地去观察、解决初等问题。使师范生时时刻刻反思如何把高等教育应用到初等教育中，切切实实，一步步提升数学涵养，真正体现高等教育的价值。逐步建立价值塑造、知识传授、能力培养“三位一体”的教育模式。

三、教学案例

例 1　分解因式：$ab^2c^3+bc^2a^3+ca^2b^3-cb^2a^3-ba^2c^3-ac^2b^3$.

解：原式 $=abc(bc^2+ca^2+ab^2-ba^2-ac^2-cb^2)$

$$=abc[bc(c-b)+ca(a-c)+ab(b-a)]$$

$$=abc\begin{vmatrix} bc & a & 1 \\ ab & c & 1 \\ ac & b & 1 \end{vmatrix}=abc\begin{vmatrix} bc & a & 1 \\ b(a-c) & c-a & 0 \\ c(a-b) & b-a & 0 \end{vmatrix}$$

$$=abc(a-c)(a-b)\begin{vmatrix} b & -1 \\ c & -1 \end{vmatrix}=abc(a-c)(a-b)(c-b).$$

例 2　已知 $x+y+z=0$，求证：$x^3+y^3+z^3=3xyz$.

证明：$D=x^3+y^3+z^3-3xyz$

$$=\begin{vmatrix} x & y & z \\ z & x & y \\ y & z & x \end{vmatrix}$$

$$=\begin{vmatrix} x+y+z & x+y+z & x+y+z \\ z & x & y \\ y & z & x \end{vmatrix}$$

$$=0.$$

命题得证．

例 3　已知 $a \geqslant b \geqslant c \geqslant 0$，求证：$b^3a+c^3b+a^3c \leqslant a^3b+b^3c+c^3a$.

证明：$D=a^3b+b^3c+c^3a-(b^3a+c^3b+a^3c)$

$$=\begin{vmatrix} ab & bc & ca \\ c^2 & a^2 & b^2 \\ 1 & 1 & 1 \end{vmatrix}=\begin{vmatrix} ab & bc-ab & ca-ab \\ c^2 & a^2-c^2 & b^2-c^2 \\ 1 & 0 & 0 \end{vmatrix}$$

$$=\begin{vmatrix} bc-ab & ca-ab \\ a^2-c^2 & b^2-c^2 \end{vmatrix}=(a-c)(b-c)\begin{vmatrix} -b & -a \\ a+c & b+c \end{vmatrix}$$

$$=(a-c)(b-c)\begin{vmatrix} a-b & -a \\ a-b & b+c \end{vmatrix}$$

$$=(a-c)(b-c)(a-b)\begin{vmatrix} 1 & -a \\ 1 & b+c \end{vmatrix}$$

$$=(a-c)(b-c)(a-b)(a+b+c) \geqslant 0.$$

命题得证．

例 4　已知平面上三点 $A(1,0)$，$B(4,1)$，$C(0,4)$，求 $\triangle ABC$ 的面积．

解：$S_{\triangle ABC}=\dfrac{1}{2}\left|\vec{AB}\cdot\vec{AC}\right|=\dfrac{1}{2}\begin{vmatrix} 3 & 1 \\ -1 & 4 \end{vmatrix}=\dfrac{13}{2}$.

例 5　已知空间中四面体 $ABCD$ 的顶点坐标为 $A(0,0,0)$，$B(6,0,6)$，$C(4,3,0)$，$D(2,-1,3)$，求四面体 $ABCD$ 的体积.

解：$V_{四面体ABCD}=\dfrac{1}{6}\left|(\vec{AB}\times\vec{AC})\cdot\vec{AD}\right|=\dfrac{1}{6}\left\|\begin{matrix} 2 & -1 & 3 \\ 6 & 0 & 6 \\ 4 & 3 & 0 \end{matrix}\right\|=1$.

四、教学方法

在课堂教学过程中，首先对行列式的定义及其几何意义进行回顾；然后，以例题为导向，组织各学习共同体开展自主合作，探究解题思路；然后请学生在黑板上写出解题经过；最后，教师与其他学生互动，深化、整合各组共识。

五、教学总结

高等代数应用于中学数学并不是简单的一题多解，而是一种知识的融会贯通和学生发散与联想思维的发展，用高等代数的观点去研究初等数学是数学与应用数学专业对培养高水平的准中学数学教师的要求。教师是否具有较高的教学观点，是衡量教师数学素质的重要标准。

◎ 课程思政特色与创新

本课程的思政设计旨在解决如下三个问题：一是对大一新生而言，这门课程太过抽象，有很多学生适应不了它的节奏，因而迷茫于学了这门课到底有什么用。二是很多学生的就业目标是中小学老师，他们认识不到高等代数对初等数学有什么用处。三是到了大四考研阶段，一些学生对这门课程掌握得不够好，因此不敢报也下不了决心报更好的学校。

针对这三点，我们在“育人提质量”上下功夫，在知识传授的基础上，注重价值塑造与能力培养，逐步使学生站得更高、走得更远。

18 有机化学

李万梅

课程名称：有机化学

学　　院：材料与化学化工学院

专　　业：化学、应用化学等

学　　分：6

学　　时：96

课程性质：专业基础核心课

◎ 授课教师基本情况

李万梅，副教授，杭州市教学名师、杭州市教育局领雁计划人选。长期从事有机合成、精细化学品新工艺研究。主持省部级科研项目3项，在研企业横向课题2项；以第一或通讯作者在 *Green Chemistry*、*Organic Letters*、*Organic Chemistry Frontiers* 等期刊发表SCI（科学论文索引）学术论文16篇，其中1篇入选ESI（基本科学指标数据库）高被引论文；授权发明专利8件。主讲本科生有机化学Ⅰ～Ⅱ和药物化学课程，主持完成浙江省教改项目1项、杭州师范大学教改项目8项；在《大学化学》《化学教育》等期刊发表教学研究类论文12篇；连续10年校教学考核优秀，获教学免考核；获杭州师范大学教学十佳，浙江省高校青年教师教学技能竞赛优秀奖。曾获国家发明创新一等奖、全国高等学校科学研究优秀成果奖（科学技术）二等奖、浙江省技术发明奖三等奖、中国产学研合作创新成果奖一等奖等奖项。

◎ 课程内容简介

有机化学是化学及相关专业的专业基础课程，在大一下学期和大二上学期开设，以线上线下混合式教学为主，辅之以实践教学。聚焦“立德树人”根本任务，立足学校实际，渗透成果导向教育理念，以学生为中心，树立“能力本位”的多元驱动思政教学理念。针对不同专业特点及需求，构建个性化课程体系及内容，持续改进，形成了“一聚焦、二精准、三融合的三维三阶”设计思路。

◎ 课程目标

一、思政目标

使学生通过有机化学发展史的学习，感受科学探究的艰辛；通过有机化学在生产、生活中重要作用的学习，认同化学是人类进步之关键的观点。通过化学学科伦理的学习，以及具有正向激励作用的、历代化学家砥志研思的科研与人文精神的熏陶，更有效地增强学生的学科自信和文化自信，培养学生的家国情怀和使命担当。将创新精神和爱国主义贯穿于化学学习的始终，使学生将个人价值与社会价值相结合，真正将刻苦钻研、刮磨淬砺的科研精神内化为自身学习的驱动力。

二、知识目标

使学生掌握各官能团结构、性质、制备及其相互转化的原理。深刻理解和掌握课程中的立体化学、结构解析、自由基取代、亲电加成、亲电取代、亲核加成和亲核取代等机制。设计并制订用于简单有机化合物导向的合成路线的方案，了解常见有机化合物在工业生产和人们日常生活中的地位与作用。

三、能力目标

培养学生的辩证唯物主义观点，使学生具备运用有机化学基本理论剖析反应历程的能力，掌握有机反应的本质，并具有简单有机化合物逆合成分析及方案设计、制订的能力。通过培养学生独立分析与独立工作能力的必要训练，初步培养学生教学研究及应用的能力。

四、素养目标

（1）帮助学生建立先进的有机化学教育理念，培养学生科学的价值观和教育观。

（2）培养学生求真务实的科学态度，以及理论与实践相结合的优良学风和勇于创新的科学精神。

（3）帮助学生逐渐形成自主学习和终身学习的能力。

（4）培养学生讨论沟通能力与团队合作精神。

◎ 教学案例设计

案例 1

一、教学内容

在“醛酮”这一章的学习中，我们所选择的知识点为黄鸣龙还原反应。通过对该反应的讲解，我们不仅要让学生理解反应机制，而且要让学生探讨黄鸣龙反应改进的意义。

二、育人元素

通过黄鸣龙先生的事迹向学生传递以爱国主义为核心的民族精神，鼓励学生学习老一辈化学家勤于思考、不断探索的科学精神，厚植家国情怀，努力为我国化学技术的发展与进步作出自己的贡献。

三、教学案例

黄鸣龙还原反应是“醛酮”一章的重要内容，是羰基还原成亚甲基的一个重要方法。该反应是黄鸣龙先生在沃尔夫 - 基希纳（Wolff-Kishner）还原法的反应条件基础上进行改良得出的，是有机化学史上唯一一个用中国人名字命名的反应。因此，它对于学生学习中国化学史十分重要，它不仅提供给学生一种还原法的学习方法，更是培养学生爱国精神的良好例子。

1946 年，黄鸣龙先生在哈佛大学访学期间重复沃尔夫 - 基希纳反应时，出现了意外情况——反应装置中一个烧瓶的软木塞脱落，反应体系中的溶液几乎蒸干，生成黑色混合物，但黄鸣龙先生并没有直接宣告反应失败，在认真分析了产物组成之后，他惊奇地发现在这种条件下不仅得到了目标产物，而且产率竟达90%！在经过反复的实验分析之后，黄鸣龙先生最终总结出可将醛酮置于高沸点溶剂中反应，用氢氧化钠（钾）代替金属钠反应，并在反应过程中不断蒸出反应生成的水，使得醛酮的还原可以在常压下进行。这一方法有效地改善了原方法原料昂贵、操作危险而且反应条件苛刻的种种弊端，并大大提高了产率，因而被广泛应用于工业生产。通过学习黄鸣龙先生的实验历程，学生明白了实验失败并不是困难，有时候它也是成功的契机，一时的失败可能是通往成功的分岔口，只要肯坚持，不放弃，把握机会，一定会获得成果。

1952年，我国正处于国民经济恢复的关键时期，各领域百废待兴，黄鸣龙先生毅然放弃了美国先进的机器设备和现代化的科研环境，排除万难，回到祖国并立即投身于新中国的化学事业，同时也为祖国培养了一大批作出巨大贡献的科学家。正是有一群像黄鸣龙先生这样的科学家，他们怀有一颗赤诚的爱国之心，在自身得到一定的提高之后，义无反顾地回到国家的怀抱，为祖国的发展作贡献，我们的国家才能有今天如此的成就。身为当代热血青年，大学就是找寻方向、充实自己的阶段，听到这些前辈的历史事迹，更应该有动力学习知识，向前辈学习，争做像黄鸣龙这样优秀的科学家，树立远大的理想抱负，才不会在青春里留下遗憾。

虽然本节课的理论内容很少，只是讲还原反应的一种方法和机制，但是所传达的内容远超过这些理论内容，它更重要的是教会学生在化学道路上的选择和安排。

四、教学方法

本节课将讲授法、问答法、讨论法和边讲边评的方法贯穿课堂始终。首先，教师通过讲授机制，指导学生学习黄鸣龙反应的机制；其次，通过问答法，对黄鸣龙的事迹进行提问，引起学生对老一辈化学家的敬畏之情；然后，分组讨论黄鸣龙反应的具体应用，使学生进一步加深对黄鸣龙反应的认识；最后，通过边讲边评，师生共同探讨黄鸣龙反应改进的意义，引导学生发散思维，培养学生的创新能力。

五、教学总结

经过本节课的讲解，学生对黄鸣龙反应机制有了一定的认识。课中插入黄鸣龙先生的事迹，更能使学生感受到化学的魅力，学习到黄鸣龙先生身上的品质，引起共鸣，从而提升学习化学的兴趣和自信心。

案例 2

一、教学内容

“胺的制法”这一节内容，主要介绍胺的制备方法，包括氨或胺的烃基化以及酰胺和腈的还原等，在讲解这些制法的过程中，穿插本课题组教师的科研事例，从身边事例引入，能更直观地让学生了解到成果，使其不至于感到陌生，也能更好地引起学生的学习兴趣。

二、育人元素

本节课以知识点为基础，以授课教师这个“身边人”结合科研讲自己的故事的形式呈现给学生，使学生感受到学以致用、敢于创新、精益求精、团结协作的精神，引发共鸣。

三、教学案例

胺类物质广泛存在于生物界，具有极重要的生理活性和生物活性，如蛋白质、核酸，以及许多激素、抗生素和生物碱等都是胺的复杂衍生物，临床上使用的大多数药物也是胺或者胺的衍生物，因此掌握胺的性质和合成方法是研究这些复杂天然产物及更好地维护人类健康的基础。胺的制备方法有很多种，包括氨或胺的烃基化以及酰胺和腈的还原等。对于有机物的合成来说，很多方法都是相通的，因此对于胺的衍生物的制备也可用类似原理。

在讲胺时拓展延伸一些含氮的杂环，引入授课教师所在课题组的研究方向和成果，既可以帮助学生把前后知识联系起来，又可以使学生巩固目前学习的知识，为之后杂环化合物的学习做好铺垫。授课教师所在课题组（章鹏飞教授带领的团队）在喹诺酮方向取得了良好的科研成果。喹诺酮是吡酮酸类物质，是一种含氮的杂环化合物，喹诺酮类化合物是一类广泛存在，并具有生物活性的天然产物及药物分子中的特殊结构单元，是近些年研究的热点。然而，受拜耳专利垄断的影响，我国普遍采用的原有生产工艺，需经八步反应，总产率仅为37.8%，且大量使用了二氯亚砜、多取代苯甲酰氯、氢化钠、原甲酸三乙酯、三乙胺等安全性差、“三废”产生量大的试剂作原料，生产1吨原料药“三废”产生量达3.3吨。研究发现，多取代三氯甲苯水解体与甲酰基乙酸乙酯盐、二甲胺的缩合是固体酸配位催化的结果；后一步的环合是 C–X 活化 /C–N 的催化机制，而纯粹的碱或酸几乎没有该催化功能，仅仅通过芳烃的亲核取代进行环合，效率很低。没有对机制的深入研究，要设计一种完成喹诺酮环合的既具酸催化功能又具氧化—还原催化功能的催化剂是困难的，这是制备喹诺酮环合酯一直没有取得突破性进展的主要原因。为此，授课教师所在的课题组建立了有别于有机胺为缚酸剂的碱催化的固体酸催化工艺，实现了这些关键中间体的商业化生产。

该项目从基础研究成功实现产业化，并获得浙江省科学技术进步奖一等奖等多项荣誉。“身边人”故事的例子，更能引起学生的学习兴趣，使学生感受到学以致用、敢于创新、精益求精、团结协作的精神，使他们更有共鸣。

四、教学方法

本节课主要使用了任务驱动法、讲授法、问答法等教学方法。首先，在课前环节利用慕课发布结合授课教师科研成果的相关任务。其次，在课中环节由教师讲授胺的制法，然后根据课前布置的内容提问，引出授课教师课题组从基础研究成功实现产业化，讲述授课教师这个“身边人”的故事，这样的榜样示范和激励作用巨大，更能引起学生的学习兴趣，同时讲解其中的相关原理，加深学生的印象，提高学生的思考能力。

五、教学总结

本节课主要介绍胺的制法的相关原理，使学生掌握一定的基础知识。同时，在课中插入授课教师课题组的科研成果，激发学生的学习兴趣和求知欲，调动课堂氛围，从而达到了一定的教学效果。

案例 3

一、教学内容

本节课主要介绍手性分子的概念和重要意义，重点内容在于手性的判断及构型的确定，以及手性分子的制备方法——不对称催化。在课程中引入手性分子的研究前景和在手性分子方面作出贡献的人物事例，从理论和应用两方面出发，使学生更容易理解和接受。

二、育人元素

通过介绍在手性分子方面获得重大成果的院士的事迹，激发学生的求知欲及学习的动力。在手性分子的应用前景方面，注重培养学生的职业道德和思考能力，使其在今后的职业生涯中能够游刃有余。

三、教学案例

手性分子是碳原子在形成有机分子时由于相连的原子或基团不同而形成的两种分子结构。手性分子在化学结构上镜像对称但任意旋转都不能完全重合，就像左手和右手一样，因此也被称为手性异构体。两者之间在药力、毒性等方面往往存在差别，有的甚至作用相反。手性是生命过程的基本特征，构成生命体的有机分子绝大多数都是手性分子。

手性分子的作用差别很大，作为化学类专业的学生，在今后的工作道路上使用手性物质时一定要弄清它们的原理和作用，遵守职业道德，清楚自己的定位和方向，做出对社会有意义的事情。

在讲授理论知识的同时，可以引入手性分子的发展前沿或者研究前景。比如周其林先生在2018年获得被称为中国诺贝尔奖的第三届未来科学大奖“物质科学奖”，这无疑是为祖国增添了色彩，也表示我国的科研“更上一层楼”。又如林国强院士——上海中医药大学创新中药研究院院长，其主要的研究领域包括生物信息素、手性合成及氧化还原酶与羟腈化酶生物催化等，代表著作有《手性合成——不对称反应及其应用》等。围绕手性合成，林国强和他的团队已获得授权中国专利50项、美国专利1项，PCT（专利合作条约）3项，实施转让12项。但他的个人生活却依旧十分简朴：鞋子破了才想到去换，一件衣服穿20多年，破了也不舍得扔。他把所获得的基金都捐献给了需要帮助的人。他的学生回忆说，早上8点去图书馆等开门，却发现林先生已经坐在那里看文献了。这两位院士的事例，有助于激发学生学习的斗志，引导学生从他们身上学到可贵的品质。

手性分子很多都被用来作为药物服务人类。因为手性分子在化学合成中，两种分子出现的比例是相等的，所以对于医药公司来说，他们每生产1千克药物，都要费尽周折，把另一半分离出去。后来，科学家发明了一种“不对称催化合成”的方法，解决了这一问题，该方法可以广泛地应用于制药、香精和甜味剂等化学行业。

从这个事例可以看出困难总有解决的办法，还有许多未知的事物等待我们去发现。

四、教学方法

本节课主要采用讲授法、问答法和讨论法等教学方法。首先，教师讲述手性分子的概念，并用模型直观地向学生表述手性分子的结构；其次，通过小组讨论手性分子在生活中的重要意义来加深学生对手性分子的认知；最后，教师提问，学生分享他们所了解的意义。

五、教学总结

本节课以知识点与人物传记相结合的形式呈现给学生，使他们在了解不对称催化的同时，也了解到走在科研最前沿的、勇攀科学高峰的科学家的高大形象。案例讲解结束后，为学生布置小论文论题。

◎ 课程思政特色与创新

一、教学内容三融合

在课程专业基础内容上，将结构、机制、合成及谱图这些基础知识融会贯通。结构推导机制，机制决定合成，合成呈现谱图，谱图确定结构；同时，注重思政内容和专业知识深度融合，将务实创新、绿色发展有机融入课程。此外，还为学生展现有机化学的发展前沿，例如化学专利、诺贝尔化学奖、生活中的化学等，引导学生实时关注化学专业的发展动态。

二、教学实施三环节

（1）勤于课前：熟读课本是日常，查阅文献是常态，了解前沿是态势。

（2）精于课中：掌握规律，举一反三，把握规律的共性和特性；练习习题，熟稔于心；熟练操作，精益求精。

（3）思于课后：绘制思维导图，总结归纳内容。

本课程通过这些环节，将知识传递、知识内化、巩固拓展做得更好。

三、创新能力三部曲

本课程为了学生的全面发展，安排开放实验，鼓励学生走进实验室，同时提供科研助理岗位，培养学生的基本科研能力，激励学生参加有机化学竞赛，培养学生科研自信心，通过实验、科研、竞赛“三部曲”，由浅入深地培养学生的科研实践能力，以此升华学生的专业知识，体现高阶性。

19 动物学

陈慧丽等

课程名称：动物学

学　　院：生命与环境科学学院

专　　业：生物科学（师范）/ 生物技术 / 生态学

学　　分：4

学　　时：48

课程性质：专业核心课

◎ 授课教师基本情况

动物学授课团队现有教授3名、副教授5名。该团队成员均为生命与环境科学学院生物学国家一流专业建设点和生物学浙江省优势特色学科中的骨干中青年学者，成员中入选浙江省“151”第三层次人才1人，杭州市“131”人才重点资助人选1人、第三层次人才1人。承担动物学、普通动物学、动物学实验、动物学野外实习、普通生物学、动物行为学、生物地理学、保护生物学等本科生和研究生课程的教学任务。

动物学授课团队成员近五年先后主持国家自然科学基金9项、省部级项目5项，发表SCI论文60余篇，获国家发明专利和实用新型专利10项，主持动物学相关教学改革项目3项。团队成员指导学生参加国家级大学生创新创业训练计划及杭州师范大学本科生创新能力提升工程等项目10项，指导的学生获大学生“挑战杯”课外学术科技作品竞赛、大学生生命科学竞赛、大学生环境生态科技创新大赛省级一等奖以上20余项。

◎ 课程内容简介

动物学是为生物科学（师范）、生物技术和生态学专业开设的一门专业核心课程。本课程以动物的基本结构和生命活动为基础，以动物系统进化为主线，讲授内容包括动物界各类群的形态结构特征、生理机能、生活习性、生殖与发育、多样性及其进化、地理分布等基础知识和基本理论。本课程以线下课堂教学为主，辅之以在线教学，是浙江省精品在线开放课程。本课程强调各部分内容的有机联系，重视阐明动物界个体发育与系统发育的统一、形态与机能的统一、机体与环境的统一，以及动物生命发生发展等基本规律。

◎ 课程目标

一、思政目标

（1）引导学生树立正确的世界观、人生观和价值观，激发学生的爱国主义情怀，使学生坚定社会主义道路自信。

（2）培养学生勇于探索、敢于创新的科学精神，以及敬畏自然的科学态度。

（3）引导学生以发展的眼光看问题，用进化的自然法则理解生物。

（4）帮助学生树立崇尚自然、尊重生命、保护生物与环境的生态理念。

（5）增强学生投身生态文明建设的责任感与使命感，鼓励学生成为中华民族伟大复兴中国梦的追梦人。

二、知识目标

（1）使学生通过系统学习动物的基本特征、分布及各纲的代表性动物等，掌握动物生命活动的各种基础理论和基本知识。

（2）使学生理解动物形态结构与生理功能的关系、动物与环境的关系、动物个体发育与系统发展的关系。

（3）使学生了解现代动物学的新理论、新进展及发展前沿动态。

三、能力目标

（1）使学生学会用辩证唯物主义的思维来认识和解释生命现象的本质，具有独立思考与解决问题的能力。

（2）使学生能运用所学的知识和技能，初步解释和解决生产实际中有关动物学的一般问题。

四、素养目标

（1）通过小组研讨、交流与合作的过程，培养学生的团队协作精神，锻炼沟通合作能力。

（2）使学生毕业后能胜任中等学校生物学课程的教学工作或者生物医药企业、林业和农业部门的动物相关研究工作。

◎ 教学案例设计

案例 1

一、教学内容

“节肢动物门—昆虫纲”这节课，通过介绍代表动物“中华稻蝗”的主要结构特点，分析昆虫作为无脊椎动物中登陆生活最成功的类群的原因，探讨它与人类的关系，使学生理解蝗虫成灾的气候和生境要素，了解新中国的治蝗成就，以及新全球化、农村城市化、外来蝗虫入侵等带来的新生态问题和蝗灾预警等。

二、育人元素

（1）“爱国、敬业”的社会主义核心价值观：比较新中国成立前后蝗灾数据，体现社会主义制度的优越性，使学生坚定社会主义道路自信；分析新形势下国内外蝗灾防治的现状，激发学生的爱国情怀和民族自豪感。

（2）“勇于探索、敢于创新”的科学精神：讲述从治蝗专家到生态学巨匠的马世骏院士（我国动物生态学研究的奠基人之一）的故事，激发学生求真求实的科学精神。

（3）生态文明建设的核心理念：分析蝗灾成因、蝗灾治理和预警，强调加大生态系统保护力度、建设生态文明、实现人与自然和谐共生的重要性，增强学生投身生态文明建设的责任感与使命感。

三、教学案例

（一）在课堂导入中融入思政元素

（1）2020 年，蝗灾在世界各地出现，尤其是非洲、印度等地蝗灾肆虐，引发全球粮食安全问题。

（2）由此引入蝗灾的概念：蝗虫引起灾变，一旦发生蝗灾，大量的蝗虫会吞食禾田，使农产品完全遭到破坏，引发严重的经济损失，以致因粮食短缺而发生饥荒。

（3）展示蝗灾的新闻图片，播放《极度惊蝗》电影片段，使学生感受到蝗灾的危害，并进一步推导出要治理蝗灾必须先研究蝗虫。

（二）在课堂进行中融入思政元素

组织学生探讨和回答以下几个问题：

（1）从蝗虫的形态、结构和功能，分析蝗虫为什么能泛滥成灾。

（2）比较新中国成立前后飞蝗发生频率的变化。

（3）从蝗虫的生活习性，分析治理蝗灾的可能手段。

（4）新中国成立后提出的“飞蝗综合防治”，具体包含哪些措施？你从马世骏院士及其团队的治蝗工作中得到了哪些启发？

课程素材（1）：背景

蝗灾是我国数千年来农民面临的最重要的自然灾害之一（见表 19-1、表 19-2）。据史料记载，新中国成立前的 2000 多年中，每隔 3 ~ 5 年即大发生一次。1931—1949 年，全国几乎每年均发生不同程度的蝗虫灾害，蔓延范围达到 6～11 省的大发生就出现 8 次之多，其中最著名的有 1942 年河南大旱后蝗灾（播放素材电影《1942》），使饥荒蔓延。

课程素材（2）：新中国成立后的灭蝗举措

新中国成立后在中国共产党的领导下，积极采取“改治并举”的战略方针，对蝗灾发生基地及时加强防治，创造了迅速控制数千年历史蝗患的伟绩，体现了社会主义制度的优越性。

· 1951 年，朱德批准人民空军出动 5 架飞机，协助河北、安徽、湖北等省在荒无人烟的蝗灾发生基地灭蝗，写下了中国飞机治虫史上的第一页。

·1952 年，国家组建了中国科学院昆虫研究所和昆虫生态学研究室，委派中国生态学奠基人马世骏先生带领一批科学家和技术人员研究根治蝗灾的办法。

·中央人民政府利用治蝗研究成果，先后制定了多项治蝗政策，蝗灾逐渐淡出人们的视野。

·步入新时代，中国蝗虫防治技术快速进步，并不断拓展国际治蝗合作，蝗虫危害得到持续控制。

·当前，蝗灾已纳入国务院《国家突发公共事件总体应急预案》的管理范围，各蝗区均成立了防控指挥部，确保发生蝗灾后能够有效防控。

表 19-1　元、明、清时期中国蝗灾地域分布[①]

序号	省名	元代蝗灾次数			明代蝗灾次数			清代蝗灾次数		小计	重点灾区举例
		路级	府州级	县级	省级	府州级	县级	府州级	县级		
1	河北	38	19	22	9	38		17	130	273	真定府（19次）、顺天府（13次） 河间府（13次）、保定府（12次） 顺德府（11次）、大名县（18次）
2	山东	29	15	23	15	22	1	17	116	238	济南府（17次）、青州府（13次） 博兴县（8次）、定陶县（5次）
3	河南	15	11	17	14	19	1	1	2	80	开封府（9次）、彰德府（8次） 卫辉府（7次）、怀庆府（5次）
4	山西	3	3	1	5	6		4	22	44	平阳府（5次）、太原府（2次）
5	陕西		5	4	1	1		4	5	20	延安府（3次）、华州（2次）
6	辽宁		2			2				4	
7	内蒙古		1							1	
8	新疆			1						1	
9	甘肃							2	2	4	
10	宁夏							1		1	
11	江苏	1	9	11	6	15		4	8	54	淮安府（7次）、徐州（5次）
12	安徽	1	4	6		9		2	23	45	凤阳府（6次）、合肥县（4次）
13	湖北							10	76	86	宜都县（6次）、松滋县（5次） 枣阳县（4次）、应城县（4次）
14	浙江				1	2				3	杭州（2次）
15	江西		1	1						2	

① 施和金：《论中国历史上的蝗灾及其社会影响》，《南京师大学报（社会科学版）》2002年第2期，第148-154页。

续表

序号	省名	元代蝗灾次数			明代蝗灾次数			清代蝗灾次数		小计	重点灾区举例
		路级	府州级	县级	省级	府州级	县级	府州级	县级		
16	云南			1			2			3	
17	广东								2	2	
18	合计	87	70	87	51	114	4	62	386	861	

注：蝗灾发生时，历年范围大小不同，古代史书多按当时行政区划来记载，本表所列蝗灾级别即按地域范围大小加以区分。

表19-2　蝗灾各阶段分布①

阶段	第一阶段	第二阶段	第三阶段	第四阶段	第五阶段	第六阶段
皇帝年号	顺帝—洪武（1333—1398年）	建文—弘治（1399—1505年）	正德—天启（1506—1627年）	崇祯—顺治（1628—1661年）	康熙—嘉庆（1662—1820年）	道光—宣统（1821—1911年）
时间/年	66	107	122	34	159	91
蝗灾次数/次	19	5	120	133	61	40
发生频率/次·年$^{-1}$	0.288	0.047	0.984	3.912	0.384	0.440
占总次数比例/%	5.02	1.33	31.74	35.19	16.14	10.58

课程素材（3）：马世骏院士的故事

马世骏院士（我国动物生态学研究的奠基人之一）是蜚声中外的生态学家，是我国生态学研究的奠基人之一。他在国内的生态学研究是从蝗灾的防治开始的。1952年初，刚从国外留学归来不久的马世骏，接受了国家给他的第一个科研任务：解决我国千百年来不能根治的蝗灾问题。马世骏和助手们深入飞蝗发生地，调查蝗区的自然环境特点、飞蝗种群的数量动态和迁移扩散行为，又结合我国上千年来蝗灾的记录，终于搞清了蝗灾形成的过程和原因。他提出从系统的整体调控着眼，运用“改治结合、根除蝗害”的战略，一方面通过化学防治和生物防治降低蝗虫密度，另一方面改造飞蝗发生地，如修筑堤坝、控制水位、耕垦湖滩荒地等。这样就成功地打开了飞蝗综合防治的大门，使大面积的蝗害在中国大地上得以防治。

（三）在课堂结尾融入思政元素

介绍我国粮食生产现状——老百姓的米袋子安全问题，探讨生态农业及粮食安全的协调发展关系，引用习近平总书记的话，如“中国人要把饭碗端在自己手里，而

① 周宇燕：《崇信与毁灭——明清时期山西蝗灾的时空分布及社会应对》，《农业考古》2021年第1期，第124-133页。

且要装自己的粮食”[①]“手中有粮、心中不慌在任何时候都是真理”[②]等。

在新时代，由于农村城市化的深入发展、沙漠蝗的入侵等问题的存在，我们仍要警惕蝗灾再次出现，蝗灾防控和预警极具重要性。此时进一步引出生态文明建设的核心理念，增强学生投身生态文明建设的责任感与使命感，鼓励学生成为中华民族伟大复兴中国梦的追梦人。

四、教学方法

本堂课充分利用多媒体课件、网络资源（新闻图片、视频资料、论文文献）等教学手段和资源，将不同的思政元素巧妙地渗透到课堂导入、进程和收尾的各个环节。在课堂讲授时突出重点，适当安排学生讨论，充分调动学生学习的积极性，培养学生提出问题、解决问题的能力。

五、教学总结

本堂课通过对蝗虫与蝗灾等专业知识的分解和重构，充分将“思政 + 课堂”教学引入课程教学目标，提炼契合思政教学内容的教学要点和讲解顺序，将思政和专业知识深度融合，形成了新的教学节奏。在课堂中不但有专业知识，还有历史背景、人物故事、时政介绍，更好地提升了学生的学习兴趣，增加了课程内容的宽度。

案例 2

一、教学内容

无脊椎动物学中的原生动物门、扁形动物门、线虫动物门等章，涉及疟原虫、利什曼原虫、血吸虫、丝虫、钩虫等五种寄生生活的动物。这五种寄生虫感染人数多、发病率和病死率高，对社会经济影响大，由它们引起的五大疾病（疟疾、黑热病、血吸虫病、丝虫病和钩虫病）被称为我国的五大寄生虫病。这几章主要学习这些动物适应寄生生活的结构特征，探讨其与寄主之间的相互关系，了解其危害和防治原则，以及我国防治这些疾病的成就等。

---

① 申勇、爱民、李铮等：《习近平：中国人要把饭碗端在自己手里 而且要装自己的粮食》，《央视网》2018年9月26日，http://news.cctv.com/2018/09/26/ARTIz1cpTPynSzbxDtb8Cl18180926.shtml。

② 中共中央宣传部编：《习近平新时代中国特色社会主义思想学习问答》，学习出版社、人民出版社2021年版，第264页。

二、育人元素

（1）科学精神和职业素养：讲述老一辈动物学家江静波和诺贝尔奖获得者屠呦呦及其科研团队在抗疟原虫病方面的贡献和事迹，使学生学习科学家锲而不舍、坚韧不拔的品质，以及为科学事业奉献自我的精神。

（2）团队协作的科学素养：组织学生参与小组研讨、交流与合作，培养学生的团队协作精神，以及沟通合作能力。

（3）社会主义核心价值观：介绍我国防治这些疾病的成就，激发学生的爱国情怀和民族自豪感，培养学生的远大理想。

三、教学案例

（一）五大寄生虫病的流行和防治状况

在课前鼓励学生们进行资料检索、整理。在课堂上让学生分组进行阐述、汇报和分享。要求根据时间轴对五种寄生虫病的前后流行状况进行分析，体现中国共产党始终把人民利益和安全放在首位，在党和国家的领导下我国寄生虫病防控取得的巨大成就，保障了人民的经济水平和卫生条件。

（二）疟原虫与疟疾的防治

在原生动物门部分“疟原虫”一章教学中，引入以下内容。

（1）动物学家江静波教授与他的科研团队为了得到疟原虫长潜伏期的准确数据，亲身感染疟原虫，获得了间日疟原虫潜伏时间的精确记录。江静波教授在动物分类学、脊椎动物形态学、动物生理学、昆虫学、古动物学研究领域成果卓著，培养了一大批优秀的生物学人才。虽然他在“文革”期间饱受苦难的折磨，但是他爱国、爱事业之情却始终如一。江教授曾说：“这不算什么。学术乃天下之公器，科技系国家之命脉。只要于国有利，不必计较你我。”①

（2）我国科学家屠呦呦因对创制抗疟药物青蒿素和双氢青蒿素的杰出贡献而荣获2015年诺贝尔生理学或医学奖。青蒿素是抗疟特效药，具有速效和低毒的特点，大大降低了世界范围的疟疾死亡率。

播放BBC视频短片《二十世纪最伟大的科学家之一——屠呦呦》，展示屠呦呦及其团队发现抗疟新药“青蒿素”的过程。

---

① 黄天骥：《月是故乡明——怀念江静波教授》，载黄天骥：《黄天骥文集》，广东人民出版社2018年版，第158页。

在从青蒿提取青蒿素的研究过程中，屠呦呦团队经历了190次失败才获得了重大突破。研究期间，她始终扎根于一个领域。坚韧不拔、锲而不舍的科学品质是她最终获得成功的关键。

由此使学生理解科学家精神，体会坚持、果敢和担当，明白科研过程中充满荆棘，只有不畏艰辛、持续攀登，才能到达希望之顶点。

虽然屠呦呦是中国本土自然科学领域问鼎诺贝尔奖第一人，但其获奖背后是两三千人参与的“523”项目的整体付出。她在参加诺贝尔基金会举办的年度庆典时，用一份图表展示当年抗疟研究团队的合作情况，她认为青蒿素是在协作单位同行们所取得的多方面成果的基础上共同成就的，展现了我国科学家为攻坚克难所发扬的团队协作精神，以及所具备的创新思维能力和献身科学精神。

（三）血吸虫和血吸虫病的防治

扁形动物门的血吸虫是导致我国五大寄生虫病之一“血吸虫病”的病原生物。血吸虫病有2000多年的历史，遍及热带、亚热带地区，其中亚洲东部最为严重，全球约2亿患者，曾经威胁我国近1/5的人口，在我国长江流域和江南一带肆虐。20世纪50年代，我国血吸虫病患者达1000万人以上，受威胁者约1亿人。50年代以前，血吸虫病流行十分严重，出现许多“无人村”“寡妇村”“罗汉村”“棺材田”等悲惨景象。

在授课过程结合教学内容，从血吸虫的形态结构、生活史及其危害方面，引导学生讨论和理解何谓“瘟神”。

20世纪50年代，血吸虫病防治工作取得巨大成就，全国400多个历史流行县市一半以上消灭了血吸虫病，疫情得到有效控制。1958年6月30日，江西省余江县消灭了血吸虫，毛主席听闻消息后，写下《七律二首·送瘟神》。

其一

绿水青山枉自多，华佗无奈小虫何！
千村薜苈人遗矢，万户萧疏鬼唱歌。
坐地日行八万里，巡天遥看一千河。
牛郎欲问瘟神事，一样悲欢逐逝波。

其二

春风杨柳万千条，六亿神州尽舜尧。

红雨随心翻作浪，青山着意化为桥。

天连五岭银锄落，地动三河铁臂摇。

借问瘟君欲何往，纸船明烛照天烧。[①]

由此，进一步介绍我国在血吸虫病的控制与预防方面的过程和成功经验，以及中国经验、中国智慧在非洲的传播，使学生增进民族自豪感，坚定社会主义制度自信，增强国家安全意识，同时放眼世界，加深对人类命运共同体的理解。

四、教学方法

本堂课对五大寄生虫病相关资料的阅读和分享引入，充分培养了学生学习的积极性和与同组成员合作的能力，调动了课堂气氛。讲授时充分利用多媒体课件、视频资料等教学手段和资源，突出重点，引导学生思考。

五、教学总结

区别于传统的传授知识，本堂课能够充分发挥学生学习的主动性。学生们在课前认真阅读书本、收集文献资料，进行归纳整理，其自主学习能力、语言表达能力等均得到了锻炼。在代表动物的讲述中，导入科学工作者对科学研究的探究过程，突出在问题解决过程中遇到困难和瓶颈时，科学家如何迎难而上，共同协作。由此，在传授动物学知识的同时，融入思政教育，并加入相关研究背景和关键人物，使理论教学“故事化”，教学过程趣味化，更激发学生的学习热情。

案例 3

一、教学内容

脊椎动物分类学部分的教学内容以动物多样性相关的知识呈现，教学时在讲授鱼类、两栖类、爬行类、鸟类和哺乳类的鉴别特征、生活习性、地理分布、分类地位等知识的基础上，着重介绍我国的珍稀保护动物，以及这些动物的资源现状、濒危原因、保护措施及我国在动物保护方面取得的相关成果，并进一步设计经济鱼类

① 毛泽东:《七律二首·送瘟神》，载郭永文主编:《毛泽东诗词故事》，中央文献出版社2013年版，第144页。

资源调查、校园鸟类调查、珍稀保护动物海报设计等系列实践活动，强化学生保护环境、保护生物多样性的意识，体现生态文明建设的重要性。

三、育人元素

（1）生态文明建设理念：强化学生保护生物多样性的意识，增强学生投身生态文明建设的责任感与使命感。

（2）社会主义核心价值观：介绍我国在扬子鳄、朱鹮、大熊猫等动物保护方面取得的成就，介绍本学院老教授发现珍稀濒危两栖动物安吉小鲵的故事，激发学生的爱国情怀和自豪感，培养学生的远大理想。

（3）团队协作的科学素养：组织学生参与小组研讨、交流与合作，培养学生的团队协作精神和沟通能力。

三、教学案例

（一）课堂讲授——典型的珍稀保护动物

中国是世界上生物多样性最丰富的国家之一，拥有丰富的珍稀动植物物种，如扬子鳄、朱鹮、藏羚羊、大熊猫、白暨豚等。然而，由于人类活动的影响，这些物种的分布区显著缩小，种群数量骤减，它们的濒危状况应当引起我们的极大关注。

在介绍我国的珍稀保护动物时，一方面，引入我国动物学家在相关领域的贡献和最新研究进展。如：①中国科学院动物所魏辅文院士及其团队20年来有关大熊猫研究的工作，他们持续关注大熊猫栖息地丧失与破碎化等保护问题，先后在*PNAS*、*Nature*、*Science*等重要学术期刊和媒体上发表高水平的科研论文，受到全世界的广泛关注；②本学院老教授顾辉清如何发现珍稀濒危两栖类安吉小鲵的故事。由此将思政元素有机地渗透到专业课的教学中，使学生体会动物学家们求真务实、敢于创新的科学精神和科学态度。另一方面，课后布置学生观看相关纪录片和电影素材（如讲述藏羚羊保护的纪录片《平衡》和电影《可可西里》），使学生了解我国野生动物保护的现状和问题，激发学生敬畏自然之情，鼓励学生为中国的环保事业贡献自己的力量。

（二）实践活动之一——常见经济鱼类调查

本活动是对本地食用经济鱼类的调查作业，有助于学生掌握鱼类分类的基本知识。要求学生以小组调查报告的形式，交流经济鱼类的物种、分类地位、形态特征等，使学生认识常见鱼类物种，汇报后由学生和教师共同打分，计入成绩。此项活动有利于锻炼学生的观察能力，以及提出问题和解决问题的能力，培养学生的实践能力和团队合作精神。

（三）实践活动之二——校园鸟类多样性调查

本活动是请学生根据校园植被等情况，调查不同生境的鸟类种类组成，了解不同类群的鸟类分类学特征，分析杭州师范大学仓前校区不同环境和植被类型分布与不同鸟类生态类群的种类组成及数量的关系，结合杭州师范大学动物标本室的鸟类标本，评价校园鸟类资源的状况，提出若干鸟类保护和校园生境管理建议。

（四）实践活动之三——珍稀保护动物的海报制作

本活动是本着保护生物多样性和崇尚自然的理念，为加强学生的野生动植物资源保护意识而开展的“珍稀保护动物宣传海报大赛”。比赛要求参赛学生从脊椎动物中，选择一种濒危保护动物，通过海报（见图 19–1）介绍该物种的鉴别特征、生活习性、地理分布、分类地位等基础知识，分析其濒危原因和相应的保护对策等，从而强化学生保护生物多样性、投身生态文明建设的意识。

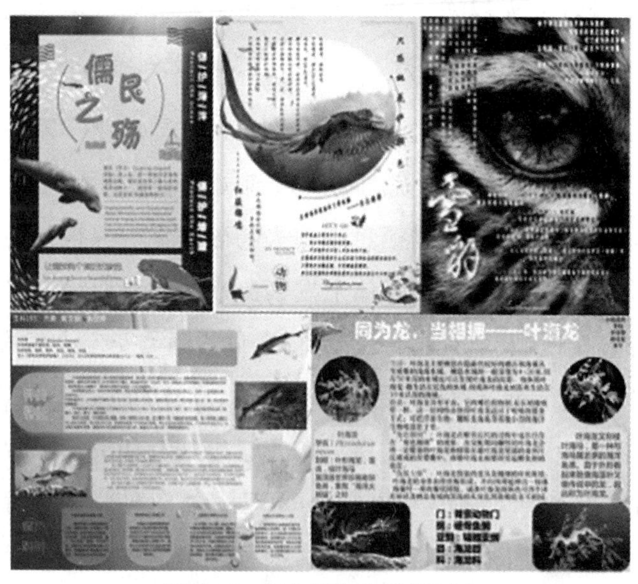

图 19–1　学生制作的部分海报

四、教学方法

本堂课利用展示多媒体课件、播放视频、介绍最新研究成果、开展课堂讨论等教学手段，将不同的思政元素巧妙地渗透到课堂导入。并设计系列实践环节，通过分组讨论展示、小组汇报和个人海报展示等，提高学生参与度，拓展相关知识，充分调动学生积极参与教学，培养学生主动思考、分析和解决实际问题的能力，以及合作沟通能力。

五、教学总结

本堂课的教学模式实现了从传统的“以教为中心”向“以学为中心”的转变。在教学方法上，本堂课通过系列实践环节的设计，组织校园鸟类观察，加深学生动物有机体和环境相统一的概念；组织鱼类调查，加深学生对课堂教学内容的理解，激发了学生的学习兴趣和学习潜力，使学生充分投入学习中，使课堂充满活力。

◎ 课程思政特色与创新

（1）本课程从教师自身出发，明确教师在动物学课程教学中的思政责任，增强教师的思政意识，注重授课教师的模范引导，并进一步以本学院顾辉清等老先生在动物学研究中的贡献为典型，将思政元素有机地渗透到专业课的教学中。

（2）动物学课程本身蕴含着丰富的思政元素。然而一直以来，动物学授课过于注重传统方式的知识传授，本课程在挖掘传统动物学课程思政资源的基础上，进一步实现实践环节与德育环节的融合，开展经济鱼类资源调查、校园鸟类调查、珍稀保护动物海报设计等实践，是对课程思政改革的一种新的尝试。

（3）保护生物多样性是我国生态文明建设的重要内容之一。本课程将动物分类、多样性、野生动物资源的保护等内容和人与自然生命共同体、人与自然和谐共生的生态文明建设理念等有机融合。

20 程序设计基础（实验）

单振宇

课程名称：程序设计基础（实验）

学　　院：信息科学与技术学院

专　　业：计算机科学技术

学　　分：3+2

学　　时：48+32

课程性质：专业核心课

◎ 授课教师基本情况

单振宇，博士，副教授。主要研究方向包括人工智能、大数据技术、智能交通系统等。曾主持国家自然科学基金“基于交通大数据的城市道路交通状态短时预测研究”、浙江省自然科学基金“城市路网中的交通拥堵传播路径”、商务部“中国软件出口发展报告”、公安部大数据重点实验室项目“拥堵传播和来源预测”、浙江省科技计划项目“云计算平台安全技术服务整合”等30多项科研或企业开发项目，作为团队主要成员参与了国家自然科学基金、“863”计划（国家高技术研究发展计划）和浙江省重点基金项目等。发表SCI/EI（科学引文索引/工程索引）论文30余篇，曾获中国智能交通协会科技进步奖二等奖。

曾担任杭州远眺科技有限公司、浙江浙蕨科技有限公司、浙江一知科技、商务部服务外包系统团队等多个企业研发团队负责人或研发顾问，从事大数据处理关键技术攻关，其间为杭州远眺科技有限公司研发“智能交通大数据平台”，为银江股份有限公司研发“交通诱导屏交通状态估计系统”，为浙江每日互动网络科技股份有限公司（个推）研发“基于手机信令的交通和人流估计系统”，为中共杭州市萧山区委组织部研发“萧山干部管理系统”，为商务部开发“服务外包企业数据分析系统”、为公安部研发“城市道路交通拥堵来源实时分析系统”等。同时，担任 ACM（美国计算机协会）主办的大学生程序设计竞赛金牌教练，指导的学生多次在国际大学生程序设计竞赛（ICPC）、中国大学生程序设计竞赛（CCPC）和浙江省大学生程序设计竞赛中获得金奖。曾获评杭州市教育局系统优秀教师和杭州市优秀教师。

◎ 课程内容简介

程序设计基础（实验）是信息类专业学生进入大学后的第一门专业课程，旨在帮助学生掌握一门编程语言基本语法，训练程序设计思维，提高程序设计能力和解决日常生活中简单问题的能力，以及培养学生勤奋刻苦、团队协作、创新创业的品质和爱国、爱杭、爱校的情怀。课程内容包括 C 语言语法、编程思维模型、代码调试等与程序设计相关的基础知识。

◎ 课程目标

一、知识目标

（1）使学生掌握计算机抽象模型，理解处理器、存储器、输入 / 输出设备的主要功能及相互之间的关系，以及计算机程序运行过程中各部件的交互原理。

（2）使学生掌握 C 语言数据模型，理解程序中各对象的表示方式及其含义，数据对象的存储实现，以及程序运行过程中数据对象的动态过程。

（3）使学生掌握基础语法，理解关键知识点的基本原理和使用方法，以及不同实现技术的优劣。

（4）使学生掌握 C 语言开发、调试工具的使用方法和技巧。

二、能力目标

（1）使学生具备对现实世界具体问题的分析能力，掌握用流程图等工具形式化描述问题解决思路的能力。

（2）使学生具备将问题的形式化/非形式化解决思路转换成C语言程序代码的能力。

（3）使学生具备用开发工具对C语言程序进行调试、测试，排除程序错误的能力。

（4）使学生能够举一反三，具备初步的独立学习其他程序设计语言的能力。

三、素养目标

（1）培养学生独立思考和沟通交流、相互合作的学习习惯。

（2）培养学生不怕失败、吃苦耐劳的工作精神，以及精益求精的创新态度。

（3）培养学生爱国、爱杭、爱校的情怀。

◎ 教学案例设计

案例 1

一、教学内容

循环结构是结构化程序设计的三种基本控制结构之一，在程序设计中具有重要作用。循环结构的语法较为简单，但循环和分支语句混合使用的时候，不再是对解空间的线性遍历，与日常生活的简单搜索思维不同，因此在解决实际问题中具有一定难度。本节课的教学，并不仅仅强调循环语句的具体语法，更重在帮助学生理解和掌握while、if、break三者组合解决问题的思维模型，引导学生从while-if-break模型的角度去分析问题和解决问题。

二、育人元素

本案例的设计，一方面符合while-if-break模型的解题过程，另一方面在背景中引入杭州名胜，潜移默化地传达杭州知识，引导学生知杭、爱杭。整堂课在不影响专业知识传达的同时，将思政元素融入题目背景和作者介绍中，做到“润物细无声”。

三、教学案例

（一）导入

分析前次课程作业中通过率低的题目，快速吸引学生注意力，使学生进入课堂学习状态，同时引出 while-if-break 模型基本结构。

（二）目标讲解

稍微复杂的编程问题，都要多次使用分支和循环语句，用到 if 和 while 的多种组合。if 和 while 组合的形式多样，最为常见的组合模型包括 if-while、while-if-break、while-while-if、while-while。教师结合海量代码解析和学生现场探究的方法，分析作业代码中不同组合的出现比例，引导学生发现 while-if-break 是最常见的一种组合，引出这是本节课的知识重点。

教师在正式讲授新课之前先说明本节课的学习内容和学习任务，有助于学生明确课堂重点，使得他们的学习更有方向性和针对性，提升课堂教学效率。在介绍最常见模型确定的依据时，采用海量代码数据分析方法，可以使学生直观感受大数据分析的应用场景。

（三）前测

教师语：大家去过杨公堤吗？它是新西湖十景之一（结合图片展示）。大家周末有空的时候可以带好朋友去走走。今天我们先尝试关于这个景点的题目。

采用简单的例题，引导学生自主探索新知，既可以帮助学生巩固所学，又可以消除学生内心的陌生感和恐惧感，降低学生对学习新知识的抵触。

（四）新知讲解

教师分析 while-if-break 模型的思维过程，以及采用该模型解决问题的注意事项。从流程图开始，介绍 while-if-break 模型及其解决问题的范围，帮助学生建立起模型和实际问题之间的联系。

（五）例题分析

教师采用模型解决实际应用问题，讲解例题。通过层层递进、逐步深入的讲解，启发学生尝试采用模型解决实际生活中的问题，从思维上建立起问题和模型之间的联系。

（六）课堂实践

学生独立完成例题，巩固知识点。通过动手实践，初步形成相应的计算思维能力，从了解变成掌握。

（七）总结

教师总结本节课所学内容，形成总体框架：循环结构、while、break、while-if-break 的综合运用，并布置本周作业。

教师总结明确本节课的主要内容和重难点，便于学生课后进行自主复习和巩固，提高学习效果。

四、教学方法

（1）本节课采用传统课堂理论教学与作业实践相结合的教学方法。课堂教学以作业代码大数据分析的结果为嵌入点，突出 while-if-break 模型在实际问题中的应用，强调知识点之间的递进关系，通过教师讲解帮助学生建立起模型和问题之间的映射关系。

（2）在实践中，基于在线评测系统给予学生迭代式评价机会。采用过程性评价方式，引导学生独立思考、勇于试错，提高学习参与感和主观能动性。

（3）寻找专业知识内容中思政元素的植入点，在课程导入、题目题干、实践、作业中融入思政元素，提高课程思政育人的实效。

五、教学总结

本节课的教学重在帮助学生理解和掌握 while、if、break 三者组合解决问题的思维方式，引导学生从 while-if-break 模型的角度去分析问题和解决问题，提高学习的针对性和效率。在题目题干中融入杭州名胜，潜移默化地加深了学生对杭州的认识。

案例 2

一、教学内容

选择结构是结构化程序设计的三种基本控制结构之一，在程序设计中起到至关重要的作用。本节课的教学旨在帮助学生理解选择语句的思维方式与具体语法，引导学生使用选择结构去分析问题和解决问题。

二、育人元素

本节课通过自主探索学习，锻炼学生独立思考的能力。教师在讲授过程中以生活中的实际事件的选择类比程序中的选择结构，培养学生全面、严谨的思维习惯。同时，通过出题作者的介绍，使学生了解身边师兄师姐的故事，明白只要勤奋必会有所收获的道理。

三、教学案例

（一）导入

教师展示生活中的“选择”，启发学生总结面临选择时的思维活动，尝试画出流程图并思考该如何通过计算机程序实现选择。学生思考并动手画出选择结构的流程图。学生展示流程图（见图 20-1），教师总结选择的基本结构：单分支、双分支、多分支选择结构。

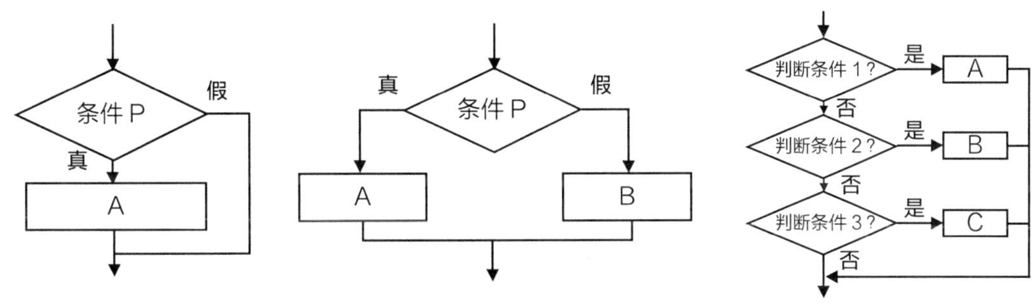

图 20-1　选择结构的流程图

教师通过日常事件引导学生走进选择的思维，帮助学生更轻松地理解和学习，激发学习兴趣。

（二）新知讲解

1. 任务一

设计实现一个“猜数游戏”，反馈猜测的数字是大了还是小了，直到正确。注重引导学生建立解决问题的思维能力。

解决问题首先要理解问题，然后全面考虑可能性，最后形成流程图（见图 20-2）。

学生思考这个问题的关键是什么。

①比较两个数的大小；②列出比大小会产生的所有情况；③对每种情况列出下一步指令。

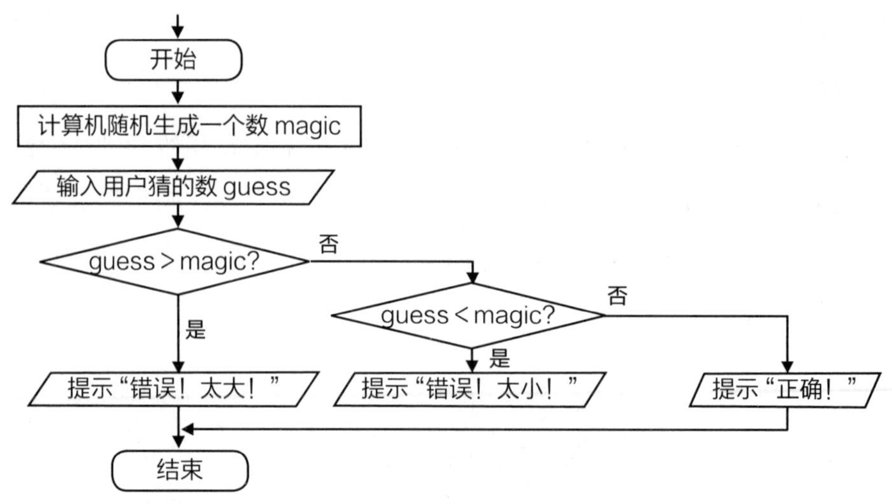

图 20-2　猜数游戏程序流程图

2. 任务二

根据教师课件图中展示的情景，若只买一种水果，用流程图体现购买苹果、香蕉、橘子三种水果的选择过程（见图 20–3）。介绍作业出题人的人生历程，通过数据分析该作者如何勤奋学习，最后考上理想大学研究生的过程。

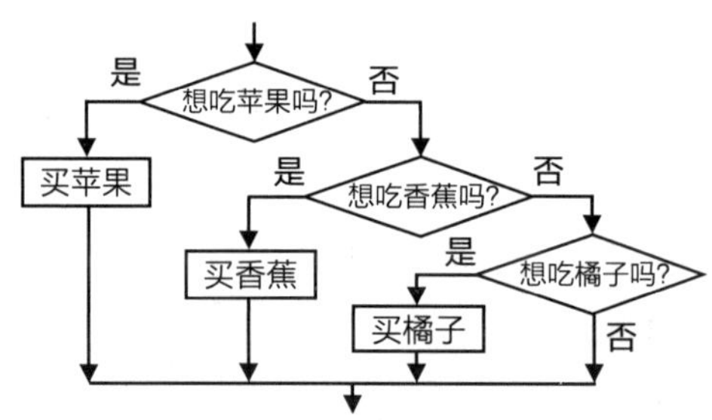

图 20-3　买水果程序流程图

3. 任务三

任务二中若不限定只买一种，修改流程图（见图 20–4）。

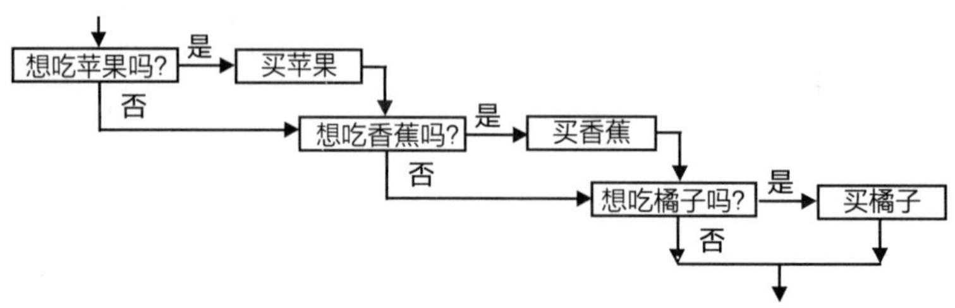

图 20-4　修改后的买水果程序流程图

（三）实践与运用

教师带领学生一起总结出 if 语句的一般格式，尝试用 if 语句解决问题。

```
if（ 表达式 ）// 单分支
        { 语句组；}
if（ 表达式 ） // 双分支
        { 语句组 1 ；}
    else
        { 语句组 2 ；}
```

条件运算符：典型的一个双分支程序如下。

```
if（ m > n ）
        max=m;
    else
        max=n;
```

C 语言中有一个特定的运算符，可以将上面的程序简化成一个运算表达式。条件表达式的一般格式为：

表达式 1 ？ 表达式 2：表达式 3

运算符“？ ：”是条件运算符，条件运算符的优先级高于赋值运算符，引例中的双分支结构等价于：max=m>n?m:n 。

综合应用任务：根据定期存款的期限和相应的利率，计算本息合计，见表 20–1。

表 20–1　定期存款本息合计计算

存款期限	利率	本金	本息合计
3个月	1.15%		
6个月	1.35%		
1年	1.45%		
2年	1.65%		
3年	1.95%		
5年	2.00%		

分析：当我们在银行办理定期存款业务时，储蓄员将本金金额和存款期限输入电脑后，会显示输出存款到期后的本息合计金额。这个过程可以分解为以下三步。

第一步：输入存款金额 c 和存款期限 m；

第二步：根据存款期限 m 确定存款利率 r；

第三步：根据存款金额 c 和利率 r 计算本息合计金额 s。

总结：

（1）条件运算符。

注意：唯一的三目运算符。

（2）if 语句及其嵌套。

注意：逻辑对应关系，else 总是和它前面离它最近的未配对的 if 相匹配。在实际编程中，为了表明编程者的意图，可以通过“{ }”来强制 if 和 else 的配对关系。

（3）综合应用。

注意：解决问题的分析过程。

学生积极思考本节课学习内容，对自己课程任务完成情况和知识掌握情况做出总结和评价。

教师在课堂的最后回顾知识点，实现及时复习，体现了教学原则中的巩固性原则。同时，对知识点的树立有利于帮助学生建立起完整的知识体系架构。最后，多维评价可以使师生之间的了解更加透彻，促进相互的学习进步。

四、教学方法

（1）本节课采用任务驱动法，教学做一体化，将教学内容串联为一系列由易到难、由浅入深的典型任务，学生通过对任务的探索掌握新知。

（2）在实践中，基于在线评测系统给予学生迭代式评价机会。采用过程性评价方式，引导学生独立思考、勇于试错，提高学习参与感和主观能动性。

（3）寻找专业知识内容中思政元素的植入点，在课程导入、题目题干、实践、作业中融入思政元素，提高课程思政育人的实效。

五、教学总结

本节课的教学重在帮助学生理解和掌握选择结构解决问题的思维方式，引导学生分析问题、解决问题，以关于选择的典型问题为主线，采用层次递进的课堂任务驱动教学推进，使学生在完成任务的过程中对选择结构有更清晰、更全面的认识。

案例 3

一、教学内容

动态规划算法的基本思想，以及 0–1 背包问题的动态规划算法。

0–1 背包问题是指给定 n 种物品和一个背包，第 i 种物品的重量为 w_i，价值为 v_i，背包的容量为 S，问如何选择装入背包中的物品，使得背包中物品的总价值最大。利用动态规划算法求解该问题的思想是，先逐步解决容量为 1, 2, …的小背包问题，最后解决容量为 S 的背包问题。

以动态规划的基本性质为切入点，分别证明 0–1 背包问题具有最优子结构性质和重叠子问题性质，而后由浅入深地分析初始阶段、终止阶段及各阶段的问题空间，在此基础上递归定义状态变量（即最优值）及其状态转移方程。接着对于给定的问题实例，以自底向上的方式计算最优值，最后根据计算最优值时得到的信息，调用递归模型通过回溯的方式构造最优解。

二、育人元素

我们在生活中遇到复杂的最优决策问题时，要学会运用“知行合一”的哲学思想，分析思考问题的性质（即“致知”），根据实际去解决问题（即“格物”），正所谓“知者行之始，行者知之成”。格物致知的过程体现在：是否可以把这个大问题划分为若干阶段的小问题？这些小问题之间是否有共性？大问题的最优决策是否包含了小问题的最优决策？如果基本符合动态规划的规律，就可以先把每个小问题解决好，一步一个脚印，小成功的不断积累更加有利于自信的建立，最终这些复杂的问题会迎刃而解。

三、教学案例

（一）课前

课前回顾枚举法：在进行归纳推理时，如果逐个考察了某类事件的所有可能情况，因而得出一般结论，那么这一结论是可靠的，这种归纳方法叫作枚举法。

（二）课中

1. 引入数塔问题

有形如图 20-5 所示的数塔，从顶部出发，在每一结点可以选择向左走或是向右走，一直走到最底层，要求找出一条路径，使路径上的值最大。

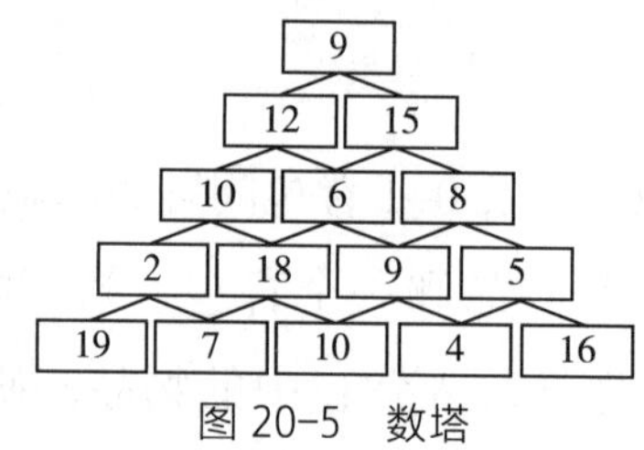

图 20-5　数塔

简单地进行枚举方法的引导，使学生主动进行动态规划的思考。

思考：从顶点出发时到底向左走还是向右走应取决于是向左走能取到最大值还是向右走能取到最大值，只有左右两条路径上的最大值求出来了才能决策。同样，是否走下一层的最大值又要取决于再下一层，这样一层一层推下去，直到倒数第二层时就非常明了了。如数字 2，只要选择它下面较大值的结点 19 前进就可以了。所以实际求解时，可从底层开始，层层递进，最后得到最大值。

总结：自顶向下分析，自底向上计算。

2. 总结基本步骤

动态规划算法通常用于求解具有某种最优性质的问题。在这类问题中，可能会有许多可行解。每一个解都对应于一个值，我们希望找到具有最优值（最大值或最小值）的那个解。设计一个动态规划算法，通常可以按以下几个步骤进行。

（1）找出最优解的性质，并刻画其结构特征。

（2）递归地定义最优值。

（3）以自底向上的方式计算出最优值。

（4）根据计算最优值时得到的信息，构造一个最优解。

3. 总结“动态规划问题的特征”

动态规划算法的有效性依赖于问题本身所具有的两个重要性质。

（1）最优子结构：当问题的最优解包含了其子问题的最优解时，称该问题具有最优子结构性质。

（2）重叠子问题：在用递归算法自顶向下解问题时，每次产生的子问题并不总是新问题，有些子问题会被反复计算多次。动态规划算法正是利用了这种子问题的重叠性质，对每一个子问题只解一次，而后将其解保存在一个表格中，在以后尽可能多地利用这些子问题的解。

（三）课后

布置思考题：免费馅饼。

题目描述：都说天上不会掉馅饼，但有一天 gameboy（游戏男孩）正走在回家的小径上，忽然天上掉下大把大把的馅饼。说来 gameboy 的人品实在是太好了，这馅饼别处都不掉，就掉落在他身旁的 10 米范围内。馅饼如果掉在地上当然就不能吃了，所以 gameboy 马上卸下身上的背包去接。但由于小径两侧都不能站人，因此他只能在小径上接。gameboy 平时老待在房间里玩游戏，虽然在游戏中是个身手敏捷的高手，但在现实中他的运动神经特别迟钝，每秒钟只有在移动不超过 1 米的范围内接住坠落的馅饼。现在给这条小径设置坐标。

为了使问题简化，假设在接下来的一段时间里，馅饼都掉落在 0 ~ 10 这 11 个位置。开始时，gameboy 站在 5 这个位置，因此在第一秒，他只能接到 4、5、6 这三个位置中一个位置上的馅饼。问：gameboy 最多可能接到多少个馅饼？（假设他的背包可以容纳无穷多个馅饼）

四、教学方法

（1）本节课采用任务驱动法，教学做一体化，将教学内容串联为一系列由易到难、由浅入深的典型任务，学生通过对任务的探索掌握新知。

（2）在实践中，基于在线评测系统给予学生迭代式评价机会。采用过程性评价方式，引导学生独立思考、勇于试错，提高学习参与感和主观能动性。

（3）寻找专业知识内容中思政元素的植入点，在课程导入、题目题干、实践、作业中融入思政元素，提高课程思政育人的实效。

五、教学总结

本节课的教学重在帮助学生理解和掌握动态规划解决问题的思维方式，引导学生分析问题和解决问题，以关于动态规划的典型问题为主线，采用层次递进的课堂任务驱动教学推进，使学生在完成任务的过程中对动态规划算法有更清晰、更全面的认识。

◎ 课程思政特色与创新

（1）本课程将知识传授和价值塑造相结合，在培养学生编程实践能力的同时，注重学生综合素质的提升，强化其勤奋努力的作风、创新创业的意识和爱国、爱杭、爱校的情怀。

（2）实施过程以在线自动评测系统为依托，在课前、课堂、实践、课后等多个教学环节融入思政元素，通过教师讲授、作业题干、实践流程、思政视频、学长激励等多种形式，讲好与课程专业相关、时代特色鲜明、学生感同身受的思政故事。

21 护理学基础

钱英

课程名称：护理学基础

学　　院：护理学院

专　　业：护理学

学　　分：7

学　　时：160

课程性质：专业核心课

◎ 授课教师基本情况

钱英，博士，硕士生导师，护理学院基础护理系主任，担任护理学基础和护理管理学课程负责人。参与“护理学基础”省级精品课程建设，主持第三批省级精品在线开放课程“护理管理学建设”项目。主持校级教改项目“基于微信公众平台的混合教学模式在护理学基础中的应用与评价”，主持校第一批研究性实验教学项目“护理学基础实验（高仿真模拟人在护理实验教学中的应用和评价）”，主持校级本科教学创一流项目 2 项，包括“高仿真模拟人在护理专业课实验教学中的应用与评价——以基础护理学为例”和“WebQuest 模式在护理管理学教学中的应用与评价”。

◎ 课程内容简介

护理学基础作为护理专业的学位课程和专业核心课程，主要内容包括护理和护理学的基本概念、护理相关理论和基本理论、护理程序、护士与病人的角色和关系、医院感染的预防和控制、临终护理及基础护理知识和技术操作等。通过本课程的学习，学生能够掌握护理学基础的基本理论、基本知识和基本技能，明确护理专业价值及专业行为，将其所学理论知识和操作技能运用于护理实践，满足人群的生理、心理和社会需要，在实践活动中协助人群达到最佳健康状态。

◎ 课程目标

一、思政目标

（1）介绍新冠疫情的防控，使学生感受到我国防控措施之有力、国力之强大，激发学生爱国情怀；使学生明白隔离病房不隔离爱，体会医护人员的仁心仁术；使学生明白医务人员牺牲小我，成为逆行者的职业使命和奉献精神。

（2）介绍护理学鼻祖南丁格尔及历届南丁格尔奖章获得者的先进事迹，激发学生的职业使命感和自豪感。

二、知识目标

使学生掌握护理学基础的理论知识和操作技能。

三、能力目标

使学生能运用护理程序的工作方法规范地进行各项基础护理操作，满足患者生理、心理、社会方面的需求，并具有一定的批判性思维和解决问题的能力。

四、素养目标

使学生在理论学习和操作练习过程中，逐步树立关爱生命、尊重护理对象、全心全意为护理对象的健康服务的专业精神，以及严谨求实的工作作风、高度的责任心、团结协作的精神。

◎ 教学案例设计

案例 1

一、教学内容

环境对健康的影响、医院环境、医院内感染的概念与分类、医院内感染的基本条件和医院内感染的防控。

二、育人元素

一是“绿水青山就是金山银山”环保理念的传递；二是新冠疫情防控介绍，凸显我国防控措施之有力、国力之强大，激发爱国情怀。

三、教学案例

教学组织实施中，通过课前、课中和课后三个环节展开。

（一）课前

通过网络课堂在线上布置三个预习任务：①哪些环境因素会影响人类的健康？②如何看待护士在环境与健康中的作用？③医院内感染的危害有哪些？

（二）课中

正式授课以新课导入、内容展开和课内小结的形式完成。通过比较新冠疫情防控期间巴西、西班牙、意大利、美国和中国医护人员新冠病毒的感染率，引出医院感染议题。

2020 年 9 月 17 日，世卫组织总干事谭德塞表示，全球新冠确诊患者中，医护人员感染比例约为 14%，而在一些国家这一比例达 35%［巴西（25%）、西班牙（20%）、意大利（15%）、美国（11%～16%）、中国（3.8%）］。研究指出，医护人员比较容易受到感染主要是由于在缺乏专业个人防护装备的情况下，在人群密集的医院进行工作。

据此案例，引发学生思考“为什么新冠疫情中我国医护人员感染的比例远低于其他国家”，以此凸显我国疫情防控之有力，激发学生的爱国情怀。

接着通过教师讲授和学生互动的形式展开知识点的讲解。讲授“环境对健康的影响”时，指出环境是人类和生物赖以生存与发展的各种因素的总和。环境包括自然环境和社会环境。环境与人既相互对立又相互制约，既相互依存又相互转化。环境为人类的生存和发展提供了一切必要的条件，而人类通过调节自身以适应不断变化的外界环境；同时也不断地改造环境，创造有利于自身生存与发展的环境条件。人类对环境的改造能力越强，环境对人类的作用就越强。人类在改造环境的同时，也将大量的废弃物带给了环境，造成了环境污染，对人体健康产生了不良影响甚至危及生命。这些是指自然环境对人类健康的影响，由此传递的“绿水青山就是金山银山”环保理念，勉励学生应遵循自然规律，视保护环境为己任。社会环境中会影响健康的因素包括社会制度、生活方式等。通过新冠疫情防控的国内外比较，凸显了我国社会主义制度的优越性。

（三）课后

布置案例作业：“假如你是重症监护病房的一名护士，你在日常工作中会如何采取措施预防医院内感染的发生？”

四、教学方法

本节课的教学组织实施，分课前、课中和课后三个环节展开。正式授课以新课导入、内容展开和课内小结的形式完成。内容展开环节综合运用案例点评、平行互动、研讨辩论等教学方法。

五、教学总结

本节课根据教学内容（环境对健康的影响），自然地、适时地引入思政元素，使学生不仅对环保理念、医院内感染、疫情防控措施有了切实的感受，同时还提升了学生对我国综合国力的认知，从而激发深层次的爱国情怀。

案例 2

一、教学内容

隔离区域的设置、标准预防和基于传播途径的预防、戴无菌手套、穿脱隔离衣。

二、育人元素

援鄂医疗队的“中国速度”凸显了我国防控措施之有力、国力之强大，激发学生的爱国情怀；“隔离病房不隔离爱”，体现了医护人员的仁心仁术；医务人员“牺牲小我，成为逆行者”，增强了学生的职业使命和奉献精神。

三、教学案例

（一）课前

教师在网络平台上布置预习任务，包括两个内容：一是新冠疫情防控期间，护理人员个人防护的要求；二是新冠疫情防控期间，护理人员是如何践行“保护生命，减轻痛苦，促进健康”的神圣职责的?

（二）课中

正式授课以新课导入、内容展开和课内小结的形式完成。通过案例“方舱医院内按隔离病区的设置要求（三区两通道）建立”引起学生对隔离病区设置的思考。讲授的案例是由传染病学专家、浙大四院前院长陈亚岗教授率领的310人浙江援鄂医疗队从浙江出发，他们在抵达后12小时内接手了黄陂方舱医院，48小时内即完成了改造和启用，体现了“中国速度”，彰显了我国疫情防控措施之有力。

接着讲授隔离病区设置、标准预防和基于疾病传播途径的预防。通过教师示教、学生回示教和学生操作练习完成教学。讲授的案例是新冠疫情防控期间，方舱医院医护人员带领轻症隔离患者跳广场舞、打太极拳，或是在方舱医院布置图书角，在病情许可条件下医护人员协助患者在线与亲人进行视频聊天等，凸显“隔离病房不隔离爱”。学生将一边完成操作，一边感受案例带给他们的感动。

最后是讲授隔离技术操作的环节，内容包括戴无菌手套、戴口罩（防护面罩）和穿脱隔离衣。讲授的案例是新冠疫情防控期间，医务人员“牺牲小我，成为逆行者”的故事，并呈现医护人员脱下口罩后面部伤痕累累的图片，以此激励学生，增强他们的职业使命感。重点介绍的案例是中山三院内科ICU（重症加强护理病房）护士朱海秀的故事——“我不想哭，哭花了护目镜没法做事”。

2020年1月24日，除夕夜，她和队友们一同奔赴防控前线迎战。作为一名1997年生的年轻女孩，因为工作强度和压力，她的脸上带着重重的黑眼圈。她说，来的时候没告诉父母，但是前几天被父母知道了，“那是我22年以来第一次看到我爸哭”。

她不想对着镜头向爸妈报平安，她说：“我不想哭，哭花了护目镜没法做事。”

（三）课后

组织学生以开放实验、医院见习和社区志愿者的形式将课堂向校外延伸，在实践中提高学生的操作技能，培养学生的职业使命感。

四、教学方法

本节课的教学组织实施，分课前、课中和课后三个环节展开。正式授课以新课导入、内容展开和课内小结的形式完成。内容展开环节综合运用案例点评、平行互动、边讲边练等教学方法。

五、教学总结

本节课根据教学内容（隔离区域设置、标准预防和基于传播途径的预防、穿脱隔离衣等隔离技术）适时地引入思政元素，使学生不仅对方舱医院内隔离病区的设置、传染性疾病防控、隔离技术等内容有了切实的感受，同时还切实了解了“中国速度”的真实内涵、我国应对疫情的高效，以及医护人员舍身忘我、救死扶伤的人道主义精神。

案例 3

一、教学内容

护理学的基本概念、南丁格尔的事迹及其对护理学的贡献、护理学各个历史阶段的特点、我国护理学发展概况。

二、育人元素

介绍南丁格尔以及我国历届南丁格尔奖章获得者尤其是张水华女士（杭州师范大学杰出校友）和汶川地震时的护士杰出代表的先进事迹，鼓励、勉励学生，增强他们的职业使命感和职业自豪感。

三、教学案例

弗罗伦斯·南丁格尔（1820—1910），英国护士和统计学家。1820 年，出生于意大利佛罗伦萨市。在德国学习护理后，曾前往伦敦的医院工作。于 1853 年成为伦敦慈善医院的护士长。克里米亚战争中，她极力向英国军方争取在战地开设医院，为士兵提供医疗护理。她分析过堆积如山的军事档案，指出在克里米亚战争中，造成英军死亡的一大原因是在战场外感染疾病，以及在战场上受伤后没有得到适当的护理，真正死在战场上的人反而不多。1854年10月21日，南丁格尔带领38位护士到克里米亚野战医院工作，大大降低了战争的伤亡率，她因此被称为“提灯女神”。南丁格尔是世界上第一位真正的女护士，开创了护理事业。由于南丁格尔的努力，昔日地位低微的护士，社会地位与形象都大为提高，成为崇高的象征。“南丁格尔”也成了护士精神的代名词。“5·12”国际护士节设在南丁格尔的生日这一天，就是为了纪念这位近代护理事业的创始人。

南丁格尔奖章由红十字国际委员会于1912年设立，是国际护理界的最高荣誉奖。每两年颁发一次，每次最多颁发50枚奖章，奖给在护理学和护理工作中作出杰出贡献的人士。

在中国谈论南丁格尔奖，人们首先想到的必然是王琇瑛——中国获得南丁格尔奖第一人。1931年，王琇瑛从北平协和医学院护士学校毕业，任北平协和医学院护士学校助教及北平第一卫生事务所的公共卫生护理与健康教育科教师。1935年5月至1936年6月由协和医学院保送到美国哥伦比亚大学师范学院护理系进修，获硕士学位。回国后一直潜心于公共卫生护理和健康教育课的教学工作，任讲师兼护理主任。自协和医学院毕业的近20年间，王琇瑛为协和医学院护士学校和卫生护理进修班培养了公共卫生护士近500名。在朝鲜战争时期，王琇瑛代表中华护理学会组织了第一支护士教学队，亲自带队，赴沈阳为后方医院培训了50余名优秀的护士长，并到鸭绿江边考察战场救护工作，提出改进意见。

张水华，1953年毕业于原杭州护士学校（现并入杭州师范大学），先后在中央直属机关第一人民医院、中央结核病研究所医院、宁夏第一人民医院、宁夏医学院附属医院任护士、护士长、护理部主任、主任护师、护理顾问及咨询专家等职务。张水华在40余年的护理生涯中，贡献突出，获得了“两个文明”建设先进个人奖，受到社会各界的好评。1988年，在宁夏回族自治区成立40周年大庆时，受到自治区党委和政府的表彰，获荣誉纪念章，并被评为宁夏回族自治区有杰出贡献的优秀科技工作者，享受国务院政府特殊津贴，并于1993年荣获第34届南丁格尔奖。

叶欣，曾任广东省中医院急诊科护士长，在抗击“非典”的战场上献出了宝贵的生命。先后获得“全国五一劳动模范”“模范共产党员”“全国优秀共产党员”“抗击非典英雄”等称号，被追授为革命烈士，荣获白求恩奖章、南丁格尔奖章。2009 年 9 月，她被评为“100 位新中国成立以来感动中国人物”。2003 年 3 月 24 日凌晨，叶欣在抢救“非典”患者过程中不幸染病，光荣殉职，终年 47 岁。

四、教学方法

本节课的教学组织实施，分课前、课中和课后三个环节展开。正式授课以新课导入、内容展开和课内小结的形式完成。内容展开环节综合运用案例点评、平行互动、研讨辩论等教学方法。

五、教学总结

本节课根据教学内容（南丁格尔的事迹及对护理学的贡献、护理学的发展、我国护理学的发展过程，尤其是我国历届南丁格尔奖章获得者的光辉事迹），适时地引入思政元素，不仅加深了学生对护理学鼻祖——南丁格尔深层次、全方位的认知，也使学生了解了护理学的发展历程，以及我国历届南丁格尔奖章获得者的事迹，他们为学生树立了学习的榜样，成为学生在学习道路上的引路人。

◎ 课程思政特色与创新

（1）思政设计：价值塑造、知识传授和能力培养“三位一体”。

（2）实践基地（思政教育基地）：建立全方位的实践基地，包括实验室、社区、医院。

（3）以赛促教：校内护理竞赛、浙江省大学生护理竞赛、中国大学生医学技术技能大赛（护理学专业赛道华东分赛区）。

22 健康教育与健康促进

刘婷婕

课程名称：健康教育与健康促进

学　　院：公共卫生学院

专　　业：预防医学

学　　分：2.5

学　　时：51

课程性质：专业核心课

◎ 授课教师基本情况

刘婷婕，副教授，主讲健康教育与健康促进、儿童少年卫生学课程，曾获评杭州市教育局系统优秀教师。入选杭州市“131”第三层次人才。发表论文 91 篇。指导学生获全国大学生健康科普大赛奖项若干，获全国第三届健康教育微电影节“金孔雀”优秀微电影作品奖 1 项。

◎ 课程内容简介

健康教育与健康促进是预防医学专业必修课，在大四秋季学期授课。主要讲授健康教育与健康促进概述、健康行为相关理论、健康信息传播、健康教育与健康促进实践。采用案例分析、同伴教育、参与式教育等方法，重点加强实践教学环节，开展“混合式理论教学 + 强化训练实践技能”教学活动，取得了一些成果。本课程为浙江省社会实践类一流课程。

◎ 课程目标

一、思政目标

（1）使学生建立崇尚健康、热爱生活、乐于助人的价值目标。

（2）使学生建立“以人民健康为中心”的服务信念，贯彻“将健康融入所有政策”的理念，为推动“健康中国”建设助力。

二、知识目标

使学生掌握课程知识，熟悉健康教育方法，了解前沿进展。

三、能力目标

使学生运用健康教育理论，维护和促进公众身心健康，提高生命质量。

四、素养目标

培养学生的创新精神、职业道德和团队合作精神等专业素养。

◎ 教学案例设计

案例 1

一、教学内容

通过社区居民健康教育活动，学习社区居民健康维护知识，掌握健康信息传播和行为干预的技能，提高团队合作能力。

二、育人元素

使学生学习贯彻全国卫生与健康大会精神，宣传普及老年健康科学知识和老年健康相关政策，以增强老年人健康意识，提高老年人的健康素养和健康水平，营造有利于老年人健康生活的社会环境。

三、教学案例

本教学团队带领学生开展了社区老年人群健康教育活动。实施步骤如下。

（一）**课前**

准备：①教师联系杭州市某社区卫生服务中心，确定现场；②遴选主题，设计活动重点任务；③动员、组织、培训学生，以社区老年居民为重点人群，确定项目，开展预实验；④组织教学团队成员和学生进行访谈，评价、分析存在问题；⑤遴选社区机构，协助健康教育诊断，明确需求和资源，进行社区动员。

（二）**课中**

正式开展社区老年居民健教活动，包括：①学生分组，复习理论知识，设计健教活动计划书，准备所需资料，进行排练；②与社区卫生服务中心合作，成立协作组，培训工作人员，建立组织网络，动员居民，布置现场；③以小组为单位、学生为主体、老年居民为服务对象，开展社区重点人群健教活动，活动主题有“春季健康饮食与运动”“骨质疏松不要掉以轻心”“老年人跌倒的预防”“健康生活一日行”等。

在该社区的一次活动中，学生让老年人用他们喜欢的麻将牌来搭积木，比比看，谁搭得最高，简单测试老人的平衡和协调能力，老人们犹如孩童，争先搭牌，看谁最厉害，互相之间都不服老；还有穴位按摩操、健身操、健康知识宣讲等互动性较强的现场活动，老人们十分欢迎，他们积极参与，现学现做，学得很认真、很开心。该活动也得到了社区专业机构的欢迎和认可，以“大手牵小手，情暖老人家”医校共建的主题在拱墅区政府网上进行了报道。

（三）**课后**

布置作业：①要求学生进行活动小结，评价、分析项目实施效果、经验与不足之处；②探讨存在问题与解决对策，并撰写项目总结报告。

四、教学方法

本节课采用以练代讲、项目探究、边做边评、实战式练习等混合式教学方法。以学生为主体，以社区居民为服务对象，以活动项目为基础、实践教学基地为依托，以主讲教师为技术指导、三级机构为现场提供和组织者，开设综合性、互动型、实战式实践教学活动。

五、教学总结

本节课通过听说训练、健康信息传播制作、健康宣讲等训练，提高了学生的健康教育技能，提高了他们的人际沟通能力、现场应变能力及团队合作能力，也增强了他们为公众健康服务的理念和信心。

案例 2

一、教学内容

健康信息传播的目的、意义、特点、种类、方法与技巧，以及健康传播材料的制作步骤和注意事项。

二、育人元素

以“维护和促进公众身心健康和福祉”为总体目标，“掌握健康知识、倡导健康行为、营造健康环境”为主题，指导学生制作健康科普微视频，实现强化价值塑造、知识传授和能力培养“三位一体”的教育教学理念。

三、教学案例

开展健康教育、提高公众健康素养是建设“健康中国”的重要路径和方法。社区居民宣教和微视频传播是大众接受健康教育的主要来源和重要途径。为让学生学习、制作健康科普微视频，利用新媒体传播手段，开展公众健康教育，本教学团队设计和安排了健康科普微视频的教学实践活动。教学组织实施过程如下。

（一）准备

（1）教师讲解微视频的作用和制作方法。

（2）教师筛选专业机构已公开发布的健康教育微视频。

（3）组织学生观摩、学习微视频制作目的、形式、方法和作用（意义）。

（二）实施

（1）以 4 ～ 8 名同学为一小组，成立制作小组。

（2）各组自由选择、设计作品制作主题和内容，汇报给指导教师审核。

（3）以小组为单位，制作 5 ～ 8 分钟健康教育科普视频作品。

（4）以小组为单位，完成作品的收集、展示与点评工作。微视频作品的内容，包括新冠防控、心肺复苏、AED（自动体外除颤器）等常用急救技能、狂犬病的防治、家庭成员健康维护、更年期保健、不良行为与生活方式（如熬夜、共用餐具）控制等。形式多样化，含情景剧、动漫、微电影、微型纪录片等，时长 8 分钟以内。效果及要求：①以普及健康知识、倡导健康行为、营造健康环境为主题，内容健康、富有新意；②视频图像清晰稳定、构图合理、声音清楚，主要内容有字幕提示；③视频文件制式为 PAL 制，统一采用 MP4 格式，分辨率不低于 720p；④作品内容为原创，无版权争议，且不得违反中华人民共和国现行法律、法规。

（三）评价

学生制作的微视频在下一次实践课中公开展示，并由教师和学生共同打分评价。本次成绩占平时成绩的 27%、总评成绩的 13.5%；所占比例是所有作业中最大的一次。

四、教学方法

本节课采用以学生为主体、教师为指导的以练代讲、案例点评、项目探究、边讲边练、边做边评、实战式练习等混合式实践教学方法。

五、教学总结

本节课针对公众的主要健康问题，组织学生开发制作了一些具有科学性、趣味性、实用性的健康科普微视频作品，提供了公众线上学习健康知识和技能的途径，营造了关注健康的良好氛围。

案例 3

一、教学内容

健康教育与健康促进的概念（健康教育与健康素养：健康教育是提高健康素养的主要手段）。

二、育人元素

使学生明确“健康中国”建设和公众健康教育的重要性，树立“每个人是自己健康的第一责任人”理念，坚定为人民健康服务、为助力“健康中国梦”的实现而努力的政治信仰和专业追求。

三、教学案例

在第一次理论课“健康教育与健康促进概述”中，教师在讲授了行为与健康的关系、健康教育的概念和健康素养的概念后提问。

教师提问 1：请问同学们有没有听说过“健康中国行动”？

待学生们回答后，介绍“健康中国行动”的起源和意义：2016 年，中共中央、国务院发布《“健康中国 2030”规划纲要》提出了“健康中国”建设的目标和任务。党的十九大作出实施健康中国战略的重大决策部署，强调要把人民健康放在优先发展的战略地位。健康中国行动是落实健康中国战略的重要举措。

教师带领学生一起概要性学习《国务院关于实施健康中国行动的意见》《健康中国行动（2019—2030 年）》两份文件，使学生了解健康中国行动实施的基本原则：①普及知识、提升素养；②自主自律、健康生活；③早期干预、完善服务；④全民参与、共建共享。主要任务：①全方位干预健康影响因素；②维护全生命周期健康；③防控重大疾病。15 个重大行动：健康知识普及、合理膳食、全民健身、控烟、心理健康促进、健康环境促进、妇幼健康促进、中小学健康促进、职业健康保护、老年健康促进、心脑血管疾病防治、癌症防治、慢性呼吸系统疾病防治、糖尿病防治和传染病及地方病防控。

请学生观看《健康中国我行动》宣传片（8 分钟）。

教师提问 2：请同学们思考一下，健康教育在健康中国行动中起着什么作用？

学生回答的参考答案：健康教育是为学习者提供获取科学的健康知识、树立健康观念、掌握健康技能的机会，引导人们自愿采取有益健康的行为。开展健康教育、提高公众健康素养是建设健康中国的重要路径和方法。

四、教学方法

本节课的理论讲授，融入了国家政策和时事热点，既有相关政策、行动文件的学习，又有形象生动的视频观看。帮助学生补充了知识，开阔了专业视野，增强了专业学习的信念，以及维护自身和他人健康的理念，较好实现了融教于学、融思政于学。

五、教学总结

健康是国民立身之本，也是立国之基。健康教育的核心力量是专职队伍，其成效主要取决于专业人才的素质，故而培养专业人才是开展健康教育的关键所在。采用多种教学方法，可以激发学生学习热情，提高学生自主学习能力，促进学生知识、能力、素质全面发展，以适应我国新时代健康服务事业发展对人才的需求。

◎ 课程思政特色与创新

医学生是未来开展健康教育工作的主要力量。本课程旨在使学生树立“大健康”和“大卫生”观念，贯彻“将健康融入所有政策”的理念，建立“以人民健康为中心”的服务信念，拓展思维，强化健康教育技能，积极、主动开展健康传播和居民行为干预活动。

本课程采取技能强化型训练，通过综合性、互动型、实战式实践，提高学生的人际沟通、现场应变、团队合作能力和健康教育技能。

23 供应链与物流管理

李菁苗

课程名称：供应链与物流管理

学　　院：阿里巴巴商学院

专　　业：电子商务

学　　分：3

学　　时：48

课程性质：专业必修及专业选修课

◎ 授课教师基本情况

李菁苗，讲师，讲授供应链与物流管理课程10余年。曾获得杭州师范大学教坛新秀、优秀毕业生指导教师等称号，并获评杭州市教育局系统优秀教师。主持和参与省部级课题7项，发表论文20余篇。多年来指导学生比赛及学生项目，获得国家级、省级奖项若干。

◎ 课程内容简介

供应链与物流管理是电子商务与国际商务专业限选课，是网络营销和物流管理专业必修课，分别在大二、大三不同学期开设，以线下课堂教学为主，辅之以在线教学资源和实地调研。经过多次变革，本课程教学取得了较为明显的育人效果和专业效能，取得了不少教学成果。

◎ 课程目标

一、思政目标

使学生形成积极的学习态度、健康向上的人生态度，具有科学精神和正确的世界观、人生观、价值观。实现全员、全程、全方位育人，提升学生的胸怀、格局、眼界，做到“知行合一”。使学生成为有社会责任感和使命感的社会栋梁，担当起民族复兴大任。

二、知识目标

使学生树立起全球合作意识，学会运用供应链管理的理论和方法分析与解决实际问题；能结合企业的供应链管理实践，创造性地运用课程所学的基本原理与方法，为以后提高企业供应链管理的绩效并最终增强企业的核心竞争力作出贡献；未来有能力运用供应链管理的理念构建供应链系统、管理供应链系统运作、评价供应链企业绩效等。

三、能力目标

使学生通过“亲历”探究知识的过程，学会发现问题、思考问题、解决问题的方法，学会学习，形成有效的创新精神和实践能力等。

四、素养目标

通过案例分析，使学生能够“站在巨人的肩膀上”思考问题，实现个体精神的再发现、再确证，在文本深度分析的过程中，反观自我、认识自我，并在视域融合中实现自我、超越自我。

◎ 教学案例设计

案例 1

一、教学内容

“供应链集成化运行”一章，重点介绍集成化供应链管理的理论模型及实现的四个阶段，最终做到集成化供应链的动态联盟。选择的案例载体为后疫情时代的“武汉奇迹”。通过对武汉产业链的深度了解，引导学生看待事物的眼光要长远，要站在产业新格局的立场上看待产业分工及产业枢纽的力量。引领学生精准、高效地理解国家的宏观政策，正确解读微观主体渡过难关的决心和执行力。

二、育人元素

案例“武汉奇迹”是武汉用实际行动回应了习近平总书记的鼓励——“三个一定能够”。武汉在经历了惊险和艰难后，经济的重启和复苏迎来了“疫”后的春天，实现了“V”形反弹，正以强大韧性和蓬勃生机，展示着英雄之城的别样魅力。在学习的过程中，学生感同身受地认识到那些值得认同的价值和行动，发自内心地感恩。

三、教学案例

“武汉奇迹”从武汉的新定位说起。2020 年 12 月，中共武汉市委十三届十次全会提出，武汉是双循环新发展格局下的“新沿海”。这是后疫情时代“重振经济”的关键环节——恢复被病毒阻断的连接，让原料、工厂和市场重新连接起来。这是武汉众多企业“活下去”、武汉经济实现“V”形反弹的深层次原因，也是集成化模型的重中之重，调整产业的适应性，实现业务重构。“新沿海”是指交通通道、要素配置通道，也是全球生产、流通、消费的循环通道。作为“新沿海”的武汉，既是连接南北方交通要道的枢纽，也是遏制制造业上下游，连接国内外市场的新经济、新业态驱动下的产业链、供应链枢纽。

2020 年 3 月初，武汉经济和信息化局识别了 14 家龙头企业，组建专班专人跟进这些龙头企业“保供应链、保中小企业订单”。比如，武汉强大的整车制造能力和完善的汽车零配件供应能力，涉及的汽车零配件不计其数。供应全国 70% 的负压救护车的江铃汽车采购清单中有 18 家供应商在武汉，除了协和齿环，还有线束、排气管、变速箱，以及空调、座椅和挡风玻璃……这些链条上的核心企业有了需求，不计其数的中小供应商就有了活路。在经济下行的乌云压迫下，2020 年 5 月武汉市提出一个大胆的策略——“搏杀二季度，冲刺三季度，决战四季度”。也就是说武汉需要赶在 2020 年底之前稳住经济的大盘。这正是集成化模型的第二步——定制化策略。武汉全市真的做到了二季度“打平”，三季度重返国内城市经济体量前十，最终录得的全年经济增长率为 -4.7%，较一季度呈现出“V”形反弹的上扬曲线。这样的走势几乎与武汉市定下的分季度策略一致，完美地实现了价值增殖性。产业链上的紧密联系，使得恢复武汉的经济韧性有了巨大的可能性。其中的逻辑是，如果上下游企业的供求关系得到有效匹配，那么处在链条上的企业存活的可能性就极度增大。

2020年3月28日上午10点，满载着50个集装箱的X8015次中欧班列，从中铁联集武汉吴家山站驶出。这趟列车从阿拉山口出境，半个月后抵达德国杜伊斯堡。50个集装箱，约一半装载了中国支援海外的抗疫物资；而剩下的一半，装载的是“武汉造”的电子产品，以及供给宝马、奔驰等海外顶级企业的汽车配件。中欧班列之于武汉意义重大，它将构建武汉作为内陆城市对外联系的新通道，加强武汉市场与欧洲、与共建“一带一路”国家和地区的联系。武汉的中欧班列通过水铁联运、陆铁联运等方式，连接长江“黄金水道”，连接自西南出东南亚的中新南向新通道，将能构建起不亚于沿海城市的商贸网络，从而推动武汉从“九省通衢”升级为“九州通衢”。

武汉的崛起也离不开智慧政府的定位，用大数据对接企业，帮助产业复苏。政府扮演的“红细胞”，传递供需信息以撮合匹配交易，甚至协调企业复工或扩产衔接上下游企业的需求，帮助企业对接供应商，还帮助供应商对接供应商的供应商。比如2020年3月初，长兴集团生产的直流柜需要发往南昌和郑州，却找不到合适的物流公司，最终为该企业提供帮助的是武汉市东西湖区税务局从税收大数据后台筛选出的11家物流企业清单。湖北省税务部门探索用增值税发票大数据，精准识别上下游的需求。增值税发票不仅记录了金额，还记录了交易行为涉及的门类和买卖双方信息，这些数据经过脱敏形成匹配上下游需求的智慧工具。大数据的应用对应集成模型的信息共享，定制化需求。

疫情制造磨难和压迫，又在无形中制造新的商业逻辑。惊心动魄的一年过去后，这座灯火依旧的城市，既动情诉说着关于奉献、感恩、对善良的肯定和坚守的往事，又以理性的方式呈现着大国大城经济重振的行动路径。武汉“稳住了经济基本盘、兜牢了民生底线、孕育了发展机遇”，也“付出了艰辛努力”。

四、教学方法

课前上传PPT，使学生对集成化供应链管理模式产生初步认识；课堂上用“武汉奇迹”的案例使学生从感性的角度感受到书本上的理论原来离我们如此之近；课后引导学生从集成供应链管理的几个要素及发展阶段入手，去搜集更多的武汉复苏的微观案例，在群里展示并在课堂上展开讨论，用思维导图拼出一张完整的武汉经济复苏的集成化供应链管理模型图。

五、教学总结

本节课用“武汉奇迹”诠释专业理论，不仅使学生深刻了解了现实经济体运转的逻辑，同时也明白了大国崛起的内在力量。更重要的是，使学生深刻体会到克服困难，不畏艰辛，坚信只要众志成城，共同努力，奇迹总会出现。就如习近平总书记说的那样，“英雄的武汉人民一定能够彻底战胜疫情，一定能够浴火重生，一定能够创造新时代更加辉煌的业绩”①，武汉做到了。

案例 2

一、教学内容

“需求与采购管理”一章，主要介绍快速响应、有效客户反应、供应商关系管理及准时化采购等。选择的案例载体为快递小哥汪勇的事迹。通过介绍汪勇凭一己之力对接各方资源解决了新冠疫情防控期间金银潭医院医护工作者吃穿用度的难题，有效诠释了什么是需求管理，如何做到快速反应，如何实现准时化采购；使学生近距离地看到，在自有资源有限的情况下，如何通过对接外部资源、通过合作共享的方式解决需求问题。

二、育人元素

汪勇的事迹感动了很多人，平凡的人做了不平凡的事。无数这样平凡的人用自己的行动解决了医护工作者的后勤问题，为白衣天使筑牢了后勤保障线，用实际行动诠释了供应链管理的真谛。疫情发生以后，武汉涌现出无数平凡又伟大的身影。习近平总书记曾说“武汉是英雄的城市，湖北人民、武汉人民是英雄的人民”②。只要有想法、有行动力，我们身边的人、我们自己也能做出伟大的事。

三、教学案例

快递小哥汪勇的事迹反映了该课程的多个知识点，除了需求管理，还有“最后一公里”、同城配送、共享经济、短距离客运等。汪勇的事迹实际上是供应链管理的缩

① 习近平：《在湖北省考察新冠肺炎疫情防控工作时的讲话》，《求是》2020年第7期，第11页。

② 庞兴雷：《习近平在北京市调研指导新型冠状病毒肺炎疫情防控工作时强调 以更坚定的信心更顽强的意志更果断的措施坚决打赢疫情防控的人民战争总体战阻击战》，《人民日报》2020年2月11日，第1版。

影。供应链管理来自第二次世界大战期间军队的后勤保障，反映了那句古话——“兵马未动粮草先行”，即识别需求信息—组织资源—准时准点地运送到准确的需求地。

家住东西湖区金银潭的顺丰速运员工汪勇获得了第一条10千米的回家需求信息，刚好自己可以提供这项客运服务，之后他便开启了接送金银潭志愿医护的服务，但每天只能接30～60单。随着信息量的扩大，他发现用车需求远远大于自己的能力。在这种情况下，他想到的办法是转发用车需求，连续发了3天，终于有人回复愿意加入，这支志愿车队最后稳定在6个人。但这和实际需求之间的缺口无法从根本上解决。经过广大网友的帮助，汪勇对接到了共享单车的企业和网约车公司，在金银潭医院周边投放了近千台共享单车和共享电单车，10千米以内的出行需求全部解决了。

在逐步解决交通问题后，汪勇把更多精力用在了帮助医护人员解决生活需求上。为解决医护人员和志愿者队伍的吃饭问题，汪勇经多方联系，找到了一位愿意提供10万份方便面的经销商。之后，汪勇又去联系可以直接免费供餐的餐厅，还联系到场地、人员、食材，几个人攒了个餐厅出来。一家日供应1.5万份餐食的企业面临停工时，汪勇在半天时间里组建了一个日供应1.5万份方便面的供应链作为“B计划”，随后还对接政府职能部门，征得先复工后补手续的同意，确保每天近8000人的餐食不断供……

后来，汪勇又为医院对接了近3万件物资，包括口罩、防护服、护目镜等。之后，他又为医护人员对接了服装、理发、维修等各种服务。渐渐地，汪勇成了医护人员的“大管家”。大家需要什么，他就四处收集购买。医护人员只需要在群里通过接龙喊一声，很快就有专人采购，帮他们搞定。“你们守护病人，我来守护你们。”汪勇说。

汪勇通过自己的行动，和热心的网友对接了需求与供给，并组织了各方的力量做到准时化送达，组织了志愿者团队服务抗疫一线的工作人员，自己的朋友圈也从300人扩大到了3000人。用汪勇自己的话来说：“我只是个组局者，事情都是大家做的。”

教师和学生共同探讨汪勇的事迹，不但解释了理论知识，还让学生们感受到为战场上冲锋陷阵的士兵提供充足的弹药和粮食，一样是人民的英雄。在这场没有硝烟的战役中，后勤服务同样重要。

四、教学方法

汪勇作为新时代的“网红”，学生都听说过他，都很崇拜他。用榜样的做法讲解专业知识事半功倍，同时又为大家诠释了英雄就在身边，“赠人玫瑰手有余香”。课后作业是，体验一天外卖员的生活，访谈自提点的工作人员。

五、教学总结

汪勇的义举感动众人，被誉为“生命摆渡人”，国家邮政局授予他“最美快递员”称号。榜样并不是脸谱化的人物，而是我们身边的小人物。他们带给人们的感动是实实在在的，潜移默化中让学生感受到自我肯定的价值，将一种正能量的气息传递到学生身上。

案例 3

一、教学内容

“库存管理”一章，介绍库存管理的基本原理和方法，总结供应链管理模式下库存管理出现的新问题，按照集成度演变过程，重点介绍供应商管理库存、联合管理库存、多级库存等。选择的案例是江铃汽车集团的发动机厂。江铃选择用 3PL-Hub（第三方物流集配中心）取代行业内普遍应用的供应链管理库存，不仅提高了响应速度，也为供应商们解决了管理库存的成本问题。江铃汽车在供应链上的优异表现为他们在短时间内生产出抗击疫情所需要的负压救护车奠定了牢固的基础。

二、育人元素

江铃汽车在新冠疫情抗击过程中表现突出，为全国各地抗击疫情提供了重要的救护车保障。他们识大体，顾大局，积极履行社会责任的精神值得敬仰。但更重要的是，他们有能力在短时间内以战时状态，迅速反应、快速支援，在生产、调拨、采购等各环节都发挥了重要作用。这种能力是靠管理方式的创新、信息系统的升级，以及和供应商们协同合作得来的。在教学过程中，应传递给学生的是，不仅要有大局意识，还要不断地迭代认知，努力提高专业技能，在祖国需要的时候能够扛起重任。

三、教学案例

截至 2020 年底，江铃及合作伙伴累计交付的负压救护车已超过 10000 辆，被中央媒体誉为“战疫第一车”。在疫后复苏的关键时刻，江铃汽车“搭把手，拉一把”，也给予了武汉倾力支持和帮助。江铃汽车在库存管理方面对3PL-Hub的应用是它能够实现快速反应的原因之一。

最早意识到供应商管理库存存在问题并用第三方集配协同模式代替的是江铃的发动机厂。在VMI（供应商管理库存）方式下，大型整车厂或发动机厂附近存在着庞大的供应商仓库，而仓库又分属于不同的零配件厂，采购商需要处理与供应商繁杂的业务关系，往往会增加各自的交易费用。在3PL-Hub模式中，江铃发动机厂在附近设立了由第三方管理的集配中心，负责存储来自上游供应商的物料，并按日装配计划分拣后直接送到发动机生产工位。这种复杂的多方协同对管理基础有极高的要求。

最基础的支撑系统是IT（信息技术），要求供应商、集配中心和江铃实现信息共享。就发动机来说，就有300多个配件，属于少平台、多品种、混线生产，只有信息共享才能保障物流严格按节拍送配件。

对供应商来说，可以在平台上清楚地看到自己每批配件的流向情况，从发运到质检、入库、出库，到生产线、耗损甚至到下线出厂的情况都能一目了然。清楚掌握供应链整个库存真实情况，为供应商们科学计划生产打下良好基础。江铃发动机还设置了“6+1体系”，做6个月的生产计划和1个月的滚动计划，这个计划也通过平台同步给供应商，供应商就此安排自己的生产，最大限度地降低了供应商的库存风险，保障供应链共赢。

在生产协同和研发协同方面，他们还把核心供应商的ERP（企业资源计划）整合进来，这对二级、三级供应商的管理信息系统提出了更高的要求。通过PDM（产品数据管理）供应商规划建设一个产品研发与产品数据管理系统，利用系统建立电子化企业产品数据中心，为ERP、MES（制造执行系统）和SCM（软件配置管理）提供产品数据，缩短开发周期，提高设计质量，降低开发成本。这些数据也发布给供应商，便于他们介入各种型号产品的研发，进入江铃的虚拟研发中心。新型供应链管理模式对中下游供应商意味着更高的要求，是一个以制造为中心的企业联盟。

现在3PL-Hub已经成为江铃汽车的基本操作方式，这就是为什么江铃汽车在疫情初期一声号令就能全线开工，也是上千家供应商能迅速恢复生产的秘诀。

江铃的案例使学生知道快速反应来自系统性的协同，整个供应网就是一盘棋，能够为实现共同目标快速前进；也使学生明白了作为大型企业，供应网里的核心企业肩负的责任更大、担当更多，在危难来临之际要能扛得住压力；同时，使学生明白如果有朝一日自己也在这样的环境里该以什么样的担当参与其中。

四、教学方法

本节课在课堂教学过程中，首先引导学生从常态角度解读库存管理的基本方法；接着，以问题为导向，以思辨为驱动，组织学生对江铃汽车的案例展开探究，引导学生思考江铃在短期内能够生产出如此大量质量过硬的救护车的根本原因。

五、教学总结

“生命重于泰山”。江铃在疫情防控危急关头，把最急需的物资快速支援给武汉，把最需要的设备快速生产出来的担当，使学生感受到了自己身上的责任，潜移默化地使学生更多地考虑自己能为社会做什么，能为祖国建设做什么，而不是做一个精致的利己者。

◎ 课程思政特色与创新

本课程在课堂教学中抓住思政教育的“灵魂”，创新教学方法与教学手段，增强大学生的主体参与，以确保价值塑造、知识传授和能力培养的有机融合，达到“润物细无声”的效果。践行全方位育人，培养具有正确价值观、人生观和世界观的新时代大学生。

本课程以抗疫为主线，将案例教学法贯穿始终，从疫情最严重时期的全国人民宅家，生活物资充盈供给，抗疫物资全国调配；到疫情得到控制，为全世界加紧生产抗疫物资，再到现在全产业恢复正常，在逆境中求发展、求创新。激励学生从我做起，以学业为重，积极面对人生，不畏困难，为实现中华民族伟大复兴作出贡献。

24 音乐鉴赏

马薇

课程名称：音乐鉴赏

学　　院：音乐学院

专　　业：非音乐专业

学　　分：1

学　　时：16

课程性质：通识核心课

◎ 授课教师基本情况

马薇，博士，音乐学院副教授，公共艺术教学部主任。浙江省高等教育学会艺术教育专业委员会表演艺术分会副秘书长。曾获杭州师范大学青年教师教学竞赛文科组第一名，浙江省高校青年教师教学技能竞赛文科组特等奖。获杭州师范大学教学十佳称号，入选杭州市名师培养三年计划。

◎ 课程内容简介

音乐鉴赏是教育部要求高校面向非艺术专业学生开设的美育课程之一，也是杭州师范大学面向非音乐专业的本科在校生开设的通识核心课程之一。

本课程以线下课堂教学为主，辅之以在线教学和基地实践教学。着眼于培养学生的审美素质和艺术思维能力，以音乐欣赏教学为主线，通过多元音乐文化的介绍，来拓宽学生的艺术视野，增进学生的艺术感知能力，提高学生的艺术素质及修养。

◎ 课程目标

一、思政目标

（1）通过对传统民族民间音乐的学习和了解，激发学生的民族自信心和文化认同感。

（2）通过对经典作品的创作背景及创作方法的分析，激发学生的民族自豪感。

（3）通过了解音乐作品背后的人文背景、关心文化传承，建立学生的文化理念。

（4）通过对经典作品的聆听体验，使学生完成审美共情，在音乐中体认和维护社会主义核心价值观。

二、知识目标

（1）使学生了解音乐的基本要素，正确理解音乐基本要素的概念。

（2）使学生了解音乐艺术的类型及艺术特性。

（3）使学生能分析音乐要素的运用和表现。

三、能力目标

（1）使学生理解音乐创作、音乐表演中的艺术构思和表现手段，并建立音乐欣赏中“聆听”的概念，以此作为音乐鉴赏途径，学会如何“去听”。

（2）培育学生开放的、多元的音乐文化视野，激发学生的音乐想象力，增强学生的创新意识及能力。

四、素养目标

使学生深化审美需求，提高审美品位，建立审美习惯，提升艺术修养，建立崇高的品格。

◎ 教学案例设计

案例 1

一、教学内容

“西方音乐创作技法与中国民族音乐风格的完美统一”一章，选择的教材内容为贺绿汀的钢琴小品《牧童短笛》。聆听、感受和分析这个作品，了解乐曲的结构，了解中国音乐旋律的写作方式，理解复调音乐和主调音乐的区别与特点，感受音乐的强弱、快慢等表情。

二、育人元素

这首作品小身材中蕴含着大能量，育人元素主要集中在三个方面：①通过介绍打通中西、融汇古今的创作技法，激发学生的民族认同感；②通过介绍饱含传统文化审美精神的作品如何打动听众、走向世界，增强学生的文化自信心；③通过对比苦难岁月的创作背景与作品内容情绪，凸显强大的民族精神。

三、教学案例

《牧童短笛》是作曲家贺绿汀写于1934年的一首钢琴小品，当时的贺绿汀是在上海国立音专求学的青年学子，他在“中国风格钢琴作品”比赛中，提交了三首作品。其中《牧童短笛》获得了第一名的好成绩，也给当时更多作曲家的创作道路指明了方向，提供了宝贵的钢琴音乐写作经验，使中国钢琴作品的面貌为之一新。

（一）课前

请学生共同思考：为什么贺绿汀使用传统西方的创作技法，却在中国风格钢琴比赛中胜出？我们所感受到的浓浓的中国风格到底体现在什么地方？

这个问题应该从音乐本体入手。在前期预习阶段，组织学生进行作品的聆听预习，通过小组讨论总结该作品的内容、意象、情绪，了解作品的创作背景，思考其对音乐创作的影响。

（二）课中

首先，请有钢琴特长的学生演奏这首作品，听取各小组的汇报，共同探讨A、B、A三段结构之间的特点与联系；边演边讲“加花变奏”的旋律写作方式；通过对复调技法的分析，聆听两个声部的曲调，找出它们之间联系对抗、繁简呼应的逻辑关系。

这个环节中，学生讨论、演奏、讲解，教师给予技术分析上的纠正指导，总结归纳该作品在西方创作技法基础上的民族化探索尝试，解答最初的问题。

其次，教师边演边讲，从力度、速度、情绪、乐句的划分、演奏法、音色等角度引导学生听辨并分析作品的音响形象。

请学生共同思考：这样的音响模仿什么？音色的变化是怎样的？强弱设计如何？带来怎样的意境？

聆听并比较不同的演奏版本，听辨音乐演奏处理的对比。

提出问题：你认为哪个演奏版本更胜一筹？为什么？

在此环节，学生们进行小组讨论，并总结陈词。教师主持并引导学生，关注不同文化背景下的审美理念。

最后，教师概述此曲创作背景，回顾历史，使学生感受作品的积极乐观。教师总结作品的创作特点，介绍此曲的艺术价值和人文价值，激发学生的文化自信，达成共情，完成鉴赏。

（三）课后

布置作业，通过学生的课后自主学习，拓展知识、能力、素养，独立完成作品的赏鉴，多维度建立音乐鉴赏的习惯。

四、教学方法

本节课将课前、课中、课后三部分进行线上、线下联动，以自主学习和探究学习为主、课堂讲授为辅。鼓励学生通过演奏、聆听、分析等多维度来参与音乐体验。师生互动，教师引领提升。

五、教学总结

本节课采用自主学习、课堂教学、演奏、聆听、案例分析、讨论等多种方式。知识目标以自主学习的方式为主达成，能力目标、素养目标以教师引导总结的方式在讨论中达成。思政目标在学生聆听音乐、感受美、了解文化背景的过程中达成。本节课体现了美育课堂潜移默化、润物无声的教学特点。

案例 2

一、教学内容

“中国传统音乐概览”一章，选择的题材为“士无故不彻琴瑟”——阮籍及其名曲《酒狂》，旨在使学生通过了解古琴、阮籍及其作品《酒狂》，了解中国古代传统音乐文化现象，理解文人音乐，了解其特点。

二、育人元素

育人元素主要集中在三个方面：①通过了解音乐历史现象，激发民族认同感；②通过欣赏音乐作品，体会传统文化，树立文化自信；③积极应对人生中的失意与沮丧。

三、教学案例

在中国，琴与读书人的不解之缘可以追溯到先秦时期。到了唐代，“琴棋书画”已成为读书人的基本修养。中国传统上特别重视音乐，认为天下只有两件事情最重要：一是礼，一是乐。“礼”“乐”是关乎世道民心的。“移风易俗，莫善于乐。安上治民，莫善于礼。”有了礼和乐，再配上“刑”“政”，也就是法律制度和管理手段，就可以社会安定，物阜民丰，天下太平，万事大吉。因此，在古代，“士无故不彻琴瑟”。由于读书人对古琴的亲近、热爱，弹琴逐渐成了文人的专利，古琴音乐很大程度上就成了文人音乐。而文人音乐家，打破了技艺的局限，把深邃的哲理、丰富的想象、创新的技巧注入音乐创作与演奏之中，从理论高度去探索和研究音乐艺术的作用与规律，把音乐的发展推向了一个更高的层次。

竹林七贤之一——阮籍，心怀才情，志向高远。因政治抱负不能得以实现，而“叹道之不行，与时不合，故忘世虑于形骸之外，托兴于酗酒，以乐终身之志”。《酒狂》正是这样一首作品。

（一）课前

请学生共同思考：这首乐曲到底想表达什么？

带着这个问题，请学生进行前期预习，自主学习了解竹林七贤的政治主张，了解阮籍其人其事。聆听乐曲，熟悉其音乐表达。

（二）课中

首先，各小组汇报预习结果，讨论并思考：阮籍在《酒狂》作品中，各段落（一、天地鸿荒；二、醉舞飞仙；三、浩歌天地；四、嗜后形骸；五、花笺草扫；六、低低吐酒）中音乐通过怎样的形态来表达情绪？速度、强弱、音色、旋律如何既有逻辑又有变化？

在这个环节中，学生讨论、讲解，教师给予技术分析上的纠正指导，总结归纳，师生互动。

其次，教师总结创作背景，引领学生进行音色、音响、情景创设及想象、点画线条等分析，完整聆听乐曲，讨论最初的问题：这首乐曲到底想表达什么？真的是阮籍嗜酒如命吗？

最后，学生发言，教师总结音乐历史现象，激发学生对传统音乐、传统文化的认知与兴趣，树立文化自信。

（三）课后

思考：如何继承、发扬中华优秀传统文化？如何积极应对生活中的失意和沮丧？

四、教学方法

本节课将课前、课中、课后三部分进行线上、线下联动，通过自主学习、课堂讨论、讲解探究的学习方式，教师引领学生思考音乐文化现象，也思考自己的生活、作为。

五、教学总结

本节课采取自主学习、课堂教学、聆听、分析讨论等多种方式。知识目标以自主学习的方式为主达成。能力目标、素养目标以教师引导总结的方式在讨论中达成。学生在了解文化背景、聆听音乐、达成共情的过程中，反思自己，体现了美育课堂潜移默化、润物无声的教学特点。

案例 3

一、教学内容

“家国情怀”一章，选择的题材为于右任作词、陆在易作曲的艺术歌曲《望乡词》。对这个作品的学习，将使学生了解：①什么是艺术歌曲；②中国艺术歌曲创作发展的阶段划分;③中国艺术歌曲演唱时的字、腔、韵。

二、育人元素

这首作品歌词情真意切,旋律优美动人,钢琴伴奏细腻有表现力,表达的乡愁乡情深刻而感人,是一首非常优秀的男中音艺术歌曲。育人元素主要集中在两个方面:①词、曲、乐、意的完美统一;②乡愁乡情的深切表达。

三、教学案例

18 世纪末至 19 世纪初,欧洲兴起了一种声乐体裁——“艺术歌曲”。艺术歌曲有自己的特征:①歌词必须选自具有较强文学性的诗歌;②谱写的音乐线条必须符合诗歌的韵律,并与其融为一体,相互交融;③作品为独唱曲目,并配以钢琴伴奏;④钢琴伴奏与声乐部分一样占有重要位置。因此,这种音乐体裁有着很高的艺术价值。1920 年前后,艺术歌曲以基督教音乐传播的方式进入我国并生根发芽。在我国近现代音乐历史上,艺术歌曲的发展和社会生活的发展紧密相关,有着非常重要的作用。

(一)课前

请学生共同思考:①什么是艺术歌曲?艺术歌曲的特征有哪些?②中国艺术歌曲的发展经历了哪些阶段?

带着这些问题,在预习阶段组织学生进行知识学习、作品挑选与聆听、学唱。

(二)课中

首先,各小组汇报,通过朗诵《望乡词》的歌词,分析讨论其语言韵律、思想内涵、语言风格等。然后通过乐谱学唱环节,一起体会歌词和旋律的结合,如旋律的走向、长短句的划分、重复的乐句处理、乐段和高潮的结构安排等。

在这个环节中,学生学唱、讨论、体验,教师讲解、示范、总结归纳。教师钢琴伴奏,讲解钢琴伴奏如何塑造音乐的形象,与演唱者如何相辅相成。学生通过体验、聆听的方式直观感受音乐表达。

其次,通过学唱体验,提出问题:音乐的高潮用怎样的音乐表情去表达?在学生回答使用强弱之后,使其聆听廖昌永的演唱版本,并再次提问,引发大家思考:为什么歌唱家演唱时,在高潮之前做了一个明显的减弱?意图在哪里?

在此环节,学生们进行小组讨论,并总结陈词。教师主持并引导学生,关注演唱中的字、腔、韵；同时阐明强烈情感的表达可以是多样性的。

（三）课后

借助基地教学平台，请一位在国外的留学生表演这首作品，讲述自己的留学经历，表达自己的乡愁乡情，现场的表演更能让情、景、乐相融合，激发学生的家国情怀，达成共情，完成鉴赏。

四、教学方法

本节课实行线上自学、课堂实践体验、课下聆听体悟，使学生在学习、体验、聆听、感悟中欣赏音乐，提升素养，培养品格。

五、教学总结

本节课通过自主学习、课堂教学、感悟分享、音乐表演欣赏等方式，将知识目标和情感目标巧妙融合，在学生感受情怀、聆听音乐、参与音乐活动的过程中，达成思政目标，体现了美育课堂潜移默化、润物无声的教学特点。

◎ 课程思政特色与创新

音乐是“人”的艺术，音乐鉴赏课程设计必须围绕“人”的核心理念展开。了解音乐艺术的精美形式，就是“以美育人”的过程。了解音乐创作背后的人文因素，就是“以文化人”的过程。音乐是情感的艺术，通过“共情感人”，音乐的教育功能得以实现。

本着“以人为本”的教学理念，在课程策略上，应该艺、德并重。课程思政不能简单理解为思政课程，作为通识教育课程的音乐鉴赏更是如此，应该从音乐本体的学习研究与自主思考出发，关注音乐课程中的审美教育，关注对人文背景的理解，如此才可以达到潜移默化、润物无声的教育作用。

本课程根据不同的教学内容，灵活地选择各种教学方法，将理论与实践相结合、历史与现实相结合、显性教育与隐性教育相结合。“以人为本四策略三结合”的课程思政教学设计见图 24–1。

本课程通过这样的课程思政设计，进行教学方法的改革，使学生积极参与，发挥主观能动性，从“被教育”到“去探究”。

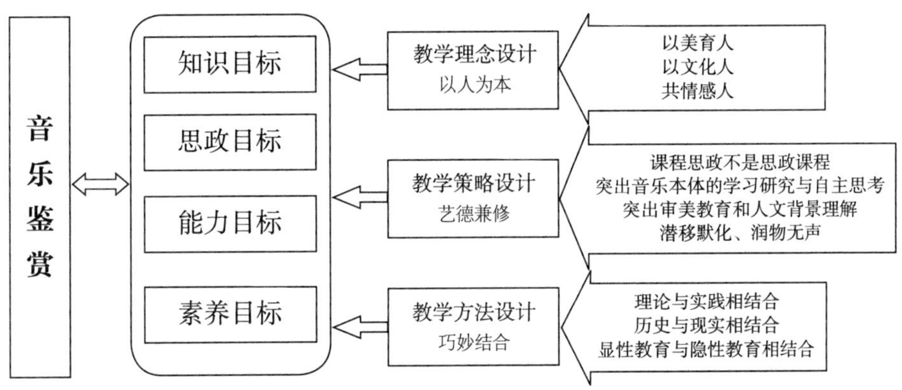

图 24-1 “以人为本四策略三结合”课程思政教学设计

本课程还建设有课外实践基地，并开展丰富活动，将音乐鉴赏课程的特点充分发挥出来，演、学、辩、教有机结合，真正联动课内课外，让学习无止境，让思考不懈怠。

25 艺术本位教育实践研究（跨代美术教育）

胡俊

课程名称：艺术本位教育实践研究（跨代美术教育）

学　　院：美术学院

专　　业：美术学

学　　分：2

学　　时：32

课程性质：专业选修课

◎ 授课教师基本情况

胡俊，承担艺游学实践、艺术本位教育实践研究等课程的教学。曾获评杭州市教育局系统优秀教师。指导学生开展实践项目，其中助残公益项目获两项省级金奖，并获第五届中国青年志愿服务项目金奖。服务于浙江省未成年人管教所的“大墙之光”美术教育项目被收录入 *Art and Art Therapy with the Imprisoned*（David Gussak，2020，Routledge: 138–140）。发表多篇有国际影响力教学研究论文，其中一篇获（美国）教育学教授学会杰出著作荣誉奖。

◎ 课程内容简介

美术学专业要求学生通过“社会服务型美术教育”项目制学习，在面对教学难题的现实情境中，验证地提升美术课程开发与教学研究能力。同时，在“社会服务型美术教育”实践中，获得活动育人、课程育人的真实体验。

本课程以非遗文化传承为内容，通过开发老人与儿童合作学习的“为传承而创新”艺术活动，创新符合少儿认知特点的“大过新年”“你所不知道的端午节”等节庆形式；通过“跨代美术教育”赋能老人迎接老年化社会挑战，与时俱进地弘扬“尊老爱幼”伦理。在培养美术师范生的学科能力、教研能力、创新反思能力、协作交流能力、持续学习能力的过程中，使其理解主题教育的育人内涵和综合育人的方法，强化美术教师的职业认同与自信。

◎ 课程目标

一、思政目标

（1）通过“为传承而创新”主题教育，使师范生和小学生都能发现中国非物质文化遗产的恒久生命力。

（2）通过“跨代美术教育”赋能老年人，使师范生弘扬“尊老爱幼”中华伦理。

（3）通过“学校—社区”联动公益美术教学，使师范生服务社区文化，践行“和谐”“友善”社会主义核心价值观。

二、知识目标

使师范生切实理解“中国学生核心素养”，初步掌握“艺术本位教育研究”（ABER）和“艺游学”（A/R/T）两种行动研究方法。

三、能力目标

使师范生能够运用ABER和A/R/T这两种具有美术教育专业特征的行动研究方法，在研究中产生美术课程创新。

四、素养目标

使师范生能够通过“学生中心”合作学习产生艺术创造力、开展自主持续学习，在“社会服务型美术教育”实践中，获得活动育人、课程育人的真实体验。

◎ 教学案例设计

案例 1

一、教学内容

指导美术师范生在实践基地开展以“端午节”非遗传承为内容的“跨代”美术教育，体验通过合作学习产生艺术创造力的教学方法。要求师范生通过促进孩子与老人的交流碰撞，培养孩子既有个性特征，又具社会性、时代性和民族性的审美趣味。

二、育人元素

审美趣味本质上是一种社会现象，是在审美实践中历史地形成的。审美趣味的培养是审美教育的主要组成部分。培养良好健康的审美趣味，对于青少年的成长和社会主义精神文明建设都有重大的意义。

师范生在服务社会的过程中，体验到端午节的强大的文化基因，认识到老人对于文化传承的重大意义，最终借助孩子的创新，产生具有时尚感的端午节庆祝方式。

三、教学案例

跨越代沟的“粽子猫”

本案例基于美术教育 2016 级学生贾鑫媛的课程小结论文。

教学在实践基地杭州师范大学第一附属小学进行。参与者包括 10 余名社区老人、约 20 名一年级小学生。20 名本科生，在指导教师率领下，分成 4 个小组，每一组根据预先拟定的 ABER 研究课题，在跨代合作中开展行动研究。

贾鑫媛所在“香包”课题组，开展三代人同堂合作学习，进行端午“香包”设计创新（见图 25–1）。贾鑫媛的具体研究问题是，在传承非遗文化的跨代美术教育中，如何实现“中国学生核心素养”之一的“审美情趣”培养。这一审美情趣，一方面要有“端午”民俗文化的历史传承；另一方面要符合当代人的价值认同，同时还能保持天真童趣。

经过跨代美术教育的三个环节（大学生 / 儿童；儿童 / 老人；成果展示），贾鑫媛同学获得了在学科知识、能力、素养上的提升。

（一）对“学生中心”的教学法有了体验

她认识到：孩子的审美是他们自己的审美，不应强硬地转变他们的审美，而应积极地去引导、去鼓励，让每一个人都有自己的审美判断。在教学过程中，小学生们很喜欢香包的制作过程，自己想、自己做、自己评论、自己修改，展现了独一无二的作品和多种多样的审美。

图 25-1　孩子们创作的“粽子猫”香包

（二）对通过“合作学习”产生艺术创新的教学法有了体会

这是一个“合作学习”贯穿全程的课堂教学。在合作中，个人审美与他人审美碰撞，交流融合，从而产生一种高于自身原来审美的新境界。孩子与老人通过沟通交流，跨越了代际的年龄差异，成为一个学习共同体。就这样，在跨代教育的审美转换中，实现了“审美情趣”这一核心素养的培养。它打破了老人对于香包的刻板印象，孩子天马行空的想象力和审美能力，借助于老人娴熟的动手能力，最终形成创新性香包。在教学过程中，老人和小孩共同制作香包，从材料选择到手工制作，再到老人和小孩共同介绍这一作品，都呈现出审美情趣上的交流。老人与孩子在审美交流中，相互向对方说明自己为什么这么做、如何实现这一目标、这一方案是否可行；在交流中，获得对方的审美情趣，并结合对方的审美情趣，进行修改和完善，形成新的作品，再向全班级进行介绍和展示。

四、教学方法

本案例全程采用合作学习法，并以合作学习促进学生发展。

首先，在上课前，贾鑫媛所在小组的美术师范生，先创作出了一批有时尚感的新型香包，即把香囊做成了女用时尚挎包，并开展了“香包”时装秀。这一展示打破了传统香囊的概念。

其次，开展大学生与孩子之间的合作学习。孩子们用有限的材料，重新装饰香包，并写下了自己的作品介绍。这个阶段的孩子正是天马行空、脑洞大开的年纪，可以想象出师范生所不能想象的东西。虽然动手能力限制着他们实现自己的想象，但是他们所表达的东西却是相当有趣的，是师范生所不能及的境界。

再次，开展孩子与老人之间的合作学习。老人的手工制作能力，结合孩子对新材料的运用能力、想象力，产生出丰富的作品。

最后，在课末准备了小小 T 台秀，来交流展示孩子与老人的合作作品。

五、教学总结

“跨代美术教育”实现了对师范生“审美情趣”这一核心素养的培养，不仅形成对自我审美的反思，还有对他人审美的认知。“跨代美术教育”使老人与孩子之间的“代沟”不再是限制交流的代际鸿沟，而是彼此之间了解对方、学习对方的沟通渠道。

案例 2

一、教学内容

中华优秀传统文化是重要的美术教育资源。在以端午节庆文化为主题的“跨代美术教育”课程中，师范生通过行动研究，探索与掌握通过文化传承来培养（中小）学生美术创新的教育方法。

课程通过跨代美术教育的全新教学模式，以培养（中小）学生的美术学科核心素养为目标，指导师范生学习通过“项目制”合作学习来开展教学研究和探索课程开发的方法。

二、育人元素

师范生结合中华民族悠久的历史文化来对（中小）学生进行美术教育，使（中小）学生从我国的民族文化中获取素材，培养创新思维。

三、教学案例

粽情端午

本案例基于美术教育 2016 级学生程柳晔的课程小结论文。

程柳晔是一名合作学习课题组的成员。虽然课题组共享相同的实验教学项目，但是组中每一位成员，各有一个独立的研究问题。这一研究问题，在校内研究阶段提出，在校外实践基地通过行动研究逐步完善，并产生成果。

课题组的共同实验教学项目是“过一个不一样的端午节”。在课程进入实践基地（杭州师范大学第一附属小学）之前，小组已经完成的工作如图 25-2 所示。

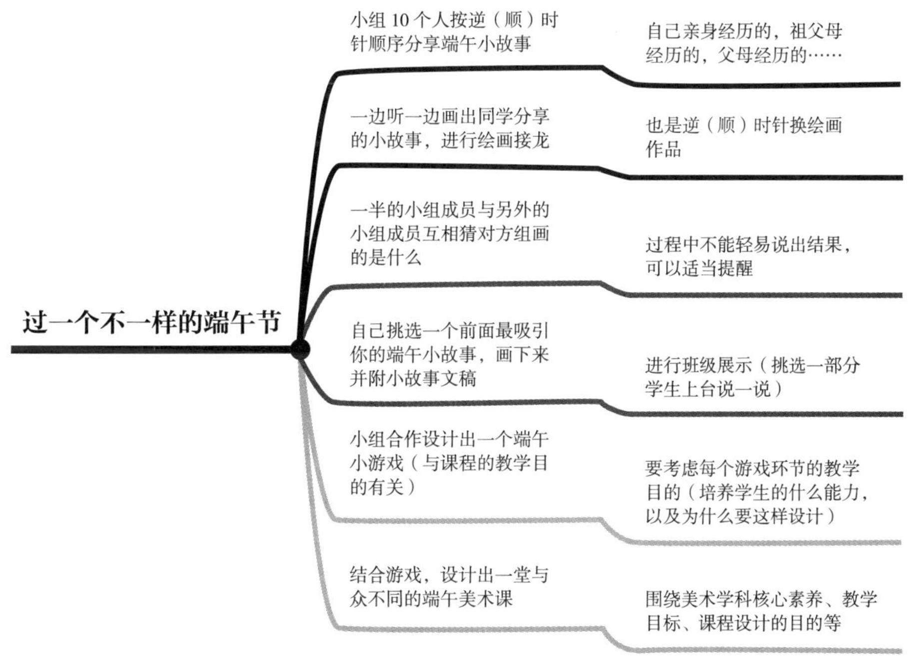

图 25-2　进入实践基地之前已经完成的工作

程柳晔的具体研究问题是，如何通过美术与其他学科（民俗民艺）融合促进创新能力发展。其行动研究路径的思维导图如图 25-3 所示。

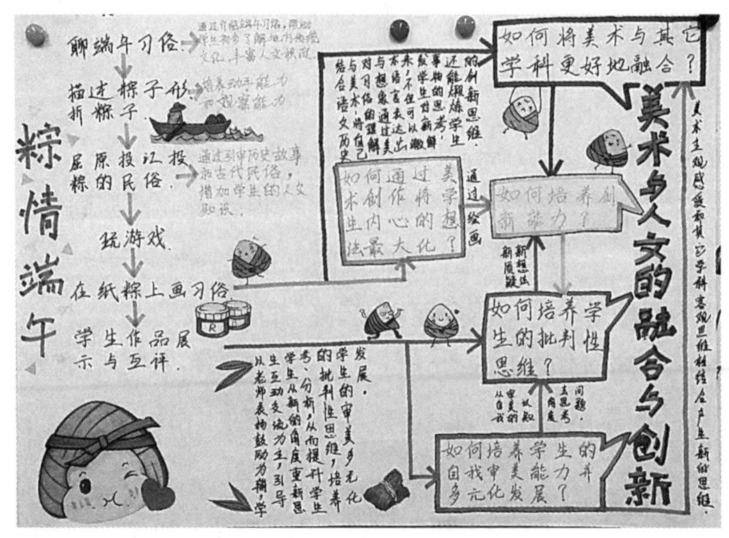

图 25-3　行动研究路径的思维导图

其行动研究在实践基地的教学过程中，按两个步骤依次展开。

（1）课堂一（大学生 / 老人合作学习，见图 25-4）。

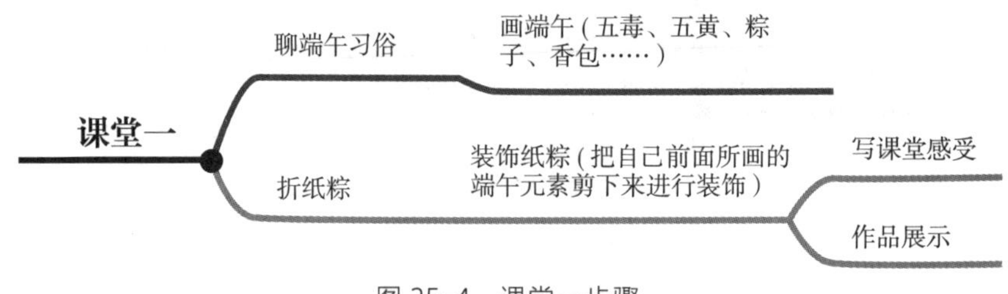

图 25-4　课堂一步骤

“课堂一”的教学效果还是很不错的。在随机采访中，有一个老人很兴奋地跟程柳晔说：“以前一直觉得自己不会画，画画是肯定不行的，但是今天画了一下感觉还挺不错，要是年轻时学一下肯定画得更好。”一位奶奶把自己的绘画作品拍下来，说要给自己在美院学国画的孙子看一看。另外，在最后的留言纸上可以看到，老人们都表示这样的美术课让他们有一种返老还童、变年轻的感觉，很快乐、很激动（见图 25-5）。其中有一位学国画的爷爷写道：“老师 + 家长 = 活学、平安、祥和的端午。”可以说这是他对这个课程内心最真挚的感受。

图 25-5 老人留言（一）

（2）课堂二（大学生 / 老人 / 小学生合作学习，见图 25-6）。

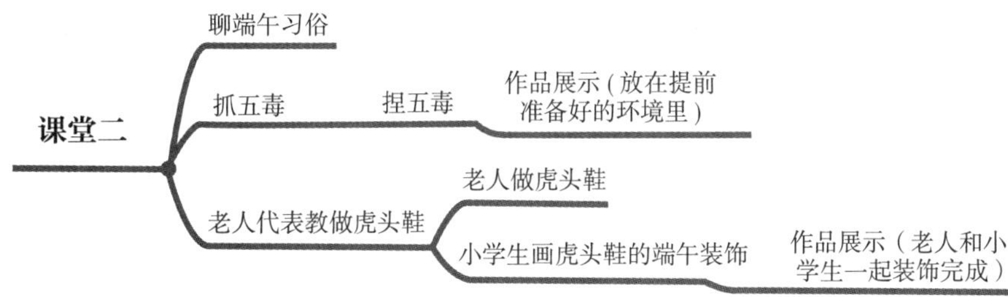

图 25-6 课堂二步骤

这一课程本来以“画纸粽子”为创作目标，但在教学过程中，刚好有一个老人很会做虎头鞋，于是课程设计中就加入了这样一个“虎头鞋”环节，让老人在跨代教育中起到了民俗文化的传承作用（见图 25-7 和图 25-8）。

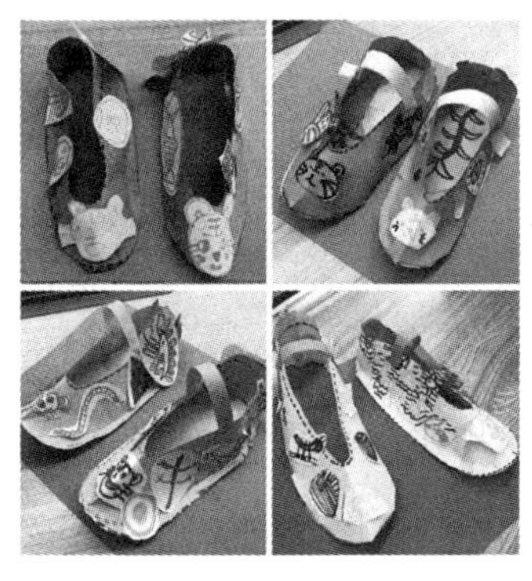

图 25-7
小学生用纸做的虎头鞋与五毒装饰

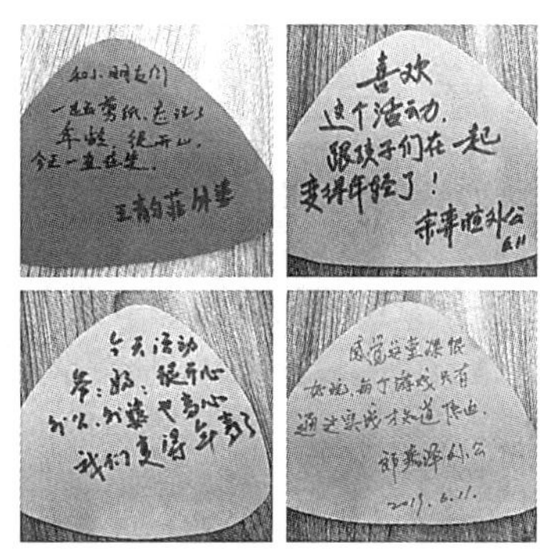

图 25-8
老人留言（二）

小学生的加入使老人们更加充满了活力，他们在最后的留言纸上大多表示这个课程让他们很开心，他们和孩子们在一起忘了年龄，感觉变年轻了，课程中也一直在笑。正如“郎嘉泽外公”所说：“感觉这堂课很好玩，每个游戏只有通过实践才知道缘由。”

而小学生们更是直呼，“这样的课太好玩了，不但能学习端午知识还能做手工，还有老师在旁边细心指导，希望天天都有这样的课”，等等。

教学效果表明，跨代交流的教学方式是一个共赢的方式，能让老人和小学生，甚至教师都能乐在其中。

四、教学方法

本案例在实践基地的行动研究中展开，采用 ABER 的研究方法，预先进行了研究数据采集的分工、计划。小组成员合作，共同采集数据，共享数据分析，用于讨论各自的研究问题。以主题采访、留言、随机采访的方式开展田野调查，整个过程用视频录像的方式来记录。其中，随机采访一般在课堂结束前的 15 分钟左右开始，组员会挑选一些有针对性的问题进行提问，在最后作品展示完后让每一位参与课程的小学生和老人写一些对于课程的感悟和建议在留言纸上（其形状是有关端午主题的粽子形状）。有一位画国画的爷爷上完课回去后很激动，为大学生们写了一个“福”，希望他们越来越好（见图 25-9）。

图 25-9　老人为大学生写“福”

五、教学总结

程柳晔的行动研究能有效支持她的假说：“创新思维”核心素养培养可以通过美

术教育中的文化传承来实现。进而，她发现把美术教学游戏化，能让学生兴趣大增，有利于调动学生的学习积极性，引导学生深入学习，勇于发现和解决问题，从而激发他们的创新思维，培养他们的创新能力，提高艺术审美品位。要让美术课程游戏化，需要教师去思考课程设计的主题和核心是什么，不能在游戏设计中丢失主题，需要考虑如何用游戏设计促进交流，发散思维，产生创作想法。

案例 3

一、教学内容

本堂课指导师范生通过美术与文学的跨界融合教学来开发美术课程，以实现“人文积淀”这一核心素养培养目标。《中国学生发展核心素养》明确指出，人文积淀的重点是“具有古今中外人文领域基本知识和成果的积累；能理解和掌握人文思想中所蕴含的认识方法和实践方法等”。

二、育人元素

增强中小学生的人文积淀，对于中小学生全面、健康、和谐发展，对于学科之间的结合，意义重大。中国古典文学是我国的文化瑰宝，语文的跨学科教学一般可以从以下几个方面入手：借助媒体，使学生欣赏古典文学中的壮丽山河；介绍历史，使学生感受古代仁人志士的爱国情怀；开展游学活动，使学生感悟文人骚客的故土乡情；吟诵涵咏，使学生领悟古人的志向情操；结合传统节庆，使学生了解古典文学中的民俗风情；等等。那么，美术师范生也可以尝试把美术教育与语文教育进行跨学科融合，使学生通过美术学习促进人文积淀的培养和提升。

三、教学案例

必胜

本案例基于美术教育 2016 级学生胡心慧的课程小结论文。

胡心慧的具体研究问题是，将美术教育与语文学科相结合，是否有助于人文积淀的培养和提升。

胡心慧强调将美术教育生活化，提倡让“诗意”丰富美术课堂。他提出要多用老人的丰富阅历去感染小学生，将美术教育与语文学科相结合。其所在课题小组采纳了他的意见，并将每个人的研究方向整合成小组最重要的一个核心素养培养目标——自我表达。

课程用到的材料很简单，分别是剪刀、彩纸、底板、双面胶、轻黏土、诗歌卡片、水彩笔和绳子，小组通过合作表现场景促进小学生和老人的交流，并在合作中学习他人和完善自我。

课程的主要环节如下。

环节一：20 分钟诗歌导入，示范用绘画语言表现诗歌，并由小学生尝试。

环节二：为每组分配一首诗，小学生在老人帮助下完成诗歌分析，限时 20 分钟。

环节三：师范生向小学生和老人讲解绘画语言。

环节四：小学生在老人带领下，一人挑一句诗，画在粽叶上（粽子简单地一折就是龙舟），同时老人把自己端午的故事说给老师听，老师将内容写在题板上（见图 25-10）。

环节五：将写好的题板给小学生看两分钟，时间到了以后收好题板。

环节六：老人 / 小学生合作，继续创作，布置展示，并与大家分享成果。

环节七：小学生在具备自我表达的美术自信与能力之后，以拼图游戏的方式创作一个端午节的故事。

“必胜”是某小学生的课堂作业，他想表达的是粽子父子满怀着必胜的决心和信心，不远万里去解救要投江的屈原，并最终成功，屈原举起了国旗以表达自身的爱国之心。这一卡通化的虚构创作，具有文学性，而拼图的设计又有叙事绘画性。两者结合，成为拼图的游戏（见图 25-11）。学生画完拼图后由其他同学来拼。其他孩子在玩拼图时，就需要知道其故事，或凭自己的联想来完成拼图。

图 25-10　小学生与老人用绘画注释端午诗词

图 25-11　小学生玩“必胜”拼图游戏

将绘画与诗歌意境相结合，将使小学生更好地领会诗歌的内容；美术与诗歌碰撞，也会令小学生的欣赏水平显著提高。小学生在这个过程中不断培养创新、想象能力，不断提高自身人文积淀。小学生根据学习到的端午节的来历，结合自己的想象完成拼图设计作品，既有利于他们更清晰地了解端午节的文化内涵，也有利于他们想象力、创造力的发展。

四、教学方法

胡心慧所在课题组，将美术课程呈现为端午诗歌图释、拼图游戏设计，跨越美术与诗歌之间的鸿沟，以诗境为画境创造良好的创造力发生条件。拼图游戏的设计，则是把文学创作转化为美术创作。

课题小组成员分工，各司其职，包括上课、材料准备、图像的采集与整理，以及文字数据记录四项。其中胡心慧在小组中主要负责图像的采集与整理，并特别注重记录小学生在“自我表达”方面的内容。

数据采集包括随机采访、问卷、留言等方式。在课堂过程中及结束之前开展田野调查，课题小组所使用的工具为相机、笔记本及问卷表，调查的对象是小学生和老人，会特别采访在课堂中热情或者不热情的小学生和老人以求获得更有说服力的论证。

五、教学总结

由田野调查的结果可以看出，将小学美术与诗歌跨界融合，并由老人们分享给小学生端午知识，有助于小学生从老人的丰富阅历中得到收获，加深对于古诗词的理解和印象，丰富自己的人文积淀。

倘若将美术教学内容、过程及评价游戏化，那么美术教学本身就成为一种游戏。当小学生将日常生活积累的经验潜移默化地带到游戏活动中去，就能轻松愉快、不受强制地在游戏体验中达成美术教学目标。

人们在游戏氛围中更容易形成一些独特的联想。老人与小学生合作创作出的“不一样的端午节”，既是真实的端午节，又是富含想象的端午节。

◎ 课程思政特色与创新

本课程与人才培养和社会需要的两个“一致”，使思政教育落到实处：一是本课程与中小学非遗校本课程建设的需求一致，帮助实践基地开发创新型非遗美术活动课程，受到实践基地小学的支持；二是本课程与中国老龄化社会的需求一致，使社区老人在传播非遗的过程中焕发出活力，受到实践基地所在社区的支持。

师范生在社会服务美术课程中，获得课程育人、活动育人的真实体验。

（1）师范生和小学生通过“为传承而创新”的主题教育发现中国非物质遗产的恒久生命力。

（2）“跨代美术教育”创新赋能老年人，改变师范生对老年人的标签化认识，更好继承“尊老爱幼”中华伦理，并使老年人在创造性艺术活动中焕发生命力，使他们的知识、品德与智慧成为宝贵的课程资源。

（3）通过学校—社区联动公益美术教学，践行“和谐”“友善”社会主义核心价值观。

本课程在创造性美术活动中有机融合理论学习与教育实践，不仅实现了课程思政目标，还突出了“师范性”。本课程通过引入具有美术师范专业特征的行动研究方法，有逻辑地强化了课程的综合性与应用性。通过本课程的学习，师范生初步掌握了艺术本位研究中的两种行动研究方法——“艺术本位教育研究”（ABER）和“艺游学”（A/R/T）——能够在行动研究中创造出用美术教育服务社会的方法。本课程在解决非遗活化的基础美术教育的痛点与难点过程中，发展师范生基于批判性思维的教研能力，不仅符合本专业的“产出导向”，还获得社会资源的强大支持。

本课程依托实践基地建立与小学共赢的“双师”机制。2017 年起，以杭州长江实验小学和所在的东新街道社区为“跨代美术教育”实践基地。2018 年，新增 2 个基地。2019 年，杭州市原下城区教师教育学院成为基地，组织区内 12 所学校共计 20 余名美术教师“带课参与”，强化了“双师”教学效果。

26 观念造型

周筱馨

课程名称: 观念造型

学　　院: 美术学院

专　　业: 公共艺术

学　　分: 6

学　　时: 128

课程性质: 专业核心课

◎ 授课教师基本情况

周筱馨，讲师，主要研究方向为综合材料艺术设计、展示设计。主要教授课程为展示设计、计算机辅助设计、艺术考察、观念造型等。主持多项浙江省市厅级教改项目。被评为杭州师范大学优秀党务工作者、暑期社会实践优秀指导教师、优秀班主任，并获得杭州师范大学青年教师教学设计竞赛优秀奖。

◎ 课程内容简介

观念造型是杭州师范大学美术学院的特色专业必修课。课程面向美术学院设计系公共艺术专业一年级新生，是他们入学的第一门专业课。本课程周期长，是启发他们从素描色彩思维转向设计审美思维的启蒙性课程。课程以现代设计构成理论为框架，通过写生、艺术采风引导学生发现身边事物的美，创造出设计性绘画造型作品。教学注重实训，通过大量训练培养未来设计师应具备的素材收集、分析、提取、加工、表达等能力。

◎ 课程目标

一、思政目标

培养学生吸取外来、不忘本来、面向未来的意识。丰富艺术设计基础教学的本土资源，增强学生的审美自信。培养未来设计师的中华文化自觉，树立本土设计观念，引导学生更好地构筑中国审美文化的现代价值，未来担负起对中华优秀传统文化进行创造性转化的重任。

二、知识目标

使学生掌握符合新时代的本土设计方法，包括西方设计审美法则与设计原理的借鉴、中国形象元素的提取方法、中式审美的设计意境表达、现代形象的中国化演绎。

三、能力目标

使学生具备多种设计图稿的绘制能力，能从简单的素材出发挖掘丰富的设计内涵，立足本土，中西结合、古今结合，提炼符合新时代的设计作品。

四、素养目标

使学生拥有良好的审美能力和发展眼光。加强学生东方审美的直觉和眼光培养，使学生能欣赏、鉴别优秀的本土设计作品，具备提炼加工、举一反三、触类旁通的良好设计素质，能适应不断变化的设计环境和未来发展，具有一定的批判性思维能力，使未来本土设计的多元化发展成为可能。

◎ 教学案例设计

案例 1

一、教学内容

中国形象之“西学东渐”。

二、育人元素

激发学生对中华优秀传统艺术的热爱，树立本土设计意识，合理借鉴外来文化，洋为中用，实现外来设计元素的本土化。

三、教学案例

（一）课前

组织学生收集中国传统艺术样式和西方现代艺术样式材料。

（二）课中

以中国传统纹样设计中“陵阳公样”“新样锦”等图示为案例，讲解优秀的设计作品如何借鉴外来文化，立足本土文化、推陈出新，服务于时代。

艺术是反映时代、反映社会的。当外来艺术进入中国时，我们不能全盘接收，需要根据中国的时代精神转化再造。中国历史上的艺术创作者都善于吸取时代特色、吸取外来元素来丰富自己的民族艺术，更加鲜活地展示出时代的风貌。唐代织锦纹样中的“陵阳公样”就是一个典型的例子。

波斯萨珊王朝的联珠纹面料经丝绸之路从西域传入中国后，非常受欢迎。它是圆形结构，外面一圈连续的圆珠，内圈填充人物或动物，但主要是萨珊王朝常见的野猪、带翅膀的神兽等拜火教神灵，或是骑马拉弓射杀动物的游牧民族尚武形象。

以窦师纶为代表的唐代织锦设计师，把联珠纹形式从单体换成了中国人喜闻乐见的对称样式，内容换成了龙凤、狮子、梅花鹿、宝相花等更贴近中国人生活的形象，外环的联珠变成了祥云、花草，从而产生了团巢（也就是团状花纹）这种新的纹样；最后连外部珠子也去掉了，只保留了圆形这种从秦汉瓦当开始中国人就非常喜欢的图案外框。新的纹样画面均齐对称，反映了中华民族平稳、冷静、坦然、静穆的独特审美心理。联珠纹就这样彻底演变成为一个中国吉祥图案。因窦师纶被封陵阳公，这种图案形式被称为陵阳公样。

陵阳公样之后，前司马皇甫恂开创了新样锦蜀锦艺术，在陵阳公样基础上添加了花、葵、凤、蝶、莺等更加生活化的写实的花鸟纹饰，使整个画面更加活泼，例如有彩蝶在花丛中翩翩起舞之状，越来越体现出图案世俗化、服务于民的倾向。

在这个多元文化融合的案例中，教师引导学生发现，在中西艺术的结合中，中国传统审美倾向始终占主体，外来元素最后融合在民族审美传统之中，成为既合乎本民族审美习惯又具有时代意义的新风格。今天，我们在创造艺术作品时，也要从古今中外各个角度考虑文化艺术的交融创新，不断地拓展新的工艺手法，创造新的样式，并以外来样式启发和丰富自己，但重要的方向还是以中国风貌为主导，不能迷失在西方的形式、技巧中。

（三）课后

组织学生根据收集的中西艺术样式，创作融合的图案及装饰画。要求以中国形象为对象，结合西方艺术，拓展中西结合作品。

四、教学方法

案例教学、对比教学、头脑风暴、边讲边练、翻转教学。

五、教学总结

本案例的教学引导学生理解在艺术创作时，从古今中外吸收养分的同时，不能迷失在西方艺术中，必须把握正确的方向，坚定为本土而设计、为时代而设计的观念。

案例2

一、教学内容

中国幅式的现代应用。使学生学习中式构图技巧、艺术设计的构图关系，和西方构图中的形式感进行对比、结合。

二、育人元素

激发学生对中国艺术构图魅力的感受，提升审美价值判断，增强文化自信。

三、教学案例

本教学阶段共16课时。

（一）课前

组织学生了解幅式构图知识，使学生理解幅式决定画面给人的整体印象，布置自主搜集材料的预习作业。在搜集资料的过程中，学生必然会去了解国画、园林漏窗、团扇等的画面幅式，例如团扇的圆形、葵花形、四瓣海棠、玉冠形等，每种都各有文化。学生在搜集画框的过程中，会根据任务自然而然地构想身边事物与这些传统形式的融合，体会中国传统艺术背后的文化和独特的构图韵味，达到以练代讲的目的。预期中，学生收集的构图幅式会有圆形、扇形、四条屏、八角形、梅花形等。教师应引导学生避开使用手卷、册页等因尺寸而不适合现阶段创作的样式。

（二）课中

组织学生结合构图进行写生，分为室内写生和室外采风。写生前明确目的，使学生领会“中式幅面视角下的现代生活”的创作目标。

1. 室内写生

在教室内组织学生描绘日常用品，如自行车、耳机、现代机械等给现代生活带来便利和美好的事物，结合中式幅式构图，体味身边的美感。

2. 室外采风

采风集中在校园和学校周边。组织学生去教室外一起寻找创作的素材。避免长期在教室里空想，导致闭门造车，失去对身边真实事物的敏感度。使学生的创作贴近现实生活，彰显时代精神。

在带学生实景取景过程中，教师应教授学生如何使用中式画框取景，寻找适合入画的内容，引导学生理解中国传统的艺术讲究，发现自然之美。一步一景皆可入画。

在采风取景的过程中，因材施教，具体问题具体分析，用中国传统艺术美的规律，如疏密、留白、对比等特征，逐一纠正学生画面存在的问题。

教学中加入更深层次的观念教学，教育学生创作时不能仅仅表现物象，找到美观的内容入画后应表达一定的意向。可以花为例，教育学生取花的花形后，画面应表现花所象征的美好的生活意向。在具体画面美感如何组织的分析中，教师结合现代社会的文化、经济、科技等因素，引导学生理解创作的现实意义，更好地寻找与传统构图幅式的结合点。教育学生作品除包含视觉美感的传统素养外，更应体现现代社会生活。引导学生在现代生活中寻找创作源泉，激发他们古今结合的创新能力。

（三）**课后**

要求学生根据搜集的素材和写生的画面，进行设计变形创作。

四、教学方法

案例教学、对比教学、边讲边练、以练代讲、实地实景教学。

五、教学总结

本案例教学以中式构图景框导入，在实物写生、实景写生中引导学生身临其境地体验构图美感，将观察体验与创作相结合，将传统艺术与现代生活相结合，激发学生的创作热情。

案例 3

一、教学内容

中国情感的设计表达。使学生学习中国艺术的情感视觉体现，理解正确积极的情感视觉造型表达方法。

二、育人元素

通过练习，培养学生的理解力、想象力和创作能力。引导学生以中国的诗情画意陶冶情操，启迪学生理解中华优秀艺术的真善美情感技法和爱国情怀，把握正确的价值判断。

三、教学案例

（一）**课前**

组织学生收集、阅读符合时代精神的诗歌、文学作品。

（二）**课中**

以案例教学和设计训练展开对情感的视觉表达训练。设计造型无论抽象、具象，其由形状、材质、色彩、构图关系所形成的视觉效果，都能产生感染力，引起一定的情绪感受，与文学作品中的情感表达类似。将文学艺术和设计造型相结合，引导学生以设计造型练习表达文学情感，培养专业能力。

1. 案例教学

以学生示范作品，分析作品如何以视觉造型手段将毛泽东诗词《清平乐·会昌》

表现为画面。

清平乐·会昌

东方欲晓，莫道君行早。踏遍青山人未老，风景这边独好。

会昌城外高峰，颠连直接东溟。战士指看南粤，更加郁郁葱葱。[①]

国画与诗词一样是抒情咏怀的，该作品综合了国画与诗歌，以现代方法将社会环境变化、积极进取的现代生活用咏怀的方式表达。

作品幅式使用传统外方内圆的国画小品形式，没有使用国画常见的全景式、开合式、甲字形或者是C形构图，目的是呼应“圆满”的主题，所以构图在这里是为了突出内涵。画面结合西方的平行透视，在古意中具有了现代感。整体意境的中国风浓重，是因为它的布局疏密对比安排，下密上疏，疏可走马、密不透风。画面以微红和黑色、蓝色的用色点出诗中东方欲晓的主题。作品的材料使用了非传统材料喷漆、丙烯，用刮刀替代画笔，用以表现高楼大厦的玻璃幕墙。喷漆的效果非常朦胧，近似于国画，也是对现代新生活的一种点题。

讲授中教师对其中材料和构图的中西结合予以肯定，引出创作的兼容并蓄。鼓励学生在艺术创作时立足当下、不忘本来、吸收外来、面向未来。

对作品的具体视觉表达技法进行分析后，教师重点强调示范作品中整体画面情感是如何通过这些技法表现的。如画面体现了人们对城市发展、未来可期、中华圆满的愿景；内容积极向上，符合时代精神，引导正能量；等等。学生在创作作品时应将技法的每一步操作都与情感表达、当代社会相联系，而后重新创作出与原诗作不同的画面，使作品产生符合时代的教化作用。

2. 组织快题训练一

以具象方法表达情感画面。引导学生感受、分析诗歌的具体感情，如情感的愉快、情感的淡泊、情感的激动、情感的坚定等。以视觉元素与肌理构图的综合手法进行视觉化表现练习。

3. 组织快题训练二

以抽象方法表达情感画面。引导学生感受、分析诗歌的层次关系，如情感的递进、情感的跳跃、情感的重复等，联系构成中的形式秩序感，以重复、对比、疏密练习视觉表现方法。

---

① 毛泽东：《清平乐·会昌》，载毛泽东：《毛泽东诗词三十七首》，文物出版社1966年版，第17页。

（三）课后

布置作业，以古诗、先贤哲语等内容为对象，设计具有情感表达效果的造型作品 1 件。要求：使用抽象或具象手段，综合运用形态、色彩、材质、构图等元素。以视觉形象表达：①诗文背后作者的情绪；②诗文阅读后自己情感、感受的表达；③诗文中情感与当代社会的联系。

备选作业主题：《石灰吟》《新竹》《离骚》《念奴娇》《论语》等经典名作中符合时代精神的文学作品。

四、教学方法

启发式教学、案例教学、情境教学、任务驱动。

五、教学总结

本节课有助于促进学生艺术表达能力、联想和想象力的发展。诗歌、文学作品、名言警句等具有思想内涵的形式与视觉艺术一样，都存在艺术韵律，易于联通情感。本节课通过练习提升学生以抽象和具象的视觉形式表达一定情感主题的方法，同时以优秀的传统文学作品提高学生的综合素养，激发学生的爱国情怀，使学生把握正确的价值判断。

◎ 课程思政特色与创新

本课程改变了西方构成训练主导设计基础教育的情况，从知识基础和思想根源上回归中国传统，是中华优秀传统文化传承在艺术设计学中的具体实践。课程增强了设计专业大学生东方审美的自觉和自信，引导学生跳出设计的西方思维框架，以中国人的视角创作中国人的设计。

课程充分利用美术课堂的灵活性，将美术的轻松活泼与中华文化的博大庄严相结合，以艺术作品潜移默化地增强学生对中华文化的认同感，引导学生将专业能力与爱国情怀、文化复兴相结合，学以致用。

课程作业以视觉作品的形式，反馈反哺社会。学生课程作业的参赛、参展，能把课程思政效果传播到公众视野，产生更深远的社会影响。

27 生物学科教学论

任山章

课程名称：生物学科教学论

学　　院：经亨颐教育学院

专　　业：生物科学（师范）

学　　分：2

学　　时：40

课程性质：专业必修课

◎ 授课教师基本情况

任山章，副教授，学科教学（生物）方向硕士生导师、专业负责人。主要研究方向为课程与教学论（生物）、学科教学（科学）理论与实践，研究兴趣集中在生物学（科学）教育、生物学（科学）教师教育与职后培训。公开发表论文 20 多篇，出版专著 2 部。主持国家级培训项目 4 项。曾获得浙江省首届优秀培训教师、全国优秀教育硕士生导师等荣誉称号。

◎ 课程内容简介

生物学科教学论是生物科学（师范）专业的必修课，在大三第一学期开设，以线下课堂教学为主，辅之以线上教学和微格教学实践等。

◎ 课程目标

一、思政目标

要求学生向善、求真、尚美。

二、知识目标

（1）要求学生学会分析中学生物学课程标准及相关教材。

（2）要求学生熟悉与生物学教学相关的教育理论。

（3）要求学生拟订与生物学教学相关的教学策略。

（4）要求学生评价中学生物学实验教学知识与策略。

（5）要求学生列举生物学教师的专业发展历程。

三、能力目标

（1）培养学生熟练运用生物学教学设计与课堂教学的能力。

（2）培养学生在合作探究中的反思能力和合作能力。

（3）培养学生熟悉常用的生物学教育评价的方法。

四、素养目标

（1）要求学生具备科学的本质与生物学学科核心素养。

（2）要求学生拥有“学高为师、身正为范”的教育情怀。

◎ 教学案例设计

案例 1

一、教学内容

评价中学生物学课程的性质、价值和地位；举例说明中学生物学国家课程标准和课程目标；评述中学生物教师的岗位职责及要求等。

二、育人元素

在“评述中学生物教师的岗位职责及要求”一节，提取的育人元素是“师德”，育人目标设定为“向善”。这就要求学生在本节学习中，给自己树立一个标杆——有

“万世师表”之称的陶行知先生——围绕社会主义核心价值观，进行自我教育。在具体学习上以自主学习为主，达到“润物细无声”的效果。

三、教学案例

（一）课前

学生自主合作，搜集关于陶行知的相关资料，并完成小组内文献综述与研讨，确定主报告人、补充报告人和总结陈述人。

（二）课中

（1）学生分组报告（按课程规定的合作学习报告规范实施，并以合作学习评价量表评定）。

（2）全班研讨，主报告小组负责对其他同学提出的问题进行答辩。

（3）学生自主合作评价。

（4）教师根据学生合作学习案例进行点评。

教师点评：陶先生“四颗糖”的故事告诉我们，作为教师应该及时发现学生的闪光点，充分挖掘他们的潜力。在今后的教学中，作为教师的你，EQ（情商）的作用甚至高于IQ（智商）！即使成绩最差、品行最坏的学生也会有其特殊的“闪光点”，需要教师及时发现，并充分利用稍纵即逝的机会进行合适的引导，这是最大的教育智慧所在。

另外，还设计了两个反例作为教学设计的核心要素：关于“5·12”大地震期间“范跑跑”事件的研讨，以及关于近期网络上流传的一则视频“你爸爸一个月挣多少钱”的研讨，引导学生进行反思。通过正例陶行知的人格魅力，再到两个反例的反衬，形成强烈对比。

最后，引入习近平总书记关于“有理想信念、有道德情操、有扎实学识、有仁爱之心”的“四有”好老师[①]和“做学生锤炼品格的引路人、做学生学习知识的引路人、做学生创新思维的引路人、做学生奉献祖国的引路人”的“四个引路人”[②]的论述，引导学生从师德维度进行研讨。

---

① 习近平：《在北京大学师生座谈会上的讲话》，《人民日报》2018年5月2日，第2版。

② 《习近平在北京市八一学校考察时强调 全面贯彻落实党的教育方针 努力把我国基础教育越办越好》，《人民日报》2016年9月10日，第1版。

（三）课后

各学习小组课后举行关于课堂教学的线上研讨（见图 27–1）。

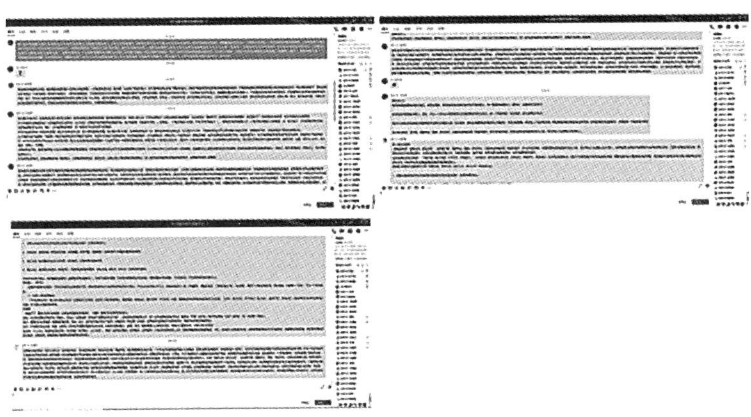

图 27–1 各学习小组课后关于课堂教学的线上研讨（QQ 讨论群）截屏

从各学习小组课后在 QQ 群中的研讨来看，学生们已经为陶行知先生的人格魅力所折服，初步学习目标已达成。

四、教学方法

本案例在新课程改革倡导的自主、合作、探究学习方式的基础上，继承陶行知先生的“教学做合一”策略，发展成具本课程特色的“做中学”与“做中教”，创新组合为基于问题的研讨、基于案例的分析、学生自主提问与评价等学习策略。在实施时，学生可以当老师，老师也可以当学生。这是贯穿始终的学习策略明线。在“学陶”环节，主要教学策略是榜样激励法，即给大家树立一个标杆——有“万世师表”之称的陶行知先生——围绕社会主义核心价值观，进行自我教育，这是暗线。课堂教学可以采用正面榜样与反面典型案例分析相结合的方法，提升大家对师德的理解，并将其内化为自身的动力。

五、教学反思

因开始上课前，教师提醒学生本节课要录像，且可能会放到网络上播放，在整个学习过程中学生都显得比较拘谨。但各学习小组搜集到的体现陶行知先生师德的材料，其实非常丰富。

另外，学生仅仅讨论陶先生“四颗糖”的故事、“你这糊涂的先生！”等只言片语，没有进行归纳总结，难以对陶先生的高尚人格魅力形成整体认识。

案例 2

一、教学内容

第五章“教学策略”，设计 9 课时，其中微格实践训练 6 课时。本案例为微格实践二，指定教学内容是高中生物必修三“血糖调节”这一章。通过“血糖调节”课标的解读、各教材的相关内容文本分析、小组合作的微格课例观摩，使学生在合作探究中形成反思能力和合作能力。

二、育人元素

本案例教学内容是体现陶行知先生“教学做合一”策略的核心部分，提取的育人元素是“教法”，强调“千教万教，教人求真；千学万学，学做真人”。因此，设定的育人目标为“求真”，素养目标为拥有“学高为师、身正为范”的教育情怀。

三、教学案例

按照本课程微格合作学习方案，各学习小组必须在课前完成“血糖调节”课标的解读、各教材的相关内容文本分析，在小组内协商一致的基础上，选择同样的教学内容进行微格课程教学设计（设计要求：组内统一教学内容，组间可以选择同主题下的不同教学内容，以体现针对不同学生情况的“教学内容选择、教学方法设计”等差异性），自主完成至少一轮的试讲，才可以按时进入微格展示，相互观摩，合作分析。其中小组微格展示为 2 节课，第 3 节课进入全班合作研讨环节。

（一）小组展示

随机抽取三名学生代表不同小组进行展示（时间 8 ～ 10 分钟）。

由于各小组可能选择的教学片段不一样，展示的教学内容就可能不一致，引导大家研讨以下问题：①为什么选择这个内容？②教学目标是什么？③主要教学策略及其理由是什么？

（二）学生互评

同组学生先评价，再对其他小组同学进行评价。学生互评互点，一般集中在某个学生具体的教学语言、板书设计、PPT 内容及制作等方面。

总体上来说，学生点评基本能够点出上述方面的缺点。个别学生还能够根据本课程微格实践观察表进行对应分析，陈述比较有系统性。

（三）教师点评

在学生点评结束后，教师根据学生点评情况，再进行分析。有些小组对“血糖调节”课标的解读、对各教材的相关内容文本的分析等环节做得比较到位，但更多小组分析不到位，甚至有些小组根本就不分析，拿到具体内容，就开始设计微课。

以下为教师点评的框架。要求学生根据教师提供的支架，今后在合作微格实践中，都按此环节，逐一进行。在时间许可时，教师的点评应该是在每一个环节学生评议的基础上开展，落实“学生可以做老师，老师也可以做学生”的理念。但近年的实践表明，8个环节，一节课不可能完成，往往是在6个实践专题的基础上，分步完成任务。总体上，每次只能深入2～3个环节。且每年的学生情况不一样，分析的情况也有较大的差异。这8个环节具体为：①“血糖调节”课标的解读；②各教材的相关内容文本分析；③学生情况分析；④学习目标分析；⑤根据学生展示的情况，对应提取教学方法；⑥导入比较分析；⑦板书比较分析；⑧结课比较分析。

教师在教学中，根据个别学生提出的问题，重点剖析了以下几个方面。

（1）生物学是科学的一个组成部分，强调证据，因此，所有的数据必须真实、符合科学，不能想当然编造一个（组）数据。比如，今天A同学编造出一组数据表（人的血糖在一天中的变化），利用这组数据创造一个研讨的情境，引出今天的主要教学问题，想法很好，可惜犯了这个错误。

（2）没有真实数据怎么办？在高中生物教学中，数据完全可以在网络上查到，或从医院朋友那里获取。要使用真实的数据、基于生活的数据、令人信服的数据。

（3）在竞赛环境下，没有数据，怎么办？可以采用B同学刚才提到的，一般情况下，正常人与糖尿病患者，其血糖在一天中的数据变化都是有规律的，这个规律是符合科学的，是在科学归纳的基础上得出的，并得到科学家团体认可的——这个趋势图，大家都有印象，可以通过这个简单的趋势图来引入探讨。

（4）还有一个细节问题，在今天A同学的数据表中也存在——所有科学数据必须有合适的单位，A同学的数据表，一个单位都没有标出来；C同学全部课程讲完，只提到一次单位，他有部分数据单位意识，但没有在整个课堂中使用全面。

四、教学方法

本案例在新课程改革倡导的自主、合作、探究学习方式的基础上，继承陶行知先生的“教学做合一”策略，发展成具本课程特色的“做中学”与“做中教”，创新组合为基于问题的研讨、基于案例的分析、学生自主提问与评价等学习策略。为达成“求真”的育人目标，强调“千教万教，教人求真；千学万学，学做真人”。在实施时，学生可以当老师，老师也可以当学生。这是贯穿始终的学习策略明线。

五、教学反思

具本课程特色的“做中学”与“做中教”，需要全体学生积极参与。只有将毕业后的首要就业目标设定为教师的学生，才会有很高的积极性，他们的微格模拟教学热情、相互研讨才能达到教师的设计要求。如何吸引其他学生投入学习，提升教学效果，是一大挑战，需要教师深入反思。

综上，在相关教学实践中出现的生物学科知识不足问题，是对学生自身的一个强烈鞭策；教学中出现的教学语言科学性问题，也促进了学生努力向严谨性发展。

案例 3

一、教学内容

第七章“中学生物学实验教学”，设计 3 课时，其中线下合作研讨 1 课时（含第三次合作学习研讨会：在课堂上完成实验探究成果的展示与教学）；开放性实验 2 课时（并延伸 1 课时），这部分是结合生科院科研导师制进行的，学生的学习时间投入大都超过设计时间。

二、育人元素

习近平总书记指出，“创新是引领发展的第一动力”①。在实验实践教学中，提取的育人元素是“创新”，育人目标设定为“尚美”。科学之美，崇尚简约，追求自然。在科学创新评价史上，有人将科学之美视为直接标准。例如：20 世纪 20 年代，英国物理学家狄拉克，从对称美的思想出发，为保持方程的完美性，从数学上设计了带正值能量的奇怪的“质子”，从而引导了正电子的发现。

三、教学案例

学生在线下教学研讨的基础上，选择相关开放实验的课题。其中部分案例选题是借助科研导师的项目设计的，甚至以此课题参加各类竞赛。如生科 2014 级的张

① 《总书记的两会声音》，《人民日报》2015年3月15日，第5版。

露、陈坚毅、刘雅、王莎莎等同学的团队，在科研导师唐斌的指导下，完成了《控制害虫新方法——褐飞虱 RNAi 靶基因遴选及应用潜力》，获得 2017 年度全国大学生“挑战杯”课外学术科技作品竞赛一等奖（见图 27–2）。

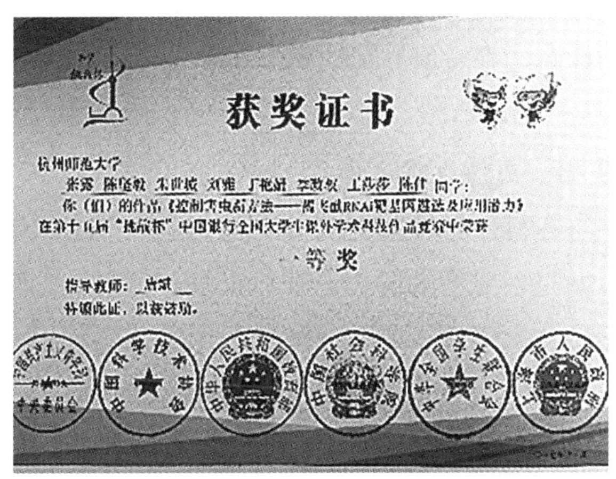

图 27–2　学生获奖

仍以生科 2014 级为例，赵晓超、何金晶等学生的团队，在科研导师金孝锋的指导下，完成了“中国薹草属核心薹草群（莎草科）的系统学研究”；陈坚毅等学生的团队，在科研导师唐斌的指导下，完成了“胰岛素信号通路 InR 和 Ilp 调控褐飞虱海藻糖代谢功能研究”。这两个团队都获得 2016 年度浙江省大学生生命科学竞赛一等奖。另外，还有学生主持的开放实验项目，还获得浙江省大学生生命科学竞赛二等奖 4 项。

陶行知先生曾说过：“发明千千万，起点是一问。人力胜天工，只在每事问。”[①]“处处是创造之地，天天是创造之时，人人是创造之人。”[②] 为激励大家创新创造，课程主讲教师根据多年积累的关于指导学生进行课堂观察的方法，申请了国家计算机软件著作权，并获得授权书（见图 27–3）。

图 27–3　国家计算机软件著作权登记证书

本案例为开放实验研究，基本采用本课程多年来的实施方案指导。

① 魏光朴编著：《陶行知》，国际文化出版公司2019年版，第129页。

② 陶行知：《生活即教育》，长江文艺出版社2019年版，第26页。

（一）创新中学生物学实验选题要求

课程主讲教师为学生提供开放实验思维导图（见图 27-4），要求学生根据中学生物学实验课题，或根据科研导师的课题，自由选择符合创新要求的课题，在科研导师同意的基础上，提交课程主讲教师审核。

图 27-4　开放实验思维导图①

（二）创新中学生物学实验方案论证

课程主讲教师在与各科研导师协商的基础上，主要审核课题是否有申请校开放实验课题的价值，以及是否有参加各类竞赛的价值。另外，对经费资助等进行可行性论证，并指导各小组完善实践方案，要求学生按计划完成，在课程实验创新报告会上报告、研讨创新成果。

（三）开放实验研究

学生在各科研导师的指导下进行开放实验研究，课程主讲教师按计划跟踪指导，并协调研究进展情况。

课程主讲教师指导开放实验室项目“叶绿体色素的提取与分离”。学生为层析液创新了配方，并且对纸层析法中原滤纸的结构做了简单调整等，得到的实验效果非常显著（见图 27-5 和图 27-6）。

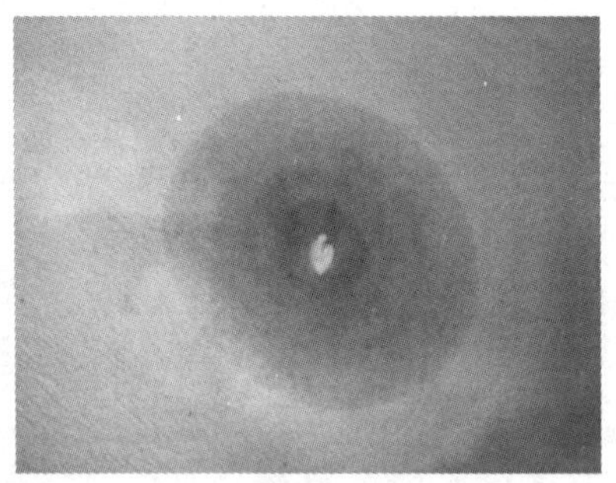

图 27-5　学生创新结果

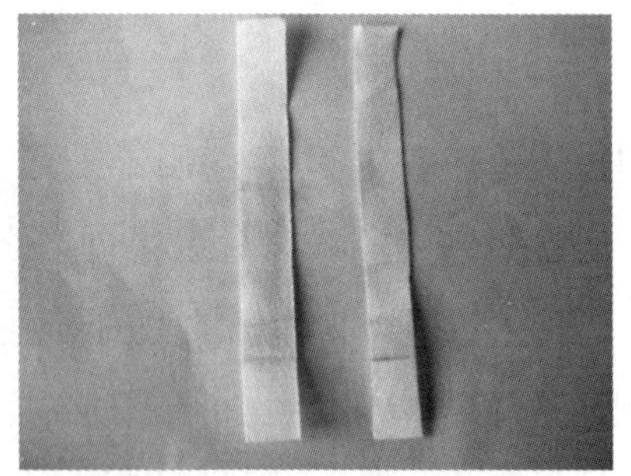

图 27-6　高中生物学教材方法结果

（四）开放实验报告会

课程主讲教师组织实践成果创新报告会，引导研讨创新情况。无论是学院组织的创新成果报告会，还是课程主讲教师组织的课内创新成果研讨，都吸引了生科院

① 任山章、陈志伟：《基于问题的高师生物学实验教学改革研究》，《杭州师范大学学报（自然科学版）》，2010年第9卷第6期，第448−452页.

很多学生参与，激发了生科学子的创新与创造欲望。

四、教学方法

陶行知先生在《创造的儿童教育》中提出了儿童创造力“六大解放”的主张：解放儿童的头脑、双手、嘴、眼睛、时间和空间，还儿童以自由，从而解放儿童的创造力。同样，教师要引导高中生进行创新实验或实践，也必须做到这一点。因此，本部分内容选择的教学方法，是以头脑风暴法为主的一系列创新创造技法，如奔驰法（SCAMPER）等。

五、教学反思

本案例借助开放实验项目，将课程教学合理延伸，从而很好地达成创新或创造的育人目标。但所追求的“尚美”目标，还很难体现，需要课程教师继续深入研究，可向美学教育专家请教。

另外，本案例在开放实验实施过程中，更多地借助了科研导师的力量来实现目标。受其学科背景限制，课程教师设计的创新方向仅限于“中学生物实验教学”的创新，还需要向其他学科教师学习。

◎ 课程思政特色与创新

作为一门教师教育的必修课，本课程包含很多育人元素。本课程突出把握三个切入点，即“学陶、师陶、新陶”，教学设计主要围绕这三个点展开，并设定“做21世纪新陶行知”的总体目标（实施路径见图27-7）。

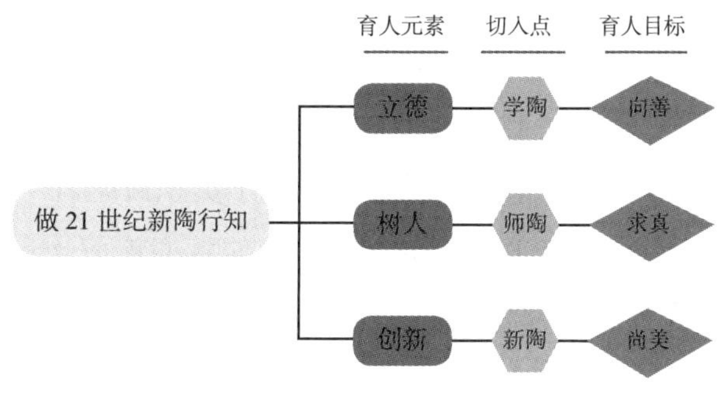

图27-7　实施路径

一、特色

本课程通过多年课程思政实践，形成“三维（一暗二明）一体”的主要教学特色。

（1）学陶：采用榜样激励法，以自我修炼为主，达成“润物细无声”的“向善”目标。（暗线维度）

（2）师陶：线上自主学习，线下合作实践；在相互观摩研讨的基础上，通过教师的引导，收得反复练习的“求真”效果。（明线维度）

（3）新陶：线上文献检索，线下实践创新；在科研导师与课程主讲教师的双重指导下，实现实践检验的“尚美”追求。（明线维度）

二、创新点

（1）线上学习评价：指定课程学习时间，将课程网上讨论记录（教务处网课平台线上记录）、合作研讨的展示情况，记入展示训练中。

（2）线上资源利用：依据华中师范大学崔鸿教授的国家精品课程“中学生物学教学设计”，主要解决生物学教学设计的理论与实际的相关问题，但该精品课程不包含本课程所有内容，只涉及相关资源，其他内容仍需要教师自身前期研究与累积的资源。另外，针对金课要求的“创新性”，结合《普通高中生物学课程标准》要求，体现高中生物学最新的课程改革要求，将生物学核心素养有机融合到自建资源中。

（3）线下学习策略：线下学习的组织，重点针对金课的“高阶性”，要求生科师范生以职前教师的角色，根据本课程研制的相关评价量表，学会使用评价、设计、综合等高阶思维方法，提升思维水平。

（4）特色实践：依托学校社团建设，创建了环保教育讲师团，进入社区、学校，开展环保教育，在提升学生教育实践能力的基础上，增强了社会责任感。

（5）理念拓展：利用主讲教师主持的国培项目（河北省初中生物教师绿色课程建设能力提升研修项目、湖北省小学科学教研员生态浙江研修项目）、省培重点项目（浙江省名师名校长培训初中科学教师项目）等教师职后研修项目，将课程思政理念（“做 21 世纪新陶行知”）发扬光大，倡导学生或学员积极融入“八八战略”、打造绿色浙江，参与“五水共治”、落实社会责任，努力使本课程成为宣传环保理念的重要窗口和打造学生自信自强的重要阵地。

28 品牌策划创新思维

于志凌

课程名称：品牌策划创新思维

学　　院：马克思主义学院

专　　业：通识课各专业

学　　分：2

学　　时：32

课程性质：核心通识课

◎ 授课教师基本情况

于志凌，管理学博士，国家级心理咨询师、资深媒体评论人、心理情感专家、舆情管理专家。讲授公共课“思想道德修养与法律基础”、核心通识课“品牌策划创新思维”等。发表多篇文章。积极参与各项社会服务。

（1）在大量节目与活动中融入价值观念、信仰情怀，传播正能量。

曾任 CCTV 1 公益服务节目《等着我》嘉宾，CCTV 2 财经节目《实战商学院》《财富好计划》评论人，CCTV 12《夜线》《心理访谈》评论人，凤凰卫视时政节目《一虎一席谈》评论人，浙江卫视《婚姻保卫战》嘉宾，腾讯视频《现在就告白》心理情感专家。

曾主持辽宁卫视公益节目《复合天使》、贵州卫视思想道德建设节目《美丽心灵》等，主持数字经济与企业创新论坛、世界陶瓷大会之故宫龙泉青瓷回家展融媒体直播、情怀与理性·两岸创意民宿交流对接会、健康中国行动 杭州交流会、慧普农业上市暨战略合作发布会等。

（2）把“立德树人”作为教育的根本任务面向在校学生教育实践的同时，把培育和践行社会主义核心价值观有机融入社会培训和在线教育体系。

在樊登读书平台讲书，播放量50万次以上。为浙能集团、杭州市环保局、余杭区城管局等多家机构提供大量的整合传播、舆情管理等相关培训与服务。

（3）策划、主持或作为嘉宾参与大量红色经典品牌项目及国货品牌传播项目，讲好中国故事，传播中国精神。

参与嘉兴市南湖区域品牌、哈尔滨国际冰雪节、会稽山酒等品牌传播30多项。深耕定位策划、舆情管理领域20年。

（4）参加大量的公益活动。

曾受邀去重庆奉节进行电商扶贫的专门讲座（在学习强国平台上有专门报道），也经常在社区活动中进行公益知识分享，比如讲书、知识沙龙、情感经营课等。

这些社会实践与资源又成了课堂上的案例，也为学生就业实习提供了大量平台和机会。

◎ 课程内容简介

本课程介绍品牌的基本内涵，结合个案分析品牌战略，剖析品牌定位，引导学生对品牌策划进行系统思考，对品牌要素、品牌传播及品牌文化等进行分析和梳理。

本课程旨在使学生了解、熟悉、掌握有关品牌策划的基本概念、基本理论和解决问题的基本方法；掌握品牌创新环境和消费者心理，了解调查和预测的方法；熟悉品牌相关的市场细分和产品策略、价格策略等，为品牌策划与创新打下坚实的基础；培养分析问题、解决问题的能力；能够对案例及理论有深入的理解，同时能够进行较为准确的分析与应用。

◎ 课程目标

一、思政目标

以新时代发展潮流和人类文明进步为方向，以社会主义核心价值体系和社会主义核心价值观为基准，以中国品牌创新为动力，以人为本，通过品牌的创新助力学生的全面自由发展。

二、知识目标

坚持知识传授与价值塑造相结合，在课程内容中有机融入政治信仰、价值理念、道德情操、科学思维等，使学生在熟悉品牌知识、学习研究的过程中普惠群众，持续创新。

三、能力目标

要求学生以国内外品牌策划创新思维的理论与实践为借鉴，立足品牌知识体系的现代性、人民性的要求，高效完成品牌策划实践。

四、素养目标

要求学生以马列主义、毛泽东思想、邓小平理论、“三个代表”重要思想、科学发展观和习近平新时代中国特色社会主义思想为指导，在品牌时代，用专业知识和技能全心全意为人民服务。

◎ 教学案例设计

案例 1

一、教学内容

把“全心全意为人民服务”的宗旨作为品牌文化带来品牌忠诚。讲述北京的东四邮政局以其强大的品牌文化留住了顾客品牌忠诚度的案例：东四邮政人牢记“人民邮政为人民”的服务宗旨，打造爱心邮路。在如今快递业务竞争激烈的时代，他们的品牌忠诚度依然无敌。

二、育人元素

“友善”的社会主义核心价值观与“全心全意为人民服务”的宗旨。

三、教学案例

“全心全意为人民服务”的品牌文化是品牌忠诚的基石。

卓越的品牌文化能够使消费者借助品牌获得自己的社会身份认同，得到精神和情感的满足。当消费者使用这些品牌时，他们不仅获得了功能和利益，更能从中得到一种归属感、荣誉感。消费者如果认同某种品牌文化，就会非常稳定和忠诚，为其他品牌的竞争设置了较高的门槛。

在互联网高速发展的年代，我们还需要邮政局吗？对于东四邮政局这个老字号硬核品牌，这个答案是肯定的。我们常说，做一件好事容易，坚持做好事不易。东四邮政局60多年来就坚持做了一件事，那就是把用户当亲人，用心用情为他们服务。60年来，东四邮政局就像一面旗帜，引领着邮政人走出柜台，迈进服务人民、贴近用户的新时代。一代又一代东四邮政人牢记“人民邮政为人民”的服务宗旨，以服务换爱心、以服务换人心、以服务换民心，围绕老百姓的需求，始终不忘服务初心。于细微处见精神，于平凡中见伟大。60年来，融进他们血液的追求就是，方便之门永开，亲情服务永驻。

东四邮政局1909年建成时称东四牌楼邮局，是京城最早的邮政支局之一。新中国成立后，东四邮政局率先打破衙门作风，走出柜台为用户排忧解难，成为全国邮政的一面红旗。

新中国成立初期，用户的文化水平普遍不高，不识字的用户比比皆是，而邮政却沿袭着1878年制定的“不许代用户写字”等老规矩，不识字的用户只好到处求人代笔。

1958年，从旧中国邮政走过来的“老邮政”于洪泽转变传统观念，走出柜台热情为用户填写单据，还把纪念邮票摆出来让用户随意挑选，这在当时无疑是一种自我革命。柜台内外的一小步，跨出了中国邮政服务划时代的一大步。当年的6月2日，《人民日报》以《大开方便之门》为题发表社论，号召全国服务行业向东四邮政局学习。

这扇方便之门自打开之日起就从未关过。

“您好，您办理什么业务？请问您带身份证了吗？……”只要顾客一进门，一楼大厅立刻就响起了李学颖清脆的高嗓门。

在京打工多年的陈先生，积攒了一些家底，锅碗瓢勺、衣服被褥，还有半提卫生纸……这些他统统都要寄回辽宁老家。

迅速把柜台消毒后，李学颖把陈先生带来的大大小小的包裹一一打开，检查合格后裹紧，塞进邮寄包里。

“只要超过 50 厘米，就按体积收费，所以咱们要塞紧点儿。”帮陈先生塞满四个包裹后，李学颖已是浑身大汗了。

“便宜，服务好。”这是陈先生选择邮政寄包裹的原因，李学颖的服务让他对自己的选择很满意。

在东四邮政局，同事们称李学颖是“百问不烦百换不厌的收寄能手”。作为老员工，30 多年来，李学颖始终如一地坚持认真验视、仔细捆扎、价格复核、唱收唱付。“在东四，‘用户是亲人’不是说出来的，是做出来的。”这句话已经深深刻在东四邮政局每一代职工的心里，成为他们在工作中自觉自愿的行为。

为了更好地为用户服务，东四邮政局曾突破旧制度 80 多项 152 条，多方面打破常规，将营业时间延长至 24 点，把临时服务点开进居民区，营业员练成业务多面手，成为“一手清”，曾创下营业班 20 天收到用户表扬 447 件，投递组 6 天收到用户表扬 83 件的纪录……

以服务起家，靠服务看家，送服务到家。60 多年来，东四邮政局一直把服务社会作为永恒主题，成为全国邮政系统学习的楷模。

另外一个品牌文化特色是打造爱心邮路。

“大妈，您最近身体还好吧？”“大爷，您走路小心点。”“大姐，我一会儿去您家哈。”投递员刘小梅刚走进北新桥九道湾社区，立刻就被热情的居民包围。看得出，她很受欢迎。

“小梅人特别好，她经常来帮我干活，我们这儿的居民都喜欢她。”50 多岁的居民张玉华因 10 年前的一场大病导致身体残疾，独居生活很不方便。刘小梅每次送报路过她家时，总是帮她做点事。

社区位于北新桥街道的西南部，辖区内有 2 条大街、10 条胡同、3 栋简易楼、281 个平房院。常住居民中 90 岁以上的老人有 23 位，80 岁以上的老人有 160 多位。这些老人中大多数还保留着订阅报纸的习惯，他们每天都盼着听到刘小梅的送报声。

“每次送完报和老人们聊聊天解解闷，他们会觉得很开心。”来自山西的刘小梅在邮局当投递员已有 9 个年头，善良、勤快的她 2017 年被调到九道湾社区。

“北京的胡同错综复杂，我总记不住。”刚到九道湾时，刘小梅有点晕头转向。“这儿的居民特别好，他们看出我是新来的，不管是不是客户，都主动问我去哪儿，帮我指路。”就这样，刘小梅不仅记住了路，也记住了谁家需要帮助。换煤气、择个菜、烙个饼，给老人捶捶背，陪老人聊天……刘小梅负责的邮路成了名副其实的“爱心邮路”。有了这样的品牌文化背景，在如今快递业务竞争激烈的时代，他们的品牌忠诚度依然无敌，这就是品牌文化的力量。①

四、教学方法

（1）讨论教师提供的案例。

（2）生讲生评、案例点评。

（3）教师总结并引导大家思考，从思政元素当中吸取优质内容，丰富品牌文化，传播正能量，为文明社会建设与发展贡献力量。

五、教学总结

本案例坚持知识传授与价值塑造相结合，在课程内容中有机地融入政治信仰、理想信念、价值理念、道德情操、精神追求、科学思维等德育元素，使学生在熟悉东四邮政局品牌文化，以及学习研究的过程中感受到“全心全意为人民服务”、普惠群众、持续创新的力量。

案例 2

一、教学内容

吸收传统文化中的精华，打造品牌文化，创造品牌竞争优势。

二、育人元素

弘扬传统文化，提升文化自信。

三、教学案例

品牌文化是品牌竞争优势的根本保障。

① 常理：《北京东四邮政支局：方便之门永开 亲情服务永驻》，《经济日报》2019年9月10日，第10版。

品牌文化的核心是文化内涵，具体而言是其蕴含的深刻的价值内涵和情感内涵，也就是品牌所蕴含的价值观念、生活态度、审美情趣、个性修养、时尚品位、情感诉求等精神象征。品牌文化通过创造产品的物质效用与品牌精神高度统一的完美境界，能超越时空的限制，带给消费者更多的高层次的满足、心灵的慰藉、精神的寄托，在消费者心灵深处形成潜在的文化认同和情感眷恋。在消费者心目中，他们所钟情的品牌作为一种商品的标志，除了代表商品的质量、性能及独特的市场定位，更代表他们自身的价值观、个性、品位、格调、生活方式和消费模式。

消费者所购买的产品也不只是一个简单的物品，而是一种与众不同的体验和特定的表现自我、实现自我价值的道具。他们认牌购买某种商品也不是单纯的购买行为，而是对品牌所能够带来的文化价值的心理利益的追逐和个人情感的释放。因此，他们对自己喜爱的品牌形成强烈的信赖感和依赖感，融合许多美好联想和隽永记忆。他们对品牌的选择和忠诚不是建立在直接的产品利益上，而是建立在品牌深刻的文化内涵和精神内涵上。维系他们与品牌长期联系的是独特的品牌形象和情感因素。可见，品牌就像一面高高飘扬的旗帜，品牌文化代表着一种价值观、一种品位、一种格调、一种时尚、一种生活方式，它的独特魅力就在于它不仅仅提供给顾客某种效用，而且帮助顾客去寻找心灵的归属，放飞人生的梦想，实现他们的追求。

好产品、好服务和好信誉是品牌竞争力的基本要素。市场竞争激烈的今天，许多企业在这些方面不相上下，只有品牌文化所代表的利益和情感得到消费者的认同，才能使他们产生共鸣，让无形的文化价值成为核心竞争力，使品牌在残酷的市场竞争中保持旺盛的生命力。比如，舍得酒的“舍得”二字，实无所舍，亦无所得，是谓“舍得”，极富中国传统哲学意味。人们在品味该酒的同时体会着“有得必有舍，有舍也必有得”的人生哲理，演绎出“智”和“尊”的感想。这样，就把舍得酒的目标消费群牢牢定位于有品位、阅历丰富、事业成功的“金领”一族。舍得酒之所以能受到广大社会精英人士的喜爱，不仅是因为其卓越的内在品质，更因为其在酒文化上的挖掘比一般品牌高出一筹，大大提高了品牌的竞争力。

四、教学方法

课前让学生调研并寻找品牌文化案例；课中老师讲授并组织学生线上学习慕课“品牌文化”和“促销与广告”部分。课后学生分享并点评。

五、教学总结

本节课通过案例的学习与分析，传播中华优秀传统文化、弘扬正能量，使学生明白如何让民族精神滋养品牌文化，令我国参与国际经济合作和竞争的新优势进一步增强。学生学习之后大大增强了民族自豪感，对国货国潮的信心更足了。

案例 3

一、教学内容

品牌文化是社会文明的组成部分。

二、育人元素

弘扬中华优秀传统文化，增强学生文化自信。

三、教学案例

如果一个品牌成为某种文化的象征或者在人们生活中形成习惯的时候，那么它的传播力、影响力和销售力是无法估量的，并且这个品牌就将与它所代表的文化共浮沉，可见品牌文化的魅力是多么吸引人。

品牌文化，就是体现出品牌人格化、理念化的一种商业文化现象。如普拉达提出的“Less is more”（少即是多）、阿迪达斯提出的“Nothing is impossible”（没有不可能）等都是从不同的角度向消费者诉说各自品牌的文化理念。当一种品牌的文化理念或价值观念在消费者头脑中建立起彼此认同的对应关系之后，选用该品牌就成为消费者理解、接近该种文化的一种方式。

塑造品牌文化的过程，就是将一个没有生命的商品点化为有生命和有思想的品牌的过程。所以，品牌文化的界定就是指企业在其所开展的长期的营销活动中，逐渐累积和形成的有别于竞争对手并为越来越多的目标消费者所认可的价值观念、利益认知和情感属性等意识形态的抽象概念，以及由其可识别的名称、标识、色彩和设计等具象符号组成的总和。像舍得酒业的酒文化、哔哩哔哩（bilibili）的小电视就是它们品牌文化的组成部分。

品牌文化也是社会文明的组成部分。很多品牌充满了正能量，为社会文明添上了浓墨重彩的一笔。以甘肃瓜州的旅游品牌文化为例。作为草圣张芝的故乡，近年来，瓜州县始终站在传承文化、丰富内涵、提升品位、凝聚精神的高度，积极抢抓“一带一路”历史机遇，依托丰富的历史文化资源，突出地方特色，努力打造知名的有形标识，培育闻名的文化品牌，通过举办有影响的文化节会，全方位推动全县文化旅游融合发展。为传承草圣遗风，弘扬民族优秀传统文化，全面展示当代中国草书创作和学术研究的成果和整体面貌，瓜州县通过举办张芝文化艺术节，大力挖掘草书艺术领域人才，推出精品力作，并借助精品活动，打造张芝文化品牌，推动文化旅游融合发展，逐渐把瓜州打造成了集书法研究、创作、培训、展览、交易、鉴赏于一体的书法艺术胜地。截至2022年9月，瓜州县已成功举办十届张芝文化艺术节暨“张芝奖”全国书法作品展，吸引了国内外大量书法爱好者和游客参观学习。

四、教学方法

课堂上对中国文化旅游品牌进行案例分析与讨论，使学生理解民族文化的现代化创新对品牌文化的促进作用。课后，要求学生听线上课程“广告思维36计”相关内容，并分析讨论与本案例相关的广告思维工具。

五、教学总结

本节课达到的目标是讲好中国故事，传播社会主义核心价值观；引导学生重点关注国货国潮、中国方案；通过中华民族品牌、中国现代创新企业品牌案例的研究与讨论，增强学生文化自信，强化学生爱国情怀。

◎ 课程思政特色与创新

一、理论讲授

本课程将家国情怀、民族自豪感、社会责任感、爱国主义等思政元素融入品牌策划教学，引导学生基于社会主义核心价值观，对品牌创新问题进行分析和思考。

二、案例教学

本课程旨在讲好中国创新创业者的故事，通过品牌案例的研究与讨论，强化课程内容与思政元素的融合。

三、主讲教师

本课程主讲教师具有较高的思想觉悟和较强的宣传能力。曾主持世界陶瓷大会等民族产业新媒体活动，深度参与各类节目，为创新性地进行课程思政建设打下较好基础。

四、校外教学团队

CCTV12《法律讲堂》主讲人刘春晓律师，在品牌保护等法律问题上提供了专业支持。

知名营销策划人的张默闻，作为品牌专家加盟。

樊登读书创始人樊登、趁早品牌创始人王潇等，作为知名品牌创始人参与。

五、朋辈辅导＋学生创业团

杭州乐道教育咨询有限公司创始人来墨凡、杭州睿趣电子商务有限公司联合创始人樊文青等，在校创业的学生，包括青艺设计事务所创始人叶轩瑜、音乐制作人陈予舟等，丰富了来自同龄人的创业经验和创新思维。

29 色彩基础

陈帆帆

课程名称：色彩基础

学　　院：文化创意与传媒学院

专　　业：动画

学　　分：3.5

学　　时：64

课程性质：专业选修课

◎ 授课教师基本情况

陈帆帆，主要研究方向为文化创意产品设计、插画设计、色彩应用设计等。获得杭州师范大学优秀共产党员、优秀班主任、教书育人先进奖等荣誉称号。发表论文多篇，主持或参与完成省部级课题 2 项、市厅级课题 5 项。一直致力于创新设计的实践开发和社会服务，拥有多项专利。设计作品受邀参加国内外各大展览，受到腾讯、网易、浙江卫视等各大媒体的广泛报道。担任创意杭州工业设计大赛专家评委、杭州市中学生动漫作品大赛评委，被评为海峡两岸大学生创意动漫设计大赛优秀指导教师、中国大学生动漫作品大赛优秀指导教师等。

◎ 课程内容简介

色彩基础课程以国家级一流专业动画为依托开展专业教学，2011 年开设，实行小班化专业教学。课程以丰富的教学内容、生动的教学方式和创新作业模块设计，使学生对色彩的知识点理解更为深刻，为后续的专业课程夯实了科学而不失感性的配色基础。本课程获评杭州市精品课程、浙江省一流课程。

◎ 课程目标

一、思政目标

（1）在内容知识点上，深入渗透传统文化，深挖传统作为艺术创新元素，增强学生文化认同，使学生建立高度的文化自信。

（2）要求学生在专业领域，站在科技发展的前沿，与时俱进，紧随时代发展进行文化创新，实现艺术、文化与科学技术的多元结合。

（3）培养学生深厚的家国情怀，使学生理解个人长远目标和国家目标的契合点。

（4）培养学生作为一名新时代中国设计师的社会责任感和使命感，鼓励学生为实现中华民族伟大复兴而努力。

二、知识目标

（1）使学生理解色彩，了解色彩的基本常识和运用规律，掌握色彩在画面中的调性和内在结构规律，加强造型能力和画面掌控能力。

（2）色彩构成部分的融合教学，要求学生在实际的动画、插漫画和数媒影视画面应用中科学系统地重构色彩，理解色彩的构成法则和应用规律。

（3）结合美学、创新和专业，培养学生的艺术个性、心性、美感，以及再现表达和设计应用的创意性及独特性。

三、能力目标

培养学生八大方面的专业能力：①分析解决色彩问题的能力；②形体塑造能力；③画面构图能力；④对光感、质感、画面色调的掌控能力；⑤空间情境的营造能力；⑥动漫角色及场景的色彩设计应用能力；⑦自我艺术个性的传达能力；⑧创新能力。

课程围绕这八个专业能力目标，以加强色彩设计应用的综合性创造能力培养为核心，从价值引领、美育渗透、传承创新、工匠精神、科学精神、先锋精神、社会责任这七大方面推进专业知识点的提炼和丰富，培养学生对传统文化的深度理解，强化爱国情怀和社会责任感。

四、素养目标

以习近平新时代中国特色社会主义思想为指导，培养学生的审美观念和艺术个性，使其保持高度的专业性和精益求精的工匠精神，具有强烈的社会责任感，能把个人的理想融入国家和民族的事业，以设计创新为人民服务，保持先进性和科学性，在设计中充分理解中华传统文化并进行应用创新。

◎ 教学案例设计

案例 1

一、教学内容

为了突出课程的社会实践和创新精神，我们选择了色彩第二阶段第三章“色彩心理”的第二节“色彩的设计联想”作为主要案例。本案例主要以“文化色彩”为突破口，选择“京剧脸谱色彩”和“青花瓷色彩”这两个内容知识点进行深入解读，在内容上、精神上和教学形式上都进行了创新性的调整。

二、育人元素

加深学生对不同艺术领域传统文化应用的认知，使学生深刻建立文化自信，既拥有继承传统、接触时尚的眼光，又站在时代的前沿，用最潮流的方式传播中国文化。

三、教学案例

（一）京剧脸谱色彩

京剧脸谱的色彩拥有戏剧性的视觉效果，不同的色彩代表不同人物角色的社会地位和性格特征，影响着观众对角色的理解和评价。

（二）青花瓷色彩

丹青是中国传统文化中的一种色彩元素，彰显特有的东方文化，并被中国人应用在日常生活中。

在讲解色彩传统文化内容的同时，创新教学形式和方法，将流行歌曲《说唱脸谱》和京剧脸谱色彩的内容知识点进行融合。

“蓝脸的窦尔敦盗御马，红脸的关公战长沙，黄脸的典韦、白脸的曹操、黑脸的张飞，叫喳喳……”鲜活的歌词使学生在欢快的说唱中理解了不同的脸谱色彩与人物角色之间的关系，体验到了传统文化的韵味。歌词里面对于传统与创新的理解，也挑动着年轻人的心，“艺术与时代不能离太远，要创新要发展……让那老的少的男的女的大家都爱看，民族遗产一代一代往下传”[①]。

周杰伦演唱的《青花瓷》，一句“天青色等烟雨，而我在等你”就非常形象地道出了以青花瓷为代表的青蓝色调的那份悠然意境，还有“帘外芭蕉惹骤雨门环惹铜绿”也是极富中国意味的色彩组合，整首歌词从头至尾贯穿多个色彩情境，深刻地从色彩的角度反映出了中国文化“犹如绣花针落地”的婉约细腻，让人感受到一份“你的美一缕飘散，去到我去不了的地方”的中国美。

同时，歌曲艺术本身作为一个间接案例，从另一个角度带给学生对于文化融合和创新创作的思考。

本节课结合年轻人喜欢的题材、形式，悄无声息地将传统文化的美深深地渗透进年轻人的心。同时，欢乐的课堂氛围也让课程知识更容易被学生接受，学生对知识的理解也更为深刻。

四、教学方法

课前教师提前布置学习内容和课堂讨论任务，学生根据线上课程资源预习知识点，搜集相关课堂讨论案例，唤醒文化自觉，准备课堂学习。

课中采用案例分析法，通过教师课堂授课讲解、学生上台讲解和小组分析讨论，运用学生绘画创作、教师一对一点评、学生互评等传统教学手段和翻转课堂的教学方法，使学生在活泼的教学氛围中充分吸收专业知识和思政融入的精神所指。

课后运用资料拓展法，根据课堂专业内容知识点和思政精神，要求学生结合采风素材，自主探索新资料和新材料，修改完善绘画创作。使学生建立文化自信，感受传统文化在专业创作中的重要性，进行持续性的新探索。

---

① 阎肃：《说唱脸谱》，载杨燕主编：《中国广播电视文艺大系：1977—2000（电视戏曲卷）》，中国广播电视出版社2008年版，第324页。

五、教学总结

本节课在整体教学过程中，运用开放式的教学手段，师生互动效果理想，学生创作热情高涨，无论是从课堂表现还是课程作业成果中都能看出学生创新意识的发挥更优于传统的艺术大类基础教学的效果。

生动的传统文化案例，加上年轻人熟悉、喜欢的流行歌曲，画与唱的欢快组合，使学生在不一样的课堂氛围中，悄然接受富含中国传统文化的知识，深化对不同艺术领域传统文化应用的认知，感受美育与创新精神，深刻建立文化自信。

案例 2

一、教学内容

设计应用是学习色彩基础的目的，我们选择了色彩第二阶段第六章“色彩设计应用”作为第二个主要案例的切入点，要求学生对具有国际影响力的优秀艺术作品案例中的色彩应用进行分析和学习，以及对艺术大师的品格魅力进行深入解读。

二、育人元素

具有强大的社会影响力的艺术家，凭借各自在艺术领域的国际影响力和榜样力量，对年轻学生在专业上的启发和带动是不可估量的。

教学案例通过分析精选的艺术作品和艺术大师，以点带面，体现色彩和中国元素在设计中巧妙应用的途径和方法，以及通过大师的作品所带来的巨大国际影响力，使学生在感受大师们的创作风格和个人艺术魅力的同时，明确自己的艺术发展方向，从而建立起自己的艺术格局。

三、教学案例

本节课选择不同艺术领域的优秀作品进行分析，主要通过国际优秀设计案例去分析色彩在不同的设计领域是如何应用的，并将这些优秀案例所反映出来的文化呈现和家国情怀传达给学生。

（一）罗西尼手表——陈幼坚

香港著名平面设计师陈幼坚先生为罗西尼手表设计的海报，让人印象深刻。海报上的手表刻度都是不完整的中国汉字，而当指针走向相应的时刻时，正好添上缺失的一笔，成为一个完整的代表不同时间的汉字。这款设计既采用了中国黑白的水墨色彩应用传统，也结合了书法的元素；既有中国文字的元素，又充满趣味，让人不得不感叹设计的魅力。

作为知名的华人设计大师，陈幼坚先生的设计里总能看到东方文化的身影，他设计了包含可口可乐中文标识、国家大剧院标识、李锦记包装在内的一系列经典设计。在这些设计里，你也能看到出生于中国香港的陈幼坚，是如何在西方的商业市场环境下，将现代设计与东方文化进行融合的。2002 年，他在日本举办的“东情西韵”个展，非常生动准确地呈现了他的设计特点和艺术追求，为年轻一代的中国设计师树立了很好的榜样。

（二）电影《英雄》——张艺谋

张艺谋导演拍摄的电影《英雄》，可以说是影视艺术中关于色彩应用的典型案例。电影用色彩叙事，用黑、红、白、蓝、绿等几个色彩主题，对故事情节、人物塑造、心理情绪进行了全方位的表达和承载。这部电影表现的色彩应用对于故事情节的传达和人物内心的烘托作用，非常有力地体现了色彩在艺术创作中的力量。

而张艺谋导演本人也是一个对于中国题材、中国文化、中国色彩、中国元素带有浓厚情怀的具有国际影响力的大师级人物。他以摄影师的身份进入影视领域，从 1984 年《一个和八个》、1986 年《老井》、1987 年开始的《红高粱》《菊豆》《大红灯笼高高挂》《秋菊打官司》《活着》《一个都不能少》《我的父亲母亲》，到 2000 年以后的《幸福时光》《英雄》《十面埋伏》《满城尽带黄金甲》《金陵十三钗》《山楂树之恋》《归来》《长城》《影》《狙击手》等，这些作品不管是体现社会现象和风土人情的艺术片、体现武侠情怀的商业片，还是表现爱情的文艺片，都深深地根植于中国文化，充分体现中国元素和表达中国情怀。这既表现了他对于中国文化的热爱和深刻思考，也使他得到了国际社会的尊重，其作品在国际上屡获大奖。

从身份的角度看，张艺谋从摄影师、演员成长为国际知名导演，他还以作词者和演唱者的身份参与电影插曲的制作和演唱。他对待每一部作品、每一份工作的态度都非常认真，在专业上不断地追求完美，全力以赴。这份对于专业的执着和热情，也是我们当下年轻设计师和学生学习的最好榜样。

通过以上两个作品和著名艺术家的案例，我们可以看到中国艺术家只有把创作根植于中国的土地上，创作的故事和作品才是最生动、最能打动人的。

四、教学方法

课前要求学生预习课程内容，并搜集相关拓展资料，准备参与课程话题讨论。

课中采用案例分析法，教师和学生共同从专业和思政层面完成对优秀作品和艺术家的深度解读；接着学生依托课堂讨论，以学习共同体方式研讨交流，寻找差距，明晰人格修炼的方向。

课后结合工作室，以沙龙的形式，以学生为主体，师生多维互动，分享更多的艺术大师和作品案例，使学生在沙龙学习中形成更高层次的思想认识和价值认同。

五、教学总结

课堂上学生学习热情高涨。学生在对于艺术大师的案例学习过程中，通过反思对比，感受自身的专业和精神差距，触发起对艺术大师的人格魅力和文化情怀的深深仰慕，激起学习艺术前辈们的文化情怀和专业追求的强烈意愿。

案例 3

一、教学内容

结合时代热点，我们以色彩第二阶段第六章“色彩设计应用”为第三个主要案例的切入点，回顾中国动画发展的辉煌历史，分析迷茫阶段的原因和国产动画近十年的新发展，同时还结合了中国主办的 2008 年夏季奥运会和 2022 年亚运会的相关设计案例的色彩运用分析。

二、育人元素

本节课通过最新的案例，把与时俱进的态度和创新精神传达给学生。同时，对国产动画和奥运会、亚运会色彩设计案例的学习，可以使学生在感受时代发展、民族进步、国家繁荣的同时，产生由衷的民族自豪感，自发地将实现自身理想与伟大中国梦相结合。

三、教学案例

（一）结合中国动画发展，分析动画领域色彩应用案例

中国动画在经历了 20 世纪 60 年代水墨动画的辉煌之后，开始了几十年的沉寂期和迷茫期。60 年代的水墨风格动画为什么会辉煌？不难看出，是因为它结合了中

国传统文化的精髓，运用水墨画的构图和技法进行了动画创新，独特的中国画色彩结合水墨风格，令观众印象深刻。在迪士尼动画占领导地位的国际市场，它熠熠生辉，吸引了国内外观众的目光，获得了国际专业领域的高度认同和赞赏，让世界感受到了中国的文化魅力。而相继而来的沉寂期和迷茫期为什么没有出彩的作品？因为在欧美和日本动画风靡全球的情况下，中国动画慢慢地迷失了方向，不管是风格上还是内容上很多时候都在模仿别人，失去了自己的特色。没有自我就无法超越别人，更不要说超越自己。好在近十年，中国动画又开始在探索中慢慢寻找到了自己的方向。近几年推出并热播的中国题材优秀动画层出不穷，从2015年的《西游记之大圣归来》、2016年《大鱼海棠》、2019年《白蛇：缘起》《哪吒之魔童降世》，到2022年《二郎神之深海蛟龙》等，都代表着中国新生代原创国产动画的崛起。这些作品不仅从题材到角色、场景的设计都运用了丰富的中国元素，色彩也是根据故事情节，体现着传统与时代的结合。例如，《大鱼海棠》的场景取色和角色色彩应用都非常具有福建当地传统建筑色彩的特点，创作团队前期花了大量的时间对福建当地文化、民俗风情、地域色彩等进行了考察和分析，并结合到场景和角色的细节绘制和色彩创作中，使得整部动画的中国特色非常明显。因此，创作根植于中国文化，富有中国特色，这是中国的艺术作品保持经典和鲜活的真理。

（二）结合国际热点，分析亚运会和奥运会色彩案例

2022年北京冬奥会，结合冬奥运动项目的特点，色彩系统定位同样处处彰显着极富诗意的中国美。色彩系统分为主色、间色、辅助色三部分。主色包括霞光红、迎春黄、天霁蓝、长城灰、瑞雪白；间色包括天青、梅红、竹绿、冰蓝、吉柿；辅助色包括墨、金、银。每一种传统色，都印刻着醇厚的历史。色彩的选择源于对三个赛区城市冬季色彩及春节文化色彩的调研，以及对自然四时、天地五方和二十四节气等中国传统文化的理解，既体现了冰雪运动、绿色奥运和科技奥运的内涵，又呈现出独特的中国文化魅力。

同时，在冬奥会的开幕式和闭幕式，以及2018年平昌冬季奥运会闭幕式的《北京8分钟》上，张艺谋作为总导演，将中国文化、中国精神、中国特色体现得淋漓尽致，从节目到色彩到舞台视觉效果，让世界从最好的角度看到了中国元素，看到了中国。

色彩的设计需要与时俱进，结合时代热点的另一个案例就是亚运会色彩系统的

设计。2022 年杭州亚运会，色彩系统主题“淡妆浓抹”，采用以“虹韵紫”为主，“映日红、水墨白、月桂黄、水光蓝、湖山绿”为辅的色彩系统。极富中国特色的取色和搭配，结合杭州代表性的特色——雷峰夕照的映日、水墨江南、桂花和山水西湖，非常美妙地凸显了中国色彩文化和杭州新时代城市文化结合的特性。同时，色彩在亚运会会徽、吉祥物“莲莲、琮琮、宸宸”、核心图形主题和其他视觉系统标识上的运用，共同塑造了亚运会的色彩氛围和美学基调。

四、教学方法

课前安排学生提前预习课程内容，了解相关线上课程资源和案例，使学生带着知识点来创作。

课中通过亚运会和奥运会案例讲解、绘画和教师一对一点评，以及学生上台讲解、学生互评等教学方式，加深学生对于画面和色彩知识的了解，并对作品进行思想高度的提炼分析。

课后结合产学研一体化平台，进行色彩应用的项目制延续和比赛制拓展实践。

五、教学总结

多样化的翻转课堂教学形式受到了学生的喜爱，延续的项目制拓展使学生对于色彩在设计实践中的应用有了更深入的理解和自己的体会。本节课在使学生了解了色彩文化及其含义之后，还使学生懂得了如何结合实际、结合社会热点，在设计实践中应用好色彩，为社会实践、社会服务埋下伏笔。

◎ 课程思政特色与创新

本课程以专业内容改革创新为前提和基础，以思政创新为延伸突破，致力于从高度、深度、广度这三个维度上以点带面地构建艺术专业基础课程思政模式。

（1）以思政项目为探索，将思政教育和社会应用相融合，弘扬新时代社会主义正能量。

（2）创新性整合专业内容，融合美学教育与创新能力培养。

（3）注重教学方法和形式的多样化创新，活跃课堂氛围：

①结合年轻人的喜好，创新教学形式；

②翻转课堂，师生身份互换；

③注重学习过程，在成绩组成中加入对作品中思政内容的挖掘和理解。

（4）注重传统文化、乡村美学和中国乡村振兴等知识点的融入，凸显新时代中国年轻设计师的家国情怀。

（5）强调社会深度服务，鼓励应用创新。以产学研一体化教学平台为依托，结合科研项目和竞赛，以课程为引导，培养学生服务社会的意识。

（6）为弱势群体服务，为青少年创新美育助力，培养学生的社会责任感。